湛庐CHEERS

与最聪明的人共同进化

HERE COMES EVERYBODY

CHEERS
湛庐

原神之力

The Norse Myths That Shape The Way We Think

塑造我们思维方式的北欧神话

[英] 卡罗琳·拉灵顿 Carolyne Larrington 著
黄悦 鲍诗奕 译

江苏凤凰文艺出版社
JIANGSU PHOENIX LITERATURE AND ART PUBLISHING

The Norse Myths
That Shape The Way We Think

赞 誉

自 20 世纪初兴起译介西方神话的热潮以来，读者早已熟知以奥丁诸神为代表的北欧神话故事。本书作者别出心裁之处在于，把惯常采用的文学分析融入更加广阔的西方文明史大背景中，侧重揭示北欧神话作为西方文明源头的北方元叙事，怎样深刻影响到西方的感知方式，思想方式和表达方式。本书启迪人们去思考：神话的讲述和研究，不应该仅仅限于儿童文学或民间文学的领域。神话最重要的文化和社会功能，就是意义的原编码和价值观的孕育。

叶舒宪

著名神话学学者，上海交通大学人文学院资深教授

在各民族神话那些诡谲变幻的形象和叙事背后，寄托着人类与生俱来的共通而朴素的欲望和恐惧，也蕴含人类先民最根本的困惑和思考。如果说，那些流传至今、充满象征和暗语的神话是遥远的祖先留给后人的漂流瓶，那么，这套三部曲神话读本，则用每一个现代读者都能听懂的语言，旁征博引，娓娓道来，把西方神话中那些古老的象征和暗语重新变成直抵人心的故事和教诲。

刘宗迪

北京语言大学文学院教授、民俗学研究所教授、博士生导师

我们将北欧神话誉为西方文化的“原神之力”，正是强调其中原始野性、混沌创世、毁灭宿命与抗争精神。它以冰与火的狂暴能量、神与巨的永恒厮杀、注定陨落的悲壮宿命，为西方精神注入了粗粝的生命力、直面深渊的勇气，以及在毁灭中寻求意义的终极力量。

黄悦

北京邮电大学数字媒体与艺术设计学院教授、博士生导师

现代人对我们少时熟知的希腊神话、凯尔特神话、北欧神话接触越来越少，殊不知，我们现在身处的世界，我们的很多思维方式都来自那些神话故事，普罗米修斯、美狄亚、俄狄浦斯、亚瑟王、屠龙勇士，这些熟悉的名字，其实一直都离我们不远，这套解读几个重要神话谱系的丛书，将引领我们复盘，带给我们对那些波澜壮阔、神诡莫测的神话更深入的了解和思考。

张延

英国《金融时报》FT 中文网出版人

如果你曾为《指环王》的中土世界着迷，被哈利·波特的魔法吸引，追过漫威的《雷神》，或者是《魔兽世界》的忠实玩家，那么这套书将带你踏上一场惊艳的文化溯源之旅。传奇的亚瑟王、智慧的梅林，挥舞神锤对抗巨人的托尔，盗火挑战宙斯的普罗米修斯……听精灵的低语、看英雄与命运抗争。沉浸于那些动人心魄的奇幻史诗，回到人类所有故事与幻想的最初，再看它们如何变幻流传，深远影响着我们当代的文化。与神明们同行，从人类文明长河的源头直达大海。

今何在

畅销书作家，编剧，知名游戏策划

神话不仅是口口相传的古老故事，也是现代人创作取之不尽、用之不竭的灵感库，更是我们思考命运、获得勇气、改变自己人生的思想源泉。它们不断地被讲述，不断地被再造。通过这些神话，我们不但可以从中窥见先民的生活，也可以观照我们自身。

李天飞
知名学者、作家，西游文化专家

神话究竟是什么？神话学家凯伦伊认为，真正的神话并非用于解释事物，而是为了奠定事物的基础。这句话很妙。过去，我们总是认为事物的基础是物质，但到了现在，我们却越来越强烈地感受到物质之外的某种东西，似乎才是一切的起源。你可以说它是心灵，是灵魂，是意识，但是神话却通过故事告诉你，那是一种“体验”，一种“原初体验”。这种体验曾经发生在我们人类祖先的身上，让他们大为震撼。他们想把这种体验说给更多的人听，也想让它在自己身上更加长久地停留，就这样，神话诞生了。神话承载的并非幻想故事，而是这种共属于全人类的体验。因此，阅读神话就是阅读人类的童年，而理解神话就是理解我们自己。

黄天怡
资深译者，前戏剧电影制作人

真正的自信，不是独自呐喊，而是敢于用自己的方式和世界展开对话。每次读到这些神话，我都会问自己：为什么它们能成为持久的文化符号？答案或许就在于开放与融合。今天，我们有越来越多的中国故事通过新技术被世界看到，我也希望这套书能给所有创作者和读者带来启发：自信地讲述自我，也勇敢地与世界共情。

张忆翔
动画策划人，编剧

推荐序

神话为什么值得重读?

黄悦
北京邮电大学数字媒体与艺术设计学院教授
博士生导师

这一套“塑造思维的神话”的系列图书终于要手拉手面世了，围绕着三本书重点讨论的希腊神话、北欧神话和凯尔特神话，我们提炼出了启智之火、原神之力和灵境之光三个关键词，希望能用多元文化的力量，点亮今人的文化创造。

因为研究方向的兴趣，我和湛庐围绕神话合作过几本书，其中包括久负盛名的《千面英雄》。神话学家约瑟夫·坎贝尔（Joseph Campbell）在这本书中提炼出的英雄之旅堪称故事里的神话模型，几十年来在文学、电影、游戏领域里广泛应用，成了打造流行文化作品的“金钥匙”。直到今天，人们还在讨论、套用或者试图超越这套源自神话的模型。比起单纯的模仿或颠覆，我认为更有意义的问题应该是拆解和深挖，“英雄之旅”超越时空的魔力究竟从何而来，它在今天依然有效吗？有没有可能被复制和扩展？我在“塑造思维的神话”这套书中找到了对这个问题最直接的回答。

如果要用一句话概括神话的功能，我想它们应该是**文化的干细胞**，也是**人类沟通的源代码**，其中包含着艺术的原型、哲学的雏形、情感的密码，以一种虚拟的方式演绎着碳基生物千年不变的底层算法。

神话塑造思维的框架

谈到西方神话，我们最为了解的三个传统，大概依次是希腊神话、凯尔特神话和北欧神话，其实如果把眼光放大到整个人类历史，他们的影响力并不是这样排列。北欧神话最为古老，希腊神话经过了神系的更迭，而凯尔特神话是从历史的尘埃中被挖掘抢救出来的遗迹。它们虽然都被中世纪的基督教视为“异教神话”，但并未成为被深埋的废墟，而是以更为隐秘的方式得以传承，这些痕迹保留在语言和思维的各个层面。其中最为显赫的当数希腊神话。希腊神话是古希腊人理解世界、解释自然现象、探索人性与社会关系的最早和最系统的尝试之一。它通过《荷马史诗》(《伊利亚特》《奥德赛》)和赫西奥德的《神谱》等作品，成为西方书面文学和系统思想的奠基之作。由于古希腊罗马文化长期被视为西方古典文化的正宗，所以在这片沃土之上培育出了哲学的萌芽、艺术的种子。**希腊神话之于西方文化，正如普罗米修斯从众神那里盗取的“火种”，在人间驱散蒙昧、点燃思想、传承智慧，照亮了人文精神的雏形，也淬炼出理性与科学的框架。**

阿瑟·克拉克（Arthur Clarke）最著名的科幻小说“太空漫游”系列，英文题目中用了 odyssey 这个词，火星探测器“2001 火星奥德赛号”的名字也延续了这个用法。英文中 odyssey 这个词与拉丁语 odyssea、法语 odyssée、希腊语 οδύσσεια（odysseia）一脉相承，都是源自古希腊的神话史诗《奥德赛》。这个词最初专指荷马的这部史诗作品，但随着时间推移，odyssey 在西方语言中逐渐沉淀，发展出比喻义，用来形容漫长而充满冒险的旅程或经历。现代英语中，我们常说 a personal odyssey（个人的人生历程）或 a spiritual odyssey（精神之旅）。将人生经历和面向未知的冒险比喻为一场旅程的观念就来自这个故事。不仅如此，大量英语及欧洲语言的词语、习语、典故直接源于希腊神话。例如，narcissism（自恋）源于那喀索斯，tantalize（逗引）源于坦塔罗斯，Achilles heel（致命弱点）源于阿喀琉斯，还有 Pandora's box（潘多拉魔盒）、herculean task（艰巨任务）、Oedipus complex（俄狄浦斯情结，即恋母情结），等等。这些词语融入了日常语言，成为思维和表达的基本构件。

《奥德赛》作为古希腊最著名的史诗之一，被视为希腊神话的宝库。你可能会问，这不是讲的凡人的故事吗？为什么也叫神话？因为在古希腊人的眼中，人无论多么努力，都在神的操控之下，而神自身其实也受制于命运。我们可以把《奥德赛》看作一部精彩的旅行文学作品，其中也包含了对人生重要问题的提问和回答。它更重要的意义在于，古希腊人将人类的命运浓缩在一个人身上，通过神所设置的众多考验和诱惑，凸显人类最致命的缺陷和最高贵的品质，实在是一种很高明的文学模式。这就是很多文学家声称自己从神话中得到灵感的一大原因，神话创造出很多文学的原型甚至框架，隐喻着人类的定位、处境和经历，也描摹了人性的复杂、幽微和多变。这种框架有时候还会成为当代文学有趣的参照系，比如，很多人可能都知道一部以晦涩难懂而著称的现代主义小说《尤利西斯》，这是爱尔兰作家詹姆斯·乔伊斯（James Joyce）的代表作。很多人都看不懂这部小说，甚至觉得名字都有些莫名其妙。其实尤利西斯（Ulysses）这个词就是罗马人对奥德修斯的称呼，作者从名字就开始暗示：我要讲的是一个当代奥德修斯的漫游故事，但因为作品中的人物与希腊神话中的英雄相去甚远，甚至截然相反，凸显出一种反讽和荒诞的意味，这就是希腊神话对现代主义文学的另一重馈赠了。

希腊神话最大的特点之一就是其神明具有高度的人格化特征，我们通常称之为神人同形同性。诸神拥有人的外貌、情感、欲望、优点和缺点，人类固有的嫉妒、愤怒、爱恋、虚荣、智慧、勇气在诸神的身上得到了最为充分的表达。这与许多其他文化中威严、抽象、超越人性的神祇形象形成鲜明对比。神话故事虽然充满神祇的任性妄为，但也通过英雄的品格（如奥德修斯的智慧与坚韧、赫拉克勒斯的勇气与力量）和故事的结局（如尼俄柏的傲慢导致毁灭、俄里翁不敬神带来惩罚），传递了关于勇敢、智慧、正义、节制、虔敬等早期伦理观念，为后世的道德哲学提供了讨论的基础。在希腊神话中，人类开始正视自身的欲望和缺陷，由此也获得了与诸神同等的价值。神话的核心虽然是神，焦点却常常落在人身上——他们同情俄狄浦斯的命运、赞美赫拉克勒斯的功绩、共情阿喀琉斯的愤怒与悲伤，人的命运、人的抗争、人的英雄主义、人的悲剧与弱点就得到了理解。**古希腊人对人类自身存在、价值和潜力的深刻关注与探索，是西方人文主义思想的源头。**

神话以最简洁的方式，铸造了一把钥匙，通往人类丰富灿烂的知识宝库。这里所说的知识不仅是天文历法等自然知识，更是通往人类认识自我和社会的终极问题。比起古人，今人或许在技术方面有了巨大的飞跃，但面对爱恨情仇、道德、信仰，人们的困惑却贯穿古今。更重要的是，今天西方的社会制度、审美观念很多都是从神话时代奠基，追根溯源，可以帮我们看清这个世界的来龙去脉。

神话世界里的素材宝库

沿着坎贝尔所开创的方向，我们首先会发现神话是通往创造的素材宝库，不仅古典艺术，就连在很多成功的流行文化作品中，也很容易分辨出神话的原型。

说到当代西方文化中的神话元素，首先绕不开的一个人就是托尔金。追溯历史，他几乎以一己之力创造了一个充满精灵和魔兽的中土世界，让西方奇幻文学成为影视、游戏的源头。在那里，魔法依然有效，理想旗帜高扬，热血的英雄始终在为部落和荣誉而战。事实上这个貌似凭空创造的奇幻中土世界正是脱胎于神话。

托尔金自小便对欧洲的异教神话兴趣浓厚，尤其是在他长期学习古英语、古挪威语、古德语等语言的过程中，北欧的诗歌、神话和史诗对他影响深远。托尔金学识渊博，精通包括《埃达》(*Edda*)、萨迦（saga）文学在内的许多古代文本，这些都深深地启发了他在《指环王》和《霍比特人》中的创作。

北欧神话中的世界之树伊格德拉西尔是一个核心象征。在神话中伊格德拉西尔被描绘为一棵巨大的树，树干贯穿着九个世界，每个世界代表了不同的存在形式或生命状态。这些世界和它们之间的关系由树的根、干和枝组成，树根深入冥界和巨人世界，树干连接着人类世界，而树枝则延展至神灵的居所——阿萨神域等。每个世界之间通过这棵树相互联系，树的存在象征着宇宙的整体性与平衡。伊格德拉西尔的三条根分别连接到三个重要的地方：一根深入到巨人世界，与巨人族的神秘力量相连；一根连接到冥界，是死者灵魂的归宿；另一根则连接到神圣的源泉——泉水中蕴含着知识与智慧的源泉。树的枝干代表着世界的上层空间，包括人类世界（米德加尔德）、神灵世界（阿斯加德）、精灵世界（阿尔夫海姆）等。伊格德拉西尔不仅是物理上的宇宙轴心，它的存在也是宇宙秩序、生命与死亡、命运与轮回的象征。《指环王》中的中土世界由不同的地区和种族构成，每个区域都承载着不同的历史、文化与冲突，类似于伊格德拉西尔所代表的多个世界之间的联系与交织。

托尔金的作品中有许多角色和神话形象与北欧神话中的人物高度相似，甚至是直接借鉴。比如拥有深厚魔法功力的巫师甘道夫身上就能看到奥丁的影子。在北欧神话中，奥丁是一个智慧与战争之神，拥有神秘的力量与深厚的知识。他常常以一位老年智慧的旅行者形象出现，具有领导者的特质。甘道夫是《指环王》系列中的核心人物之一，他是一个智慧、强大且拥有神秘力量的巫师，并且总是带着一根长杖，这与奥丁手持权杖的形象相似。甘道夫也在故事中承担了类似奥丁的“引领者”和“导师”的角色，帮助弗罗多、阿拉贡和其他角色走向他们的命运。甚至甘道夫的名字本身就来自北欧神话中的Gandalf，这是一个古老的北欧名字，意指“魔法的精灵”或“持杖者”，这也揭示了甘道夫与奥丁的联系。

与他相对，萨鲁曼最初是白色巫师，象征着智慧和领导力，但他最终堕落为黑暗势力的一员，萨鲁曼为了个人的权力而背叛了他的同盟，尤其是在《指环王》中，他与索伦联合，企图掌控魔戒，显露出洛基般的自私与野心。这个形象源于北欧神话中的洛基，洛基在神话中是一个狡猾、变幻莫测、常常带来混乱的神祇。萨鲁曼和甘道夫之间的对立关系，直接源自神话世界中奥丁和洛基的关系。

阿拉贡在《指环王》中是王子、游侠和战士的结合体。他具有强大的战斗力和领导能力，与托尔的英勇精神相呼应。托尔是北欧神话中的雷神，他是战斗和保护的象征，手持雷神之锤妙尔尼尔（Mjöllnir）。在托尔金的作品中，阿拉贡有着类似的英雄气质。

北欧神话中的“艾尔夫”（Alfar）是神秘且美丽的生物，托尔金在创作精灵时，将其描绘为与自然和谐共处、长生不老、具有高贵气质的种族。像埃尔隆德、莱戈拉斯这样的角色，都具有这样的特点。比如，莱戈拉斯就拥有不凡的箭术和敏捷性，代表着精灵的超凡能力；埃尔隆德则是智慧与领导力的化身，类似于北欧神话中的高等精灵或神祇。

托尔金创造的中土世界不仅是一片虚构的土地，它还拥有复杂的历史、语言、种族和文化，而这些元素深深受到了北欧神话的启发。在北欧神话中，诸神黄昏是神与巨人之间的最终决战，标志着世界的毁灭和重生。这个概念直接影响了托尔金作品中的“末日”主题：

《指环王》里的基本设定起源于魔戒的力量即将彻底摧毁世界秩序，这个中土世界面临的巨大危机就是脱胎于“诸神的黄昏”，正是通过这一设定，末日来临的氛围和英雄们奋力拯救的使命才得以激发。

作为西方奇幻文学的巨擘，托尔金在《霍比特人》和《指环王》中的创作，深深根植于北欧神话的土壤。无论是角色塑造、世界观构建，还是语言创作，都巧妙地融入了北欧的神话元素。这些神话中的神祇、英雄、世界末日和各种超自然生物，成了托尔金构建庞大、富有层次的中土世界的基石。托尔金在创新的同时，也保持了对北欧传统的尊重，这使得他的作品既富有新意，又充满了经典的神话色彩。这不仅使得他的作品获得了广泛的文化共鸣，也为后来的奇幻文学创作树立了新的标杆。

事实上，托尔金的选择绝非偶然，素材只是神话为现代文化提供的最表层的资源，在神祇和精灵的背后，神话以一种更为系统性的方式影响着人类文化的结构和走向。我们用“原神之力”来概括北欧神话给我们的馈赠，指的就是在一个庞大而富有层次的世界观之上，面对着“诸神黄昏”，英雄和精灵们所迸发出来的生命之力。**我们将北欧神话誉为西方文化的“原神之力”，正是强调其中的原始野性、混沌创世、毁灭宿命与抗争精神。**它不像希腊神话般闪耀着理性之火，也不似凯尔特神话般萦绕着灵境薄雾，而是以冰与火的狂暴能量、诸神与巨人的永恒厮杀、注定陨落的悲壮宿命，为西方精神注入了粗粝的生命力、直面深渊的勇气，以及在毁灭中寻求意义的终极力量。

古今相通的情感密码

很多人喜欢希腊神话，不是因为其中的英雄和战争，而是因为其中有很多贴合人性的情感纠葛。古希腊的神不像别处的神祇那样高高在上、道德完美，他们也有缺点，爱撒谎，喜欢追求好看的和好吃的。人们喜欢看众神陷入狼狈的境地，仿佛为人生的磨难找到了慰藉。其实古希腊人对神的设定，最大的特点就是神与人“同形同性”，而这一点也赋予了古今相通的独特魅力。但除了相通的人性，神话里更动人也更有价值的，还是那些让人成为人的故事。相传缪斯女神之一卡利俄珀有一个儿子叫俄耳甫斯，他拥有无人能比的音乐才能，能让草木顽石感动，连阿波罗都自愧不如，把自己珍贵的里拉琴送给了他。就是这样一个文艺天才爱上了无与伦比的美丽女子欧里狄克。但很不幸，欧里狄克因为被蛇咬到而瞬间丧命，俄耳甫斯决定下冥府去寻找她。这样的爱情可谓是感天动地了，在希腊神话及其后世创作中，俄耳甫斯经历千难万险来到了冥府，一路上渡过了愁苦河、悲叹河、火焰河、遗忘河和怨恨河，还遭遇了众多怪物，比如地狱的三头犬、半人马、百臂巨人、九头蛇海卓拉、鹰身女妖哈耳庇厄、奇美拉以及独眼巨人，所有这些考验都没能让他退缩。最终，他优美的音乐和坚贞不渝的真情果然打动了冥府的主人——珀尔塞福涅同意让他带着妻子重返阳光下的世界。但是，冥后珀尔塞福涅提出了一个条件：回去的路上欧里狄克只能静静地跟在身后，俄耳甫斯绝对不能回头看她，也不能与她交谈。与爱人重生相比，这个条件简直无足轻重，所以俄耳甫斯很痛快就答应了。他这时显然还不明白这个条件意味着什么。也许是因为幸福来得太突然，在回程的路上，俄耳甫斯忽然一阵担心，周围这么静悄悄的，欧里狄克是不是还跟在他身后？于是他偷偷回头看了一眼，这一次致命的回头注定了他们将永远分离。独自回到人间的俄耳甫斯再也无法感受到真爱，终其一生只与音乐为伴。这似乎是一个关于信任和禁忌的寓言，但在古罗马诗人维吉尔看来，驱动这个故事的是真爱，是热烈又盲目的爱。至于俄耳甫斯为什么偏偏要在那个紧要关口打破禁忌回头，你可以有很多种理解，但这或许从某种角度揭示了相爱的本质：越是小心翼翼，患得患失，越是渐行渐远，无可挽回。无可置疑的一点是，爱与死的对立是凡人无法逾越的鸿沟，爱人或许会阴阳相隔，但真爱不会被死亡抹去。这样看来，在爱情和婚姻的问题上，人类倒真成了神的榜样，也许正是因为我们不完美的形态和短暂的生命赋予爱情更高的价值，让我们知道珍惜，懂得坚守。

在心理学领域，从弗洛伊德开始，对神话的阐释逐渐发展为一个比较完整的系统。以往的神话学家在历史和社会等外部因素框架内寻找神话的真义，与此不同的是，心理学家更看重的是对神话的精神动力学的揭示。对持有外部视角的研究者来说，神话是蒙昧时代的化石，仔细解读可以获得关于历史的蛛丝马迹。但心理学家不这样认为，他们把神话看作内在心理结构向外投射的产物，其中最有名的成果是弗洛伊德提出的俄狄浦斯情结。从弗洛伊德的潜意识理论，到荣格的原型说和弗雷泽的文化人类学，再到阿德勒的个体心理学与罗洛·梅的存在主义，蔚为大观，不仅产生了一系列学术著作，而且从不同侧面对传统神话做出了更为深入的诠释。其中最为人所熟知的是坎贝尔分析英雄神话的《千面英雄》，这本已经被好莱坞和全球创意行业推为“圣经”的经典，呈现出的只是对神话的心理学解读之冰山一角。

对现代人来说，神话所能提供的不仅是与传统的深度连接，更重要的是对心理危机的克服，这种危机并非与愚昧和非理性必然相关，而是与人的生物属性相关。“神话是我们弥合生物自我与人性自我之间裂隙的必要手段。”心理学家罗洛·梅认为，神话是给予我们的存在以意义的叙事模式，能够在无意义的世界中让人获得意义。他指出，神话的功能是能够提供认同感、团体归属感，支持我们的道德价值观，并提供看待创造奥秘的方法。莉莲·费德（Lillian Feder）也提出:“只有当人们用神话作为合法性的模式来化解那些冲突的冲动、愿望以及无意识中的社会需求，这条贯穿弗洛伊德、荣格到弗雷泽爵士的思路打开了一个关于神话理论的潘多拉魔盒，从此心理学家、人类学家、诗人和文学批评家在其中互相冲撞。”事实上，神话学家和心理学家所阐述的深刻道理可以走出书斋，被还原到神话及其艺术载体的故事和形式中去，并使其为更多的现代人所理解和接受。凭借这些故事，古老的神祇摆脱了偶像的泥胎，从凝固的大理石和画框中走出来，化为我们身边一起嬉笑怒骂的熟人，在亲切而不浮华的叙事中，让读者与传统产生深度连接和认同，故事的魅力，就在于此。神话的魅力，也在于此。

神话是哲学的雏形

西西弗斯是柯林斯城的缔造者，是人间最具有智慧的国王，通晓很多凡人不知道的知识。有一次他为了向邻国国王埃索普斯要一眼泉水，就告密说是宙斯抢走了他的女儿。事实也确实如此，西西弗斯没有撒谎，但他知道的事太多，又爱告密，触怒了宙斯，宙斯决定剥夺他的生命。宙斯派死神塔那托斯前去索命，这本来是一个再正常不过的程序，但西西弗斯竟然亲自将死神打翻在地，并用绳子捆了起来，把死神囚禁在自己的宫殿内。由于死神缺位，世界上就没有了死亡，这下连哈迪斯都被惹怒了。事情败露，西西弗斯知道自己难逃一劫，计上心来又一次戏弄了众神。他叮嘱自己的妻子，在他死之后千万不要为他举行葬礼。于是到了地狱的西西弗斯就去找哈迪斯抱怨，说自己的妻子太不像话了，竟然连个像样的葬礼都没给他办。他要求回到人间去，惩罚他这个没有良心的妻子。哈迪斯也单纯，可能因为常年待在地下不了解凡人的套路，竟然就答应了。西西弗斯回到人间，再也不肯主动再去冥府报到了。他就这样留在世上享受生命，直到再次被抓回冥界。这一次众神就没有那么好说话了，西西弗斯被罚留在地狱里，向着山顶推一块巨石，这块石头大而且重，西西弗斯必须竭尽全力才能推动，更残酷的是每当他接近山顶时，巨石就会滚落下来，于是他必须再次推石头上山，这个过程永无休止。这个故事产生得很早，因为《荷马史诗》中奥德修斯就在冥府中见到了服役的西西弗斯，他“肌肉紧绷，汗流浃背，大团的灰土罩在头顶”，看起来很是狼狈。诗人但丁在《神曲》中也描绘自己在地狱里见到西西弗斯的场景。在他们看来，西西弗斯虽然命运悲惨值得同情，但这是他自己欺骗神的后果，也算罪有应得。

西西弗斯推了上千年的石头之后，终于有人肯站出来替他说话了，这个人叫加缪，曾经获得诺贝尔文学奖，但更多时候人们把他看作哲学家。他曾写过一篇散文盛赞西西弗斯，认为他才是人类中间真正的幸福者，因为他接受了命运的荒诞，这种荒诞在更多的时候并不是源于不公正，而是一种单纯的无意义。尽管西西弗斯清醒地意识到他的所有努力都是徒劳，但依然选择了忍耐和坚持，而不是放弃和自杀。在加缪看来，这是人在无意义的世界唯一的一种英雄行为。现在国内有一家很有名的连锁书店，已经开遍了各大城市，书店的名字就叫西西弗，据说就是源自西西弗斯。我猜想，书店的创立者或许和加缪有类似的想法，**虽然人在这个世界上的生存十分艰难，必须时刻与艰难、困苦甚至荒诞、无意义对抗，但真正的出路并不在于逃开或者放弃，而是以一种清醒而理性的眼光来参与现实人生，这样做看起来有时似乎徒劳，但也不失为一种幸福。**在各大城市的繁华地带，物欲流动的购物中心，一个得名于希腊神话的书店越开越多，或许就代表了希腊神话对现代人独特的启发或安慰。

集体情感的显影剂

凯尔特神话作为一种古老传统，代表着神话带给西方文化的另一重贡献，它带来了与众不同的生命力与神秘气息。**如果说希腊神话以其人本理性、英雄史诗和清晰轮廓点燃了启蒙与秩序之火，凯尔特神话则以其对异界的神秘向往、与自然的灵性共鸣、对命运循环的幽微体悟，为西方文化洒下了一片朦胧、深邃、充满魔法与生命力的“灵境之光”。**这种自然灵性不是蒙昧的迷信，而是对宇宙生命力、循环与内在联系的感知，是帮助人类认清自我在自然界中位置的一束独特光芒。

不同于希腊神话对奥林匹斯山顶权力的向往，凯尔特神话创造了一个薄纱般的“彼世”（otherworld）：其核心的特征是其对“异界”

的执着描绘。这个世界并非遥不可及的天堂或地狱，而是与人间紧密交织、仅隔一层“薄纱”的平行维度。它充满魔力，时间流速不同，美丽丰饶却也暗藏危险。库丘林求学、布兰远航、亚瑟王求圣杯，凯尔特的英雄的旅程总是朝向远方，英雄、德鲁伊、仙女则常穿梭于人间与异界。这种对“他者世界”的开放性和探索，为西方文化注入了对未知、神秘、超自然维度的深刻迷恋和敬畏，是奇幻文学、哥特风格、神秘主义思潮的重要源泉。**所谓灵境，则代表了一种超越物质现实的、充满灵性可能性的领域，是灵魂、梦境、预言和魔法的居所，照亮了理性逻辑之外的广阔精神空间。**

和很多曾经辉煌后来失落的文明一样，关于凯尔特人的话题引人入胜而又充满神秘气息。然而，与那些留下丰富遗物的古文明不同的是，这个名字始终被传说层层笼罩，唯其如此，就更显得模糊而又迷人。根据今天历史学家的普遍看法，凯尔特人是印欧人的一支，曾经盛极一时，大约公元前 5 世纪到公元前 4 世纪在中欧地区占据了文化和军事上的绝对优势，对整个欧洲的文化版图的划定产生了非常重要的影响。他们曾经和希腊人结盟、和罗马人交战，以其浪漫诗意的文化基调和勇猛善战使对手印象深刻。在各种传说中，他们一方面被描述为野蛮好战，另一方面又浪漫唯美且充满艺术气质，他们有惊人的学习和创造能力，又有天真的一面。罗马人把他们称为“皮克特人”（Pict），意即“有文身的民族”，但同时他们也承认凯尔特人英勇好战、相貌堂堂。这些看似矛盾的特点，构成了独特的凯尔特文化，甚至成了他们独特的魅力所在。凯尔特文化虽被罗马帝国和基督教挤压，但其神话并未彻底消亡。它转入民间传说、地方习俗、圣徒传记中，以隐晦的方式顽强生存，成为非主流文化的精神火种。

18—19 世纪起的凯尔特复兴重新发掘其神话遗产，赋予其新的文化意义和民族认同感，使其“灵境之光”在现代重新焕发。早在 1889 年，爱尔兰独立运动的领导者，爱国诗人叶芝就曾出版过《奥辛的漫游及其他诗作》，其中奥辛这个人物就是凯尔特神话里的主角之一。叶芝从流传于民间的传说中汲取灵感，将其铸造成关于妖精、幽灵、古老神灵和巫术的故事。全书充满了梦幻般的意象和对凯尔特文化传统的深情描绘，展示出古朴乡村的生活风貌和文化底色。作品中反复提到的精灵（faery），就是爱尔兰文化中一种具有复杂背景的神话形象。叶芝将这些传说生动地带入文本，描述它们是“被降级的古代神祇”或者是“自然的元素精灵”。这些精灵往往神秘、喜怒无常，既令人敬畏又充满魅力。在凯尔特神话中，这些精灵是世界的一个部分，具有和人类相似的脾气秉性。

爱尔兰解放运动虽然已经过去上百年，但它提供给当代人的启发不容小觑。当然，凯尔特人的这种文化寻根的意识并非只表现在文学领域，除了当代西方十分流行的新时代运动格外推崇凯尔特文化之外，今天在NBA和欧洲的职业足球赛中仍然有“凯尔特人”这样的队名，大概正是因为推崇凯尔特人自由奔放、勇敢热情、崇尚荣誉、热爱冒险的精神。从《魔兽世界》的德鲁伊文化到《塞尔达传说》的海拉鲁大陆，从《潘神的迷宫》到《海洋之歌》，凯尔特神话的异世界、精灵、勇士和神秘氛围持续激发创作，其“灵境”美学广泛传播。经过历史的冲刷，“凯尔特神话”在大众文化的语境中也代表了边缘文化、前基督教异教信仰在主流文明压迫下的韧性和持久生命力，提醒西方文明其精神构成的多元性。

通往自我理解的桥梁

2017年前后，我与湛庐合作制作坎贝尔的著作《追随直觉之路》的有声书。那一次逐字逐句阅读给了我一个人到中年梳理思路，重返内心的机会。在那之后，面临很多人生重大选择的时候，我常常会想起书里的句子。直觉并不是什么神秘力量，它其实是一套更为复杂庞大的潜意识系统绕过前台运行的意识，提前计算出了结果而已。这个后台运行的潜意识系统中更为丰富的参数，很可能就来自远古祖先的馈赠。

循着神话的心理学路径，坎贝尔不仅总结出人类英雄普遍的模式，还用这种模式打造出大量成功的文化成果。这么说你可能觉得有点抽象，但不妨试着将你所熟知的好故事和好品牌一一代入，你会发现，这套源自神话的密码一直在潜移默化地主导着我们的爱憎好恶、审美偏好乃至消费行为。**这些早在神话时代就已经埋下的种子，之所以至今生机勃勃，最终还是因为根植于我们内心深处的欲望和恐惧，联通了浓缩的人类经验和情感。**于是，神话又变成了直达集体心灵的桥梁。

弗洛伊德有一个比喻，他说人类的精神世界远不像表面看上去那么清晰明了，我们每个人的精神世界都藏着一座冰山，除了水面之上能看到的 1/10，水面之下还藏着巨大的潜意识。弗洛伊德主张借助童年经历和创伤性记忆去潜入水下，了解自己的潜意识，但他的得意门生荣格并不完全同意导师的看法，荣格认为决定潜意识的，不仅有被压抑的个体无意识，还有来自远古时代的集体无意识。荣格把这种从神话中提取的结晶物叫作神话原型。

伊卡洛斯的飞翔神话源自希腊神话，讲述了伊卡洛斯和他的父亲代达罗斯被困在克里特岛的迷宫中的故事。代达罗斯是一位智慧超群的工匠和发明家，他为国王米诺斯设计并建造了迷宫，最终他和儿子伊卡洛斯被困其中。

为了逃脱迷宫，代达罗斯发明了翅膀，用蜡和羽毛将其制作成飞行器。父子俩用这些翅膀逃离了岛屿。代达罗斯在启程前警告伊卡洛斯，不要飞得太高，因为太阳的热量会熔化蜡，也不要飞得太低，因为海水的潮湿会弄湿翅膀。父子俩在飞行途中，代达罗斯成功遵守了警告，但伊卡洛斯却因骄傲和自信飞得过高，接近太阳，导致蜡熔化，最终坠入大海。伊卡洛斯的飞翔和坠落有着深刻的象征意义，尤其是对人的骄傲和冒险精神的警示。伊卡洛斯过于自信，不听从父亲的经验教训，飞得过高，代表了人类在面对力量和欲望时可能会过度自信或盲目冒险，最终导致自我毁灭。

伊卡洛斯的飞翔象征了人类对自由和超越常规束缚的渴望，其与太阳的对抗代表了人类试图控制或超越自然法则的冲动。神话的结局表明，尽管人类可以通过智慧和努力取得某些进展，但自然的力量终究难以抗衡。伊卡洛斯的失败并非单纯的偶然，而是对人类冒险精神和不顾后果的飞跃行为的警示。他的死象征着人在追求目标时，若忽视界限与智慧，最终可能会付出惨重的代价。伊卡洛斯神话在艺术、文学、电影等领域有广泛的影响。在这些作品中，伊卡洛斯往往被视为勇气和失败的象征，成为人类对理想、梦想和极限挑战的复杂情感的载体。

伊卡洛斯的飞翔和坠落常常被视为人类精神或心理的象征。许多心理学家认为，伊卡洛斯代表的是人类内心中对自由和权力的欲望，尤其是自我超越的愿望。然而，这种欲望如果没有适当的节制和正确认知，便可能导致失败或自我毁灭。这与弗洛伊德所提到的自我和超我、意识和潜意识的关系相呼应，反映了个体与社会约束、内心欲望和理性之间的冲突，提醒我们在追逐梦想时，要保持谦逊与自律。

没有人会怀疑，历经千年，那些关于终极力量的寓言、英雄和反英雄的对抗、充满创造力量的大母神依然闪闪发光，照亮着现代人的精神之路。通过研究各种神话和精神病案例，荣格提出了一系列可识别、可组合的神话原型，其中最著名的包括阿尼玛和阿尼姆斯原型。所谓阿尼玛原型就是指男性心灵中通过遗传而具有的女性成分，因为叠合了人类能感受到的女性的全部特点，所以对男性具有致命的诱惑。阿尼姆斯原型则相反，是指女性心灵中的男性成分。阿尼玛在希腊神话中以女神、女妖或者女仙的形式出现，既美好又危险。奥德修斯在航海中所遇到的塞壬就是一个代表，这些具有魔性的海妖，用歌声诱惑过路船只上的男人，能令听者陶醉，但也会使他们发狂，最终失去理智和生命。这样的阿尼玛是致命诱惑的代名词，具有强大的情感唤起能力。所以塞壬不仅成了后来很多艺术作品描绘的对象，也成了消费社会的宠儿。

生命与死亡、英雄主义与自然崇敬等亘古主题，经由凯尔特神话这一桥梁继续在今日文化中回荡，彰显出其超越时空的恒久魅力与思想价值。神话并非尘封过去的静默遗迹，而是一座活水泉眼，至今持续滋养着我们的想象力与创造力。

流行文化的源头活水

近年来，电子游戏作为一种新兴的娱乐方式，也自然吸引了大量关于北欧神话的创作。究其魅力，可以从形式和内容两方面理解。首先，北欧神话中的世界观通常非常庞大，涵盖了从阿萨神域到米德加尔德的多个世界，包含丰富的地理、文化和物种，这非常适合用开放世界的方式呈现。玩家可以自由探索这些世界，解锁更多的故事情节与任务，增强游戏的沉浸感。

其次，游戏中的怪物、神祇、战斗场景和世界观，常常需要震撼的视觉效果和独特的设计，而北欧神话中的神祇、怪物和魔法世界在视觉呈现和游戏设计上具有很大的优势。巨人、龙、神秘的森林、寒冷的北国等，充满危险而神秘的气息，能为游戏设计师提供丰富的视觉素材。游戏中的战斗场景、角色设定以及世界设计，都能通过这些神话元素来创造更具冲击力和吸引力的视觉效果。不仅如此，魔法、神器（如托尔的雷神之锤）以及神祇的能力，可以成为游戏中战斗机制的一部分。这些元素为角色的技能设定和战斗玩法提供了极大的空间，也能带给玩家更加沉浸的游戏体验。

北欧神话强调“命运”与“预定的终结”，这些元素为角色扮演游戏提供了非常契合的叙事框架。玩家角色往往需要面对不可避免的结局，或者在历史中做出关键决策，正如“诸神黄昏”中的命运争斗。北欧神话中的英雄故事往往具有强烈的情感冲突、道德选择和英雄成长，这对于玩家来说，尤其能够产生共鸣。例如，英雄往往需要面对自我牺牲、亲情与责任之间的抉择等，这些都可以在游戏的情节中深刻体现。

北欧神话虽然源自古代，但许多元素在当代文化中依然具有强烈的象征意义。现代玩家在接触这些故事时，往往能感受到强烈的文化认同和情感共鸣，从而更容易投入到游戏体验中。究其原因，是因为其中把握住了古今相通的情感密码，比如**北欧神话充满英雄主义气质和悲壮的史诗感，尤其以表现英雄的成长与牺牲见长。**在诸神黄昏的总体设定之下，许多神祇和英雄都面临着命运的挑战，如托尔和洛基的冲突、奥丁的牺牲等，这些故事能够为游戏设计提供深刻的情感驱动力，让玩家在游戏中体验到英雄的成长与命运的冲击。

综上，北欧文化具有很多优势：丰富的文化资源、视觉冲击力、游戏机制的契合度，以及对玩家情感的深刻触动。无论是从游戏设计、市场需求，还是从文化背景来看，北欧神话都为当代电子游戏提供了一个极具吸引力的源泉。这使得越来越多的游戏开发者选择以北欧神话为题材，为玩家呈现充满幻想与冒险的虚拟世界。

伊格德拉西尔的象征性也出现在电影和电视剧中，尤其是奇幻题材的作品。例如，在漫威电影宇宙中，伊格德拉西尔的影响体现在阿萨神域的设定中，其中的宇宙结构与北欧神话的世界观密切相关。伊格德拉西尔本身作为连接不同世界的树，也成为许多现代电影中神秘和力量的象征。伊格德拉西尔的宇宙结构，也被许多学者用作宇宙观与宗教信仰的哲学模型。在一些宗教和哲学流派中，伊格德拉西尔代表了宇宙的整体性、统一性和层次结构，成为象征世界秩序、智慧与平衡的核心形象。此外，它对宗教仪式和象征的影响也延伸到了其他文化中，伊格德拉西尔的树形象经常被用于象征神圣的存在、灵性和人与宇宙的关系。

随着全球化的推进，尤其是影视、书籍、和文化产品的流行，北欧文化在全球范围内的影响力不断增强。近年来，北欧电影、电视剧（如《权力的游戏》、奈飞的《北海传说》）、文学作品（如尼尔·盖曼的《美国众神》）等都受到广泛关注，这些作品在一定程度上为北欧神话的现代化传播起到了推动作用。

我们也会在漫威系列的作品中看到北欧神话的影子，《雷神》电影和《复仇者联盟》让托尔、洛基等北欧神话中的角色进入了现代流行文化的视野。尽管这些电影并非完全忠实于北欧神话，但它们通过角色的塑造和情节的演绎，将这些神话元素带入了广泛的受众群体，增强了这些素材在全球范围内的认知度。

有趣的是，很多人从神话中琢磨出了一套实用的广告营销理论。美国经济学家肯特·沃泰姆（Kent Wertime）以荣格的神话原型说为基础，概括出 12 种广告世界最为常用的神话原型，其中包括：终极力量、塞壬、英雄、反英雄、创造者、变革大师、权力经纪人、智慧老人、忠诚者、圣母、小骗子、哑谜形象。与此类似，美国人玛格丽特·马克（Margaret Mark）和卡罗·皮尔森（Carol Pearson）曾经写过一本书，名字就叫《如何让品牌直击人心》（*The Hero and the Outlaw*），其主题就是以神话原型打造深植人心的品牌，这本书的作者之一马克是国际著名 4A 广告公司的执行副总裁，通过研究世界成功品牌的广告叙事，他们也提炼出一套可执行的神话原型符号，其中包括：天真者、探险家、智者、英雄、亡命之徒、魔法师、凡夫俗子、情人、弄臣、照顾者、创造者、统治者。对比这两套方案，我们会发现，虽然称呼略有不同，但内核基本相似，或许这就是神话原型的稳定性所在。比如塞壬这个原型，与情人类似，显然就是对阿尼玛原型的延展和应用，几乎可以在所有面向女性客户的奢侈品广告中看到；而高科技产品的发布会和广告则无不反复强化着“创造者”这个原型。这些早在神话时代就已经埋下的种子之所以至今生机勃勃，最终还是因为根植于我们内心深处的欲望和恐惧，联通了浓缩的人类经验和情感。所以神话的秘密不在别处，就在我们自己内心，特尔斐神庙上的话说得一点不错。

人之为人的关键

人们常常把神话看作博物馆里的古物，我们在茶余饭后提起它们，就像凝视那些千万年前形成的琥珀，这些相隔千年的古老故事，与我们之间还能有什么关系呢？我相信历史学家尤瓦尔·赫拉利（Yuval Harari）所说的，**神话里藏着人之为人的关键，用象征体系创造专属的意义。**赫拉利认为，我们人类之所以与其他动物不一样，其根本就在于我们发明出了一套共同信仰的符号体系，并把这个故事坚持讲了很多年。在我看来，那个古老的故事流传太久，已经被改头换面，融入人类精神血液，其沉淀下来在后台运行的代码体系，就是“神话”。

或许在理性的现代人眼中，古人对世界的解释荒诞不经，早已不再适用。但试想一下，如果忽然有一群外星人降临地球，或者1000年后觉醒的硅基智能生物穿越过来，刚好降落在巨星的演唱会现场，说不定也会觉得我们就是一群迷狂的非理性动物。冷眼旁观，我们今天所崇拜的一些形象，又何尝不是新版的神话呢？反过来，耐心倾听这些统治了人类几千年的好故事，必将有助于我们创造出直达人心的新故事。

愿这三本书能带你带着今人的理性重回古老神话的世界，观过往，见自我，知未来，获得艺术灵感、智慧启迪和信念之力。

测一测

你了解北欧神话吗？

扫码加入书架
领取阅读激励

扫码获取全部测试题及答案，
一起踏上北欧神话的
史诗旅程

- 掌管王权、智慧、战争和死亡的阿萨神族之王奥丁曾用什么换取了智慧之泉的泉水？（单选题）

  A. 一只手

  B. 一条腿

  C. 一只眼睛

  D. 一只手臂

- 在北欧神话中，世界末日来临前的第一个预兆是什么？（单选题）

  A. 太阳消失

  B. 巴德尔之死

  C. 芙蕾雅的死亡

  D. 诸神的黄昏

- 伊格德拉西尔是北欧神话中的“世界之树”，其巨大的树根分为三条主脉，通向哪三大世界？（单选题）

  A. 巨人国、海姆达尔的居所、人类世界

  B. 巨人国、赫尔的冥界、人类世界

  C. 神域、精灵国、矮人国

  D. 冥界、巨龙的巢穴、冰封之地

扫描左侧二维码查看本书更多测试题

目　录

引言

北欧神话

永恒的回响与现代诠释

法夫尼尔、赫尔、托尔和异鬼——这些引人入胜的人物都是根据古代北欧神话改编的现代作品中的神话角色或英雄角色。他们以特别的方式讲述着现代人的希望和恐惧，在逝去的中世纪与活生生的当下之间架起了一座桥梁。

一个机器人怪物四仰八叉地躺在荒野。他的身体上是先进的科技设备，他还操控着能影响人类情感的机器。一群面容消瘦、头戴冰冠、两颊结霜的怪人从北方越过无尽的冬季而来：他们的目的是消灭和奴役一路上遇到的所有人类。

引 言
北欧神话 永恒的回响与现代诠释

一个机器人怪物四仰八叉地躺在荒野，他的身体上是先进的科技设备，他还操控着能影响人类情感的机器。一位美丽的少女深情歌唱着自己对一位英俊男子的爱慕之情，担心自己不够有魅力；而她的下半身竟是一堆散发着恶臭的腐肉。一名粗鲁的金发男子挥舞着巨锤，将无情的机器人杀手锤成了碎片。一群面容消瘦、头戴冰冠、两颊结霜的怪人从北方越过无尽的冬季而来：他们的目的是消灭和奴役一路上遇到的所有人类。这些奇怪的超自然生物听起来像是神话传说里的人物——事实也确实如此。但他们并不是直接从古代北欧的羊皮纸手稿上走下来的。确切地说，这些引人入胜的人物都是根据古代北欧神话改编的现代作品中的神话角色或英雄角色。他们以特别的方式讲述着现代人的希望和恐惧，在逝去的中世纪与活生生的当下之间架起了一座桥梁。在接下来的章节里，我们将仔细了解上述每一位人物——法夫尼尔（Fafnir）、赫尔（Hel）、托尔（Thor）和异鬼（White Walkers，亦称白鬼）。

口口相传的古代北欧神话

古代北欧神话是从中世纪开始一直流传至今的一系列故事，这些故事最初是由基督教徒记录下来的（见彩插图 1 和图 2）。它们被口口相传了数代，但是在基督教出现前的北欧，人们并没有用书写来保存故事的传统。这些神话以男神和女神为主人公，讲述的是他们与巨人、矮人、怪物等其他物种之间发生的故事，还有少数与人类之间发生的故事。与神话故事一起记录在手稿中的，还有人类英雄的故事。其中最出名的要数屠龙勇士西格鲁德（Sigurðr）[①]和他非凡的先祖以及歹毒的姻亲的传说。这些都不属于神话而是英雄传奇，因为虽然其中的角色通常都拥有超凡的特质，但人类是其中最重要的人物。这些故事有些从中世纪时代就开始流传，已经传诵了有几百年之久；有些不那么出名，但在中世纪之后历史的不同时期分别占据了重要地位。

我们会看到，古代北欧神话与传奇带来的是古代北欧人看待世界、时间、历史和命运的思维方式，这些思维方式是我们在以文化为主题的希腊和罗马神话中所看不到的；同样，他们也与用凯尔特语记录的那些故事有很大的不同。用媒体的常用话术来说，北欧神话与传说看起来似乎在当下“红极一时”，但实际上，自其有文字记录以来，甚至我们可以想象得到，在没有文字记录的几个世纪之前，这些故事就在被一遍遍地传唱。人们纪念这些故事的方式也多种多样：它们在各色听众的心里，不论他们住在冰岛茅草顶农屋还是住在挪威宏伟的王庭；它们在斯堪的那维亚东部的圆阵纪念碑群和船葬遗址中，又或者化身在丹麦的树林中。即便后来这些故事失去了在切实信仰和宗教仪式上的作用，人们也仍旧认为其意义深远，并以更多不同的方式将它们诠释为意义深远的作品。这就是本书的主题。

北欧神话的文学及考古记载

就书面记载而言，我们并没有太多北欧神话和传奇的可靠资料。更多的是没有定论的考古学证据，如大型的绘画石碑、小型的金属雕塑等，我们在下文会详细探讨。

---

① 该人物也出现在了《沃尔松格萨迦》中，同时他也是瓦格纳的歌剧《尼伯龙根的指环》中齐格弗里德的原型。——译者注

来自瑞典哥特兰岛（Gotland）亨宁（Hunninge）的绘画石碑（8 世纪）

我们只有少量的北欧神话著作，其中包含了更为少量的手稿，记载着主要的神话和英雄传说。北欧神话最重要的两大文学著作被称为“埃达”（Edda）。埃达意为“曾祖母”，不过该词也有可能源于拉丁语的 edo，意为“我创作”。这两本著作中较老的一本被称为《散文埃达》（*Prose Edda*）或《斯诺里埃达》（*Snorra Edda*），但令人困惑的是，这本有时候又被叫作《小埃达》（*Younger Edda*），该作阐述了古代北欧的诗歌系统以及写作与注释 13 世纪的宫廷诗歌的基本要素。该书极有可能由冰岛学者兼政治家斯诺里·斯图鲁松（Snorri Sturluson）作于 13 世纪 20 年代的某一时期。在著作的第一部分，斯诺里对众神、创世、灭世与重生、众神各自的特点以及一些与神有关的冒险故事作了系统的记录。

斯诺里当然是位基督徒，因为早在他出生前 200 年左右冰岛就皈依基督教了，并且斯诺里的受教育地是当时冰岛基督传教的中心城市之一。他对北欧神话的兴趣是从研究和考古的方向出发的，他十分清楚自己必须谨慎组织记载北欧众神的语言。他不希望引导读者认为这些异教众神真实存在过且拥有（或曾经拥有）真正的神力，所以他运用了一种学术上称为欧赫墨罗斯主义[①]的手法来解释他们的存在。古希腊神话学家欧赫墨罗斯（Euhemerus）认为，神实际上是一群特别聪明或极具魅力的人类，他们让其他人相信自己是超凡脱俗的存在，值得崇拜；在他们死后，其受人尊崇的地位也不会改变。我们可以联想一下那些自封为神的罗马皇帝，他们在死后会被供奉在神庙建筑中。斯诺里在《散文埃达》的序言中称，北欧众神实际是来自特洛伊的难民。他们从覆灭的特洛伊城逃出后，一路向西再向北到了斯堪的那维亚：因此，人们心目中最大的神族的名字 Æsir（阿萨）就源于 Asia（亚洲）。在北欧，阿萨族人据说用他们高等的知识（特别是巫术与戏法）折服了当地人，先是取得了统治权，在其死后又被当

① 欧赫墨罗斯主义（euhemerism），认为神话故事是夸大的历史事件或人物。——译者注

作神明敬拜。在《散文埃达》第二节《欺骗吉尔维》（*Gylfaginning*）的开头，斯诺里为他的主要故事集搭建了一个框架，他讲述了一位名叫吉尔维（Gylfi）的瑞典国王是如何被一位狡猾的移民骗走一大片土地的。这位移民是个叫作葛冯（Gefjun）的女人。葛冯假扮成一位“旅行中的女子”出现在吉尔维的宫殿，成为他的情人，随后葛冯向吉尔维讨要土地，说自己只要一天之内能耕种完的面积——吉尔维认为那并不多，于是欣然同意。谁料葛冯将自己与巨人所生的四个儿子从巨人之地带了下来，将它们变成了耕牛。到最后丈量的时候，他们已经耕完了丹麦西兰岛（Sjælland）上全部的土地，并在吉尔维的国土中央留下了一个巨大的洞，即如今瑞典南部的梅拉伦湖（Lake Mälaren）。

位于冰岛南部的复原维京农庄，斯通联邦农庄（Pjóðveldisbærinn Stöng）

看着摆在面前的事实，吉尔维震惊万分，于是他前往这群外来者的殿堂去拜访他们，想问清他们的来历、身份与能力，而这群外来者给国王讲了他们的先祖——自远方而来的阿萨神族的故事来取悦他。当他们讲到故事的尾声时，殿堂和里面的住民全都消失了，吉尔维回去后将自己的所见所闻告诉了他的臣民。根据斯诺里所写，那些向国王讲述神话的狡诈之人假装自己就是他们非凡的先祖，并将先祖的事迹都套到了自己身上。

斯诺里《散文埃达》的标题页，雅各布・西古德松（Jakob Sigurðsson）绘（1764）

斯诺里《散文埃达》的第一部分主要参考的资料是与神话相关的

一些诗歌，这些诗歌保存在一本名为《诗体埃达》(*Poetic Edda*)的书中。这本诗集中大部分诗歌的创作时间应该在1270年左右，它们被收录在一卷现在被称为《国王之书》(*Codex Regius*)的手稿里。手稿包含了十一首大致属于神话范畴的诗歌以及大约二十九首英雄诗歌；现代版本的《国王之书》里面一般还会多收录几首风格相似的其他诗歌。这卷默默无闻的手稿从创作到1643年被冰岛斯考尔霍特主教布吕恩约尔弗·斯汶逊(Brynjólfur Sveinsson)发现，中间究竟经历了什么仍是个谜。所以我们也就无从得知手稿为何会缺失了一整集(大量书页)，而这些缺失的书页中肯定包含了有关屠龙勇士西格鲁德的一些重要诗歌。布吕恩约尔弗主教在1662年将此手稿连同斯诺里的《散文埃达》中最重要的存世手稿一起寄给了丹麦国王。两卷手稿被纳入皇家收藏，并由此得名《国王之书》。

除了一些誊抄有误的地方，埃达诗歌是比较容易理解的。它不像古代北欧宫廷诗(或称冰岛诗歌)一样，有隐晦的谜语式隐喻，即“比喻复合辞”(kenning)，同样它也没有复杂的押韵、半韵和头韵。冰岛诗歌的英文skaldic一词源自古北欧语的skáld，意为“诗人”。这些深奥的宫廷诗歌实际就是斯诺里诗歌研究的重点，他的《散文埃达》后面几节就是对其的探讨与分析。这类诗歌，至少是现存的这类诗歌，主要是歌颂贵族的战功或悼念其死亡的，很少会提及神话。但是其中有一首名为《托尔之事》(*Þórsdrápa*)的诗歌就讲述了托尔前去拜访巨人盖尔罗德(Geirrøðr)的一段危险之旅，因为他非常不明智地将神锤妙尔尼尔(Mjöllnir)留在了家里。还有几段描写了刻着神话场景或英雄传说场景的一面盾牌或者是一组雕刻：上面刻有巴德尔(Baldr)场面恢宏的葬礼、托尔与尘世巨蟒(Miðgarðs Serpent)在海中的惊险交锋(见彩插图7)，以及哥特国王约芒雷克(Jörmunrekkr)可怖的死亡——他被切掉了手脚，然后亲眼看着自己的手脚被扔进火里。然而，在这些冰岛诗歌里找到的神话材料更多的是相当隐晦的典故，它们可以印证我们从其他更完整的版本中得知的故事，也可以作为那些缺失的故事的补充。

北欧神话的另一大资料来源就是萨迦（saga），萨迦是 13 世纪起冰岛人以散文形式创作的作品，它们讲述着各种各样的故事。有些被称为“传奇萨迦”（fornaldarsögur）的作品会间接提到神话人物，并且多数会有一个奥丁（Óðinn）假扮的神秘人出现，来为英雄制造麻烦。还有一种“历史萨迦”，它们记载了古老的皇室祖先的故事：这些故事或是与神话主题有关，或是讲述了奥丁是如何用魔力阻挠挪威国王传教的。其中占据重要地位的当属理查德·瓦格纳（Richard Wagner）创作时借鉴最多的《沃尔松格萨迦》（*Völsunga saga*）。它讲述了沃尔松格（Völsung）一族，也就是屠龙勇士西格鲁德的先祖们的历史。而且幸运的是，这则萨迦正可以填补我们之前提到的《国王之书》里缺失的内容，同时里面也记载了有关西格鲁德的父亲西格蒙德（Sigmundr），以及西格蒙德的孪生妹妹希格妮（Signý）的动人传说（见第 1 章和第 7 章）。

对后世研究北欧神话起到重要作用的还有一些用拉丁文创作的带有历史性质的各类著作，包括早期历史学家约达尼斯（Jordanes）于 551 年在君士坦丁堡完成的《哥特人的源起与事迹》（*De origine actibusque Getarum*），这本书更为人熟知的名字是《哥特史》（*Getica*）；基督教士不来梅的亚当（Adam of Bremen）在 11 世纪后半期对瑞典的乌普萨拉（Uppsala）所做的记录以及对据说位于乌普萨拉的宏伟神庙所做的详细描述；以及丹麦僧侣萨克索·格拉玛提库斯（Saxo Grammaticus）于 1200 年左右撰写的著作《丹麦人的事迹》（*Gesta Danorum*）。在《丹麦人的事迹》的前几册中，萨克索在讨论一位名叫奥提努斯（Othinus）的人以及其他古代北欧神话里的常见人物时，所持的明显是“神话即历史论”的观点。奥提努斯及其亲人绝对是凡人（而且他们中不止有一个人取名为奥提努斯）；虽然他们的功绩有超自然人物与元素的加持，但显然他们并非神明。萨克索在《丹麦人的事迹》中对北欧神话许多核心的处理手法深刻影响了后世丹麦对王国早期历史的研究。

小到一些轻巧的小文物，大到大迁徙时代和维京时代的巨型石雕，涉及神话和英雄传说的考古发现不免会比文字材料更难翻译。这些发现，比如我们在不列颠群岛的石头十字架上发现的图案，以及波罗的海哥特兰岛屿上的绘画石碑，更容易让人们联想到我们已知的故事而非那些遗失了的大量故事。

位于瑞典东约特兰（Östergötland）的如尼文石碑

在哥特兰的一块石头上，我们发现了方形围场中一男子被扭动的群蛇环绕的图像。图像上画的是困在蛇坑、命丧此地的英雄古纳尔（Gunnarr）吗？如果画上有古纳尔用来暂时催眠蛇的竖琴，那我们就能更确定自己的猜测。图上有个女子似乎要进围场。啊哈！那会是洛基（Loki）的妻子西格恩（Sigyn）刚把滴在丈夫脸上的毒液从碗里倒掉吗？又或者他是死在诺森伯里亚（Northumbria）埃拉国王（King Ælle）的蛇坑里的传奇国王朗纳尔·洛德布罗克（Ragnarr Loðbrók，绰号毛裤子）？如果是这样，那图上的女子是谁？我们会发出诸如此类的猜测。有时候，雕刻古迹传达的信息是不准确的：两个人在船上垂钓，其中一个带着巨大的锤子，还有动物在咬饵，那这幅画画的一定是托尔与巨人希密尔（Hymir）去钓鱼的故事，即便有时候画上会缺了巨人、猎物（尘世巨蟒），或是锤子；又或者会多了托尔的脚踩穿船底的细节。而小文物同样会有这类问题：一座名为“莱尔的奥丁”（Óðinn from Lejre）的雕像人物穿的似乎是女性服装，或是名为“拉林吉的弗雷”（Freyr from Rällinge）的金属小雕像实际可能只是暂时被命名为奥丁或弗雷的神。可能他们所代表的是完全不同的意义。这些考古证据能告诉我们的是有限的：我们必须谨慎待之。

左：所谓的“奥丁”小雕像，来自丹麦莱尔（约 900 年）
右：来自瑞典拉林吉的小雕像，雕像可能是弗雷（约 11 世纪）

古老故事的中世纪流传

北欧人在 200 多年的时间里逐渐改信了基督教。丹麦是最先基督教化的国家，接着是挪威及包括冰岛在内的北大西洋岛屿，最后是瑞典。一旦基督教成为官方宗教，神话故事的讲述与艺术活动可能会遭到压制——虽然在不列颠群岛的石雕文物中我们找到了大量既包含北欧神话元素又包含基督教细节的石头十字架。（我们在第 4 章会说到，耶稣和托尔作为对立的两位人类保护神通常会被拿来作对比。）随着时间推移，这些故事开始引起了古文物学家和诗人的兴趣，至少在冰岛是如此，比如斯诺里就是。然而，斯诺里对神话故事的处理手法非常独特，而且就与神话有关的埃达诗歌仅存于两本手稿这一事实而言，可以看出这些古老的故事早已不再是中世纪人们想象力创作的重心。

1262—1263 年，冰岛成为挪威的附属国，到了中世纪末期，又从属于丹麦。斯堪的那维亚人也开始对自己的历史越来越感兴趣，不过他们并没有像我们今天定义历史一样对实际发生过的事件和传奇故事作区分。在近代早期，萨克索用拉丁文写的丹麦史、冰岛人创作的历史萨迦以及斯诺里讲述的故事开始陆续出版，并常有拉丁译本一同问世。一旦这些作品被翻译成了欧洲学者和知识分子的通用语言，而非仅限于古北欧语，这些故事就开始流传起来。17 世纪英国的历史类作品中开始出现北欧众神，讲述他们与英格兰中世纪早期众神之间的联系，以及那些用自己的名字来为一星期七天命名的神。到了 18 世纪，一些神话诗歌以及斯诺里《散文埃达》的部分章节被翻译成了英语及其他欧洲语言。那些通常在哥本哈根工作的冰岛学者，也帮忙从冰岛农庄收集手稿，考证编纂，然后将它们翻译出来供全世界的人阅读。

世界文学的共有财富

启蒙运动时期，人们形成的旧的世界观在不断遭遇着通过理性推理和实证经验得出的理论的冲击，而北欧神话也有了新的解读方式。尤其是在德国，人们正在重读罗马历史学家塔西佗（Tacitus）所著《日耳曼尼亚志》（*Germania*）中描述的1世纪时的日耳曼部落。在条顿堡森林战役（Battle of the Teutoburg Forest）中，以阿米尼乌斯（Arminius）为首的日耳曼联盟突袭了三支罗马军团，罗马将士全军覆没。塔西佗描述说，这支部落在面对罗马军团时的勇气、独立与有效的抗争或已成为罗马的一大热议话题。塔西佗着重描写了日耳曼人宁可战死沙场也不愿撤退的节气以及他们对自由的热爱。对专制统治进行过深刻批判的法国思想家孟德斯鸠（1689—1755）就提出自己非常欣赏斯堪的那维亚人，不论是古代的还是现代的斯堪的那维亚人，他们都是热爱自由的典范。与他们的日耳曼兄弟一样，他们也被认为是“欧洲的自由之源”。孟德斯鸠还支持一个理论，这个理论最初是由亚里士多德提出的，即住在北部地区的人由于气候影响在军事方面会更活跃、更独立，因为寒冷的气候会激发出人的适应力与活力。相反，在地中海以南的地区，温暖的气候只会导致政治宽容和对暴政的一味顺从。他认为北欧人的高度自立，加上对死亡的蔑视和对死后生活的坚定信仰，意味着这群热爱自由的人不需要太多法律就能让其遵守规矩。这一观点不仅在欧洲西北部，（当然）特别是斯堪的那维亚地区一直很流行，在那些自称与日耳曼人或北欧人有血缘关系的国家亦是如此。这些国家中也包括了热爱自由的英格兰人。因为英格兰人自己，或者至少其中的一部分维京移民的后代，即盎格鲁－斯堪的那维亚人是被赞颂为自由之典范的。18世纪的历史学家提出了一种健全而独立的中世纪早期英格兰政体模型，认为其出现时间甚至早于诺曼征服（Norman Conquest），并首次强调了早期英国法律和文化中包含的日耳曼元素。

在18世纪整个欧洲还掀起了一股哥特文学热——动人心魄的阴森景色、恐怖暴力的故事以及充斥其中的爱恨情仇等激烈情感。法语版和英语版的北欧神话全集开始出现，令人困惑的是它们经常被贴上凯尔特神话的标签；这些翻译过来的古代北欧神话传说集为了迎合这种日益流行的趋势，通常会包含各种极度野蛮的主题。重要的是，这些凯尔特－北欧神话可以被开发成为人们早已耳熟能详的古希腊罗马神话的本土代餐。人们认为北欧神话传说传达的理念与罗马（不论是古罗马还是信奉天主教的罗马）截然相反，它歌颂的英雄是新教自由思想的先驱，它在当时欧洲人的想象中代表的是一种全新的东西。古代北欧诗歌也吸引了诸如托马斯·格雷（Thomas Gray）这样的诗人以及威廉·布莱克（William Blake）这样有才能的插画家的注意（见彩插图 4）。然而，对拉丁译文的依赖可能会将作者引向歧路。用死去敌人的头骨喝蜂蜜酒这种不实用的疯狂想法就源自一个翻译错误：古代北欧会将喝酒用的角杯比喻成“头骨弯木”，当然，这里的头骨指的是公牛或者母牛的头骨，但这个比喻在译成拉丁文时变成了“头骨做的弯杯”。这个广为流传的谬论正好契合了哥特式想象中未开化的野蛮北方，而且我们可以看到，它传播了极长一段时间，甚至在动画片《高卢勇士之阿斯特里克斯历险记》（*Asterix the Gaul*）中也有出现。

到了 19 世纪，斯堪的那维亚和德国的民族主义运动重新燃起了人们对北欧神话的兴趣。历史语言学的一大科学变革认为，英语、德语和斯堪的那维亚语都有一个共同的祖先，叫作“原始日耳曼语”，是印欧语系的一个分支。既然有共同的语言传承，那就有可能英格兰人、日耳曼人和斯堪的那维亚人也有共同的神话。这些理论在德国尤其受欢迎，受其影响的《格林童话》的作者雅各布·格林（Jakob Grimm）写了一本研究日耳曼神话的权威巨著，最初发表于 1835 年。他在书中提出了一个谨慎的论点，即如果北欧人和日耳曼人的信仰追溯到足够早的时间，就会汇入一个单一的系统，它就是日耳曼人民最初的神话观。如果不是德国转信基督教的时间相对过早，那么会有更多有关异教信仰和神话的证据留存下来。事实也正是如此，改信基督时间更晚的斯堪的那维亚确实是将北欧这些古老故事保存下来的主力。于是，依据格林的理论，奥丁、托尔、弗丽嘉（Frigg）、洛基还有许多其他的神都被挪用至日耳曼神话，并且有了自己的德文名字，例如沃坦（Wuotan，即奥丁）和多纳尔（Donar，即托尔）。

理查德·瓦格纳的伟大杰作歌剧《尼伯龙根的指环》（*Der Ring des Nibelungen*）完成于 1876 年，其中的故事主线就取自古代北欧神话与英雄传奇，瓦格纳将两者糅合，又加上了一些中世纪日耳曼史诗和民间传说的内容。

《奥丁在地下世界》（*Odin in the Underworld*），亨利希·菲斯利（Henry Fuseli）绘（1770—1772）

条顿堡森林战役纪念碑，位于德国代特莫尔德（Detmold，1875）

我们后面会看到，瓦格纳对北欧神话与传奇的灵感改编不仅成就了 19 世纪最重要的神话重塑作品：他的看法更是塑造了后世看待这些故事的角度。这部歌剧创作于 1848 年至 1874 年间。序曲《莱茵的黄金》（*Das Rheingold*）讲了指环的来源以及沃坦（奥丁）建造瓦尔哈拉（Valhalla）的故事；第二部《女武神》（*Die Walküre*）[①] 讲述了沃坦之子齐格蒙德（Siegmund）试图取回指环却未能成功的故事，并介绍了一位巾帼英雄女武神布伦希尔德（Brünnhilde）。第三部《齐格弗里德》（*Siegfried*）见证了英雄齐格弗里德的崛起，他成功拿到了指环，并与布伦希尔德喜结连理。《诸神的黄昏》（*Götterdämmerung*）中，随着诸神的湮灭以及齐格弗里德和布伦希尔德的悲剧死亡，歌剧也走向了终结。虽然故事的背景是斯堪的那维亚，但瓦格纳却将这些神话视为中世纪早期德国的重要遗产。

与此同时，在英格兰，作家和诗人也在重写同样的故事。有冰岛人埃里库尔·马格努松（Eiríkur Magnússon）从旁细心校对，威廉·莫里斯（William Morris，1834—1896）成了维多利亚时代翻译北欧英雄史诗的第一人。翻译过来的冰岛萨迦里，有波澜壮阔的家族历史、家族争端、草莽英雄，还有面对死亡时显露出个人勇气的铮铮铁汉，这些都让维多利亚时代的读者浮想联翩。一些有探险精神又有钱的译者，如莫里斯，想要亲自感受一下孕育出这些英雄的土地，就会去冰岛游玩。从 19 世纪中叶起，改编的儿童版英文北欧神话开始出版，并大受欢迎，一直到 20 世纪还在不断重印。

19 世纪后半叶，英国出版的译本与新版故事传播到了大西洋对岸，被数以千计定居加拿大和美国中西部的斯堪的那维亚移民及其后裔捧读。北美人对这些萨迦尤其感兴趣，他们声称第一批到达美洲大陆的欧洲人其实并非克里斯托弗·哥伦布一行人，而是“幸运者”莱夫·埃里克松[②] 以及一群冰岛和格陵兰船员。我们在第 9 章会看到，自美国人知道了维京时代晚期的西行之旅后，各种伪造文物开始冒出来，从如尼石碑到假地图，甚至著名的纽波特塔（Newport Tower）。

---

① 女武神并非一人而是一群神女。歌剧《尼伯龙根的指环》中的布伦希尔德就是女武神之一。——译者注

② 莱夫·埃里克松（Leifr Eiríksson），人称幸运者莱夫，北欧探险家，是第一位发现北美洲大陆的欧洲人，比哥伦布要早了大约 500 年。——译者注

玛丽·洛布（Many Lobb）、梅·莫里斯（May Morris）与玛丽·皮尔斯（Mary Pierce）1931 年在冰岛福斯克鲁斯菲厄泽（Fáskrúðsfjörður）

到了 20 世纪，古代北欧神话的命运遭遇转折并走向了黑暗。在德国，从 19 世纪开始，民族主义者对神话学的狂热一直在助长法西斯的种族主义思想，因为民族主义支持的观点是金发碧眼的斯堪的纳维亚人与现代日耳曼人实属同源。他们认为这些欧洲北部的人属于“雅利安人”，而纳粹党则认为雅利安人比其他所有种族都优越。纳粹理论家坚持“血与土”（blood and soil，德语为 Blut und Boden）的信条，即一片土地和它的历史以及人民的信仰之间有着牢不可破的联系，并且认为只有“纯”日耳曼血统的人才配拥有德国国籍。臭名昭著的希特勒是瓦格纳歌剧的狂热粉丝，他似乎认为瓦格纳的歌剧印证了 19 世纪的种族身份论和“血与土”的理念。这位元首是拜罗伊特节日剧院（Festspielhaus in Bayreuth）的常客，经常去看瓦格纳的作品演出（不过他的这份热情在整个纳粹党领导层里几乎算是独一份的了）。这份众所周知的热忱，加上纳粹利用神话宣传的理论以及海因里希·希姆莱领导的为复兴沃坦主义、让其成为新的国教而做的一些奇怪、疯狂的尝试，意味着大家已经公认北欧神话等同于纳粹主义。在第二次世界大战后的英国和北美，北欧神话过了很长一段时间才摆脱掉这种联系。一直到 20 世纪 60 年代，才有新的儿童版神话开始问世；随着人们渐渐忘记纳粹对雅利安主义的执念，如艾伦·加纳（Alan Garner）和戴安娜·薇恩·琼斯（Diana Wynne Jones）等作者开始将北欧神话的主题和思想融合进自己的儿童故事里。

时间再往后推，北欧神话和传说成为主流儿童文学的重要分支，并且开始成套出版，如克雷茜达·考埃尔（Cressida Cowell）的《驯龙高手》（*How to Tame Your Dragon*，2003—2015）。弗朗西丝卡·西蒙（Francesca Simon）的《两个可怕的海盗》（*Two Terrible Vikings*，2020）既介绍了北欧神话的情节，同时也保证了历史正确性（里面没有带角的头盔！），还将激动人心且充满想象力的故事带给了小孩子们。课本上也有维京人，孩子通常会学到大量有关维京人的知识以及一些重要神话。

除学前教育和课堂之外，这些神话还被植入到了流行文化中。20 世纪 60 年代的漫威英雄托尔就被改编进了好莱坞电影里，既有和其他复仇者联盟的超级英雄一起并肩作战的故事，也有自己单独的电影故事线。尼尔·盖曼（Neil Gaiman）2001 年出版的以奥丁为主神的小说《美国众神》（*American Gods*）也成为流行的电视剧，还有风靡全球的《权力的游戏》（*Game of Thrones*），在构建北地以及长城之外的世界时借鉴了很多来自古代北欧神话的元素。瓦格纳的歌剧依旧受世人追捧，新的神话题材歌剧也层出不穷，如弗朗西丝卡·西蒙与加文·希金斯（Gavin Higgins）2019 年的改编剧《怪物小孩》（*The Monstrous Child*）。冰岛作曲家琼·莱夫斯（Jón Leifs）以神话为灵感创作的音乐盛行全球；同样流行的还有维京死亡金属音乐，尤其是诸神的黄昏相关主题的，以及挪威音乐家埃纳尔·塞尔维克（Einar Selvik）更偏向传统的民谣风音乐。

到了 21 世纪，了解北欧神话的群体越来越多，它所涉及的文化活动也比之前更为复杂。信奉阿萨神族的阿萨真教（Ásatrú）在欧洲和北美广为流传，甚至传播到了大洋洲；在一些新异教信仰中出现了对一些北欧神明的崇拜，如女神崇拜等。此类信仰复兴的根源可以追溯到 19 世纪的种族思想，虽然其中一些信仰与民族主义和种族主义完全无关，但另一些则在北美和欧洲演化成了新纳粹和极右思想的基本信条。这些信条通常是因对古代北欧神话断章取义而来的，又或者整合了 19 世纪像如尼巫术之类系统化的模糊概念。本书的目的之一就是阐述古代北欧神话传说相关文库中不同思想流派在不同历史阶段的特性。在几个世纪里，这些故事在传达着不一样的意义，迎合着不同的社会需求，激起了不同文化群体的热情，但我们必须记住，这些故事只是经由中世纪基督教徒润色过的奇异神话世界里的碎片，而我们能够赋予它们的内在和普世意义是有限的。这些神话并不愿与特定的意识形态绑定在一起，当 17 世纪承载着神话的埃达手稿流出冰岛之时，它们就成为世界文学的一部分——它们如今是所有人共有的财富。

第1章

世界之树

万物共生的宇宙观

圣树伊格德拉西尔是位于古代北欧神话宇宙中心的一个复杂象征。它的根系往下深入地底，连通神界、精灵界、人界和冥界，汲取着各种智慧；生与死、时间与记忆，无数知识在它的树液里流淌，只要有足够的勇气把自己献祭给圣树，它就会把知识传授给献祭者。它象征着和平状态下的自然世界，然而这个万物共生的系统并不一定经受得住人类加诸它的一切伤害。

它的枝丫高耸入天，它的每条主根之下都是一个世界。鹿在最高的枝丫上啃食嫩叶，猛禽在树顶栖息，还有一只灵活的松鼠跳上跳下，将上方世界的消息带给地下世界和在树根盘踞的恶龙。

有位预言家在《女先知的预言》（*Völuspá*）一诗里写道："我知道一棵树，生长于乌尔德泉（Urðr's well）之上，长青不败。"乌尔德（Urðr）是诺恩三女神（the Norns）之一，这三位神秘的女性是执掌命运之神。在这棵楞树的树干下流淌着白色的壤土，新鲜肥沃，闪烁着莹莹光芒。这棵树名为伊格德拉西尔（Yggdrasill，意为"可怖的骏马"），是古老北欧神话里世界的中心。它的枝丫高耸入天，它的每条主根之下都是一个世界。鹿在最高的枝丫上啃食嫩叶，猛禽在树顶栖息，还有一只灵活的松鼠跳上跳下，将上方世界的消息带给地下世界和在树根盘踞的恶龙。伊格德拉西尔并不是神创造或种下的，我们也并不清楚它是否湮灭在了诸神的黄昏，即世界的末日（见第 10 章）。不论诸神是从海中挖出了大地还是用巨人尤弥尔（Ymir）的残骸拼凑出了世界，在他们创造的这个奇迹新宇宙，伊格德拉西尔就屹立在最中心，连通着上上下下各个世界。它拥有着巨大的力量，但也有人说它是有感知的，能感受到百兽又或者是神明加诸它的苦痛。

作为世界中心的生态系统

北欧古诗和斯诺里的《散文埃达》看待伊格德拉西尔的角度各不相同。有诗说，瓦尔哈拉殿堂就位于树下，住在神殿屋檐上的神羊海德伦（Heiðrún）以啃食树叶为生，这也许能解释为什么它的乳房分泌的是蜂蜜酒而不是羊奶（瑞典国王吉尔维听说后，还夸赞它，“真是头有用的羊”）。在屋檐上还有一头鹿，从鹿角滴落下来的水汇聚到树旁名叫赫瓦格密尔（Hvergelmir，意为“沸腾的锅”）的泉中，成为众多河流的发源地。除了这些站在瓦尔哈拉殿堂屋檐上的动物，另外还有四只鹿住在树上啃食树叶。在树顶栖息着一只鹰，奇怪的是，它双眼之间还停着一只苍鹰。支撑住树干的是三条粗壮的树根：一条通往死亡女神赫尔的领土，一条通往霜巨人（frost giant）的王国，第三条通往人类王国，这首诗里还提到，树上缠绕着无数巨蛇在啃咬伊格德拉西尔的枝叶，其数量之多“绝非凡人所能想象”，而树根之下还潜伏着可怕的恶龙尼德霍格（Níðhöggr）。伊格德拉西尔的境况并不算好。在蛇群与尼德霍格的攻击下，它的枝叶在不断减少，一侧的树根也蛀蚀严重。即便是神话世界中心的顶梁柱，也逃不开时间的侵蚀和来自掠食者的伤害；在这个宇宙中，无序是常态。

伊格德拉西尔与诸神以及人类世界之间的关系也不甚清晰。冥界在地下，巨人据说居住在群山以东，这些当然都很好理解，但是人类世界也位于地底就实在难以想象了。《散文埃达》的作者斯诺里说，除了赫瓦格密尔泉，树根边还有一口密米尔泉（Mímir’s well），泉水下是奥丁缺失的那只眼睛。为了获得特别的智慧，奥丁用自己的一只眼睛为代价换来了一口密米尔泉的泉水。密米尔泉之所以是智慧之泉，是因为在泉水底下沉着阿萨神族巨人密米尔（Mímir）不腐的头颅。密米尔能够预知未来，在诸神的黄昏中扮演了重要的角色。在第10章里我们可以看到，在作家乔安娜·哈里斯（Joanne Harris）构想的神话宇宙中，为了走向属于自己的神秘结局，密米尔（也就是我们熟知的“神谕者”）不仅给了奥丁智慧，还操纵了其他人的命运。

奥丁手拿加拉尔号角（Gjallarhorn），将里面的智慧之水一饮而尽。加拉尔号角既是喝水的容器，也是示警的工具。众神的守夜人海姆达尔（Heimdallr）会在诸神的黄昏来临之际吹响它。海姆达尔的守卫之所很可能就位于伊格德拉西尔之下，因为有首诗说，他的后背永远沾满了泥土，这土应该就是沿着树干滚落下来的晶莹白土。海姆达尔的听觉似乎是与泉水融为了一体。我们可以想象一下，他的耳在树下随波而动，无论霜巨人和火巨人（fire giants）在哪儿发动进攻，他都能立刻知道消息；同理，奥丁的眼睛也有可能通过某种联系方式在伊格德拉西尔的根系和枝丫间传递消息。奥丁在古诗歌里自述了他后来把自己吊在树上九天九夜不吃不喝的事，这样看来也就不奇怪了。为了获得如尼文字，奥丁进行了自我献祭，然后从身下摘取到了如尼知识；所以如尼文字很可能是从树根间生长出来的。

奥丁的自我献祭，奥利芙·布雷（Olive Bray）版《老埃达或诗体埃达》（*The Elder or Poetic Edda*）插画，
威廉·格肖姆·科林伍德（William Gershom Collingwood）绘（1908）

在诗歌中，人们常将绞刑架比作受刑人所骑的骏马，而奥丁的磨难也被称为 Yggr，即“可怖的”，这就解释了树名的由来：Yggdrasill，可怖的骏马。

斯诺里还说，伊格德拉西尔有一条树根并非向下通往人界，而是向上直达天际，那便是乌尔德泉的所在之处。乌尔德与她的姐妹薇尔丹蒂（Verðandi）和诗寇蒂（Skuld）被称为诺恩三女神，关于她们我们知之甚少。她们的名字意味着现实与宿命，也就是：过去、现在与未来。Urðr 与古英语中 wyrd 一词有关，也意为“命运”。《麦克白》中的三女巫和现代英语中的 uncanny 一词都来源于此。三位女神坐在泉边，刻着决定人类命运的木片。至于她们是通过将如尼文字刻在木条上的方式书写未来，还是用其他形式雕刻，我们就不得而知了。也有一些诗里说，诺恩三女神是用结绳或者编织的方式决定个人命运的；在瓦格纳的《尼伯龙根的指环》中（第 10 章中有详述），编织命运这个动作最初发生的地点就是在世界之树下，紧密契合了命运是一块早已织好的布这一思想。诺恩三女神从泉中汲水浇灌世界之树，因为泉水有治愈的功效，能够抚平树木受到的伤害。泉水所到之处，一切都会变得像鸡蛋内膜一样白净。从树上滴落的蜜露滋养着蜜蜂，两只纯白的天鹅在水面上自在遨游：比起高枝上的巨蛇和盘踞树根的掠食者，显然天鹅和蜜蜂更能让人联想到积极的事物与生的希望。

在北欧神话的思维中，伊格德拉西尔有何含义？它似乎是一个模范的生态系统，为住在树上和附近的各种动物提供住所与食物。它同样也是繁殖力的重要来源：流经它的液体都有滋养生命的力量。从它的树干上滑落的泥土不是深褐色的、黏答答的，而是白色的、闪亮的。蜜蜂以树上的蜜露为食，产出的蜂蜜被用来酿制众神最爱的蜂蜜酒。从树上流淌下来的水形成了众多河流，灌溉着大地。所有这些细节都说明了，在北欧神话的思维中，伊格德拉西尔是养料供给的中心，万物生长的支柱，年年岁岁，生生不息。

诺恩三女神，《尼伯龙根的指环》插画，弗朗兹·史塔生（Franz Stassen）绘（1914）

三眼乌鸦与智慧圣树

伊格德拉西尔还是交流的中心，将来自各个世界的讯息放大。松鼠拉塔托斯克（Ratatoskr）在树干上跳上跳下，在上下之间传递消息。深入巨人世界、人界、神界和冥界的巨大树根，将居住在这个宇宙的各种生物联系到了一起。奥丁与世界之树的联系也非常紧密，他把自己吊在树上进行自我献祭、他的眼睛沉在树下的泉水里，这都意味着世界之树在用不同的方式传递神秘的智慧。乔治·R. R. 马丁（George R. R. Martin）所著的“冰与火之歌”（*A Song of Ice and Fire*）系列小说以及 HBO 电视剧《权力的游戏》里的三眼乌鸦[①]这一形象明显借用了伊格德拉西尔和奥丁的象征意义。在下一章我们可以看到，三眼乌鸦就是象征意义上的奥丁；它利用鸦群在维斯特洛大陆[②]传递消息。这个神秘生物化为鸟的形态，在年轻的布兰·史塔克[③]的梦中向他发出召唤。而后在鬼影森林（Haunted Forest）深处的洞穴中，布兰第一次见到了人类形态的三眼乌鸦。他有着松散的白色长发，老态尽显，动弹不得，最重要的是，他失去了一只眼睛。三眼乌鸦停栖的王座由北境圣树鱼梁木[④]雕制而成。三条树根从他的身体穿过，从他空洞的眼窝里穿出（至少书里是这样描写的）。通过树木错综复杂的根系，这位先知得以与北境所有的神木与圣树保持联系，而得益于树木神秘的力量和相互之间的奇妙连接，他得以知晓过去、现在和未来。“他的大部分都和树融为了一体，”长相酷似精灵的森林之子叶子[⑤]向布兰解释道，“他的体内只有一丝力量尚存。虽然他有一千零一只眼睛，但他要看的东西太多了。”三眼乌鸦与圣树之间的神秘联系就好比北欧神话里独眼的神奥丁和伊格德拉西尔之间的纽带，奥丁不断追寻的知识似乎一部分融入了树中，另一部分则经由这棵宇宙之树放大出来。

---

① 在小说《冰与火之歌》中三眼乌鸦被称为 Three-Eyed Crow，在电视剧《权力的游戏》中三眼乌鸦被称为 Three-Eyed Raven。——编者注

② 维斯特洛大陆（Westeros），也被称为日落国度，是《冰与火之歌》与《权力的游戏》中已知世界的四块大陆中的一块。——编者注

③ 布兰·史塔克（Bran Stark），小说及电视剧中的主要人物之一，他被人从城墙推下陷入昏迷后，是三眼乌鸦在梦中教会了他飞行。后来布兰在洞穴见到了森林之子和三眼乌鸦，他体内的绿先知天赋被唤醒。——译者注

④ 鱼梁木：一种遍布维斯特洛大陆的落叶乔木，它的树皮灰白如骨，树叶呈深红色，有如千只染血手掌。——编者注

⑤ 叶子（Leaf），叶子是维斯特洛大陆唯一一个会说通用语的森林之子，自称有 200 岁，她服务于最后的绿先知。——译者注

在各种相邻的历史背景里都能找到伊格德拉西尔作为宇宙之树的原型。720 年左右，英国传教士温弗里德主教（Bishop Winfrid，德国人都叫他 St Boniface，即圣卜尼法斯）下令将位于德国中心盖斯马的一棵大橡树砍倒。这棵橡树在当地被叫作“木星橡树”（Jupiter oak），但对于德国人来说，它可能就像雷神托尔那样神圣。

圣树也有可能是高大的木柱或木杆的形态。在萨克森（今德国）上马斯堡有一座山，山顶的堡垒中央就矗立着这样一根木柱，一根巨型的“世界之柱”，人称“伊尔明苏尔”（Irminsul）；直到 772 年，查理大帝[①] 发动战争强迫撒克逊人改信基督教，拉倒了这根木柱，并在原地建了一座教堂。包括萨米人（Sámi，亦称 Lapps，即拉普人）和横跨西伯利亚的亚北极圈居民在内的泛北极文化都对高大的木柱心怀崇敬，因为他们相信通天的木柱是世界旋转的“轴心”，木柱的顶端被一颗闪亮的钉子固定在天空的北极星上。

在瑞典考古学家安德斯·安德伦（Anders Andrén）看来，斯堪的纳维亚墓地中常见的三角形石阵（用石头堆成的图案）代表的可能就是世界之树的三条粗壮树根。也许石阵所在的位置曾经真的屹立着一棵圣树或者圣柱。人们通常会在石阵内举行火葬仪式，也有一些证据表明石阵是该处最先出现的建筑物：坟墓都是后来以石阵为中心辐射在它的周围。

如果安德伦的猜想是对的，石阵的图案代表的就是世界之树的树根，那由此我们可知在此地改信基督教之前，世界之树在其宗教仪式中的意义非凡。在下文中我们会进一步讨论斯堪的纳维亚重要宗教遗址中神殿或礼堂与圣树、圣泉组合的原型。

---

① 查理大帝（Emperor Charlemagne），欧洲中世纪早期的一位法兰克国王，属于法兰克王国的第二个朝代加洛林王朝。——编者注

诸神黄昏与末日新生

当诸神的黄昏，即世界的末日来临之时，伊格德拉西尔也未能幸免。与被迫卷入众神、巨人和怪兽三方宇宙大战而惊恐万分的人类一样，它颤抖着发出了哀鸣。尽管火巨人首领苏尔特尔（Surtr）的火亦被称为“树木终结者”，但这是诗歌里对火常用的描述词，并没有明确的记载说这棵大树消失在了末日大火里。此外，虽然《女先知的预言》没有提及当大地再次从海中升起时世界之树的去向，但在另一首古诗歌中有提到，奥丁从一位巨人智者那里知道了诸神的黄昏之后人类将获得重生。大火熄灭后，出现了一个名叫丽芙（Líf，意为“生命”）的女人和一个名叫利弗斯拉西尔（Lífþrasir，意为“生命推动者”）的男人，他们因躲在“赫特密米尔的森林”（Hoddmímir’s wood）中，而逃过了一劫。这片森林在别处都不曾被提及，似乎并非真实存在。

丽芙与利弗斯拉西尔，卡尔·耶勒鲁普（Karl Gjellerup）《老埃达的神之歌》（*Den Ældre Eddas Gudesange*）插画，洛伦茨·弗里希（Lorenz Frølich）绘（1895）

而鉴于这棵大梣树与树根旁的密米尔泉的紧密联系，而奥丁失去的那只眼睛正隐藏于密米尔泉，这棵树很可能就是伊格德拉西尔。至于两位幸存者赖以存活的“晨露”，就是产自树上，丰富的、滋养生命的水。世界重新开始，新一代人类在全新之地开启了生活。

圣树、圣泉和神殿的神圣中心

众神以伊格德拉西尔为中心，在它周围举行各种活动。在诗歌《至高箴言》（*Hávamál*）中，据说演讲者（极有可能是奥丁）就是坐在乌尔德泉边，向听众传授咒语、如尼文字还有其他神秘知识与智慧的。这说明乌尔德泉是用来举行仪式的场所：是宗教高人传道授业的地方。托尔和其他神明每天渡过围绕伊格德拉西尔流淌的无数河流，赶到树下来参加审判。和人类代表一样，他们会认真讨论手头的事情、制定政策，并且随着宿命的逼近，开始越来越频繁地在自己的“权力宝座”上举行集会，商讨对策以应对层出不穷的危机：华纳神族（Vanir）要求分享祭品，阿萨神域（Ásgarðr）的城墙遭到破坏，以及其他神族历史上的重要事件。

圣树、圣泉和神殿的组合在斯堪的纳维亚地区的重要考古遗址中都有复现。在这些地方都有一个所谓的“中心位置”，一个修建完善的政治与宗教中心，一方面供人们举行膜拜和祭祀活动，另一方面用作制定律法、审判、约定婚嫁以及不同部落间进行贸易磋商的场所。例如，在赫尔戈（Helgö，意为“圣岛”），一个靠近斯德哥尔摩、位于梅拉伦湖上的小岛，其“中心位置”是一片类似露台的地方，在那里矗立着一根木柱。有意思的是，考古人员在木柱附近不仅像预料的那样挖掘出了祭祀用的动物骨头，还发现了分层的泥土。这说明过去的仪式中有一步就是用“晶莹的壤土”浇灌木柱，也许是人们在模仿诺恩三女神的动作。在这片露台区域还出土了一个三角形石阵，就位于岛上神圣的中心位置，或许它也代表了世界之树。

乌普萨拉，乌劳斯·马格努斯（Olaus Magnus）《北方民族史》（*Historiae de gentibus septentrionalibus*）插图（约 1557 年）

在 11 世纪后半期，不来梅的亚当教士对瑞典的宗教中心乌普萨拉（今老乌普萨拉）做了相关记载。当时的瑞典还不是基督教国家，所以亚当记下的线人所说的话非常有意思。亚当对乌普萨拉神庙的描述在现代历史学家中颇有争议，甚至有学者怀疑他的这位线人是否真的去过乌普萨拉，因为其中有关神庙四面环山的记载与史实严重不符；不过也有学者认为，记载描述的是老乌普萨拉铁器时代的大型墓葬，这些墓确实是突起的（不过四周并没有很多山）。亚当还记载说当地有一座宏伟的庙宇，通体由黄金装饰，里面有三位神明的雕像：托尔位于中间，两边是奥丁和弗里科（Frikko，极有可能指的是 Freyr，即弗雷），其中弗雷有一根巨大的阴茎。亚当还写道：

> 庙宇附近矗立着一棵高大非凡的树，枝叶如盖，四季常青。无人知道它是何树。近旁还有一口泉，异教徒在泉边举行祭祀，把活人扔进水里。如果泉水将人带走，那就说明神应允了人类的愿望。

接着亚当还描写了神庙旁神圣的小树林，人们每九年庆祝一次九日节（所以很可能以八年为间隔），在节日期间，他们会把男人、公马和公狗的尸体吊在小树林里，直到节日的最后一天，一共会献上七十二份祭品。这些尸体在节后会一直留在树上，最终被鸟和老鼠啃食殆尽。从其他史料中我们可以推断，似乎所有的瑞典人都必须参加这个仪式，在祭祀大厅内还会举办盛大的宴会。人们在老乌普萨拉东边的一座土丘上发现了大量家畜的骸骨：其中有马、牛、猪、狗还有猫。最后一场祭祀举行于 1084 年的仲冬，接着这座宏伟的神庙便被付之一炬，祭祀仪式也就到此为止。

在古代北欧，要想成为一名成功的国王，不仅要能打胜仗，还要保证国家能连年丰收。大约写于 10 世纪的北欧诗歌《英格灵王朝传》（*Ynglingatal*）就记载了乌普萨拉的统治者、瑞典最古老的国王们的传奇故事。传说他们是丰饶之神弗雷的后裔，他们中许多人的命运也是光怪陆离。其中一位名叫多玛厄地（Dómaldi）的国王死状十分惨烈，他在位期间不幸连年歉收。诗歌里写，“渴望丰收”的瑞典人献祭了自己的国王，“鲜血从他们手中的武器上滴落”。虽然多玛厄地并不出名，但一幅绘于 20 世纪初以其献祭之死为主题的画却引发了经久不息的公愤。斯德哥尔摩国家博物馆曾委托瑞典著名画家卡尔·拉松（Carl Larsson，1853—1919）为博物馆楼梯上方的装饰板作画。其中有一块装饰板本来是留给瑞典近代伟大国王古斯塔夫·瓦萨[①]的，但拉松却从北欧神话中为最后这块装饰板选择了一个英雄主题。这幅名为《仲冬献祭》（*Midvinterblot*，1915，见彩插图 11）的画描绘的正是多玛厄地国王之死。画中这位国王全身赤裸，只在肩上搭着一件狼皮披风，他毫不畏惧地站着，俨然接受了自己的命运，让人望而震撼。在他身后是供奉着托尔的庙宇，与不来梅的亚当所描述的一般无二，一位白袍祭司手举大锤，准备击碎国王的头颅，一位穿红袍的人则手持

① 古斯塔夫·瓦萨（Gustav Vasa），瑞典国王，原名古斯塔夫·埃里克松。他的儿子埃里克十四世追尊他为古斯塔卡一世，瓦萨王朝的创建者。——编者注

匕首站在国王身后，另有一群庆贺者吹响了手中的青铜号角，斯堪的纳维亚铁器时代墓葬中就曾出土这样呈弯曲状的巨大号角。女人们在欣喜若狂地舞蹈，只有王后绝望地匍匐在地。四季常青的巨大圣树就位于庙宇的左侧，枝叶掩映间依稀可见人类和马的颅骨。

拉松的画一贯以他的大家庭为主题，描绘的多是田园诗般的家庭场景画，这幅画作却与他往日的风格大相径庭，因而引发了大量的批评。瑞典公众不喜欢这幅画的颜色和风格，尤其是画中使用的金色和违背史实的地方——守卫寺庙两侧的狮子明显是中国狮，以及画作传达出的强烈情感。在政治上，人们对祭祀主题和国王不加遮掩的裸体也持强烈的反对意见。公众的强烈抗议让人不得不联想到几乎同时代的伊戈尔·斯特拉文斯基所作乐曲《春之祭》（*The Rite of Spring*），两部作品都表现了类似的原始主义。1913 年，《春之祭》在巴黎首演，也遭到了近乎暴动式的反对。只不过反对《仲冬献祭》的运动持续时间更久。博物馆当场拒绝买下画作。拉松于 1919 年去世，公众的抨击很可能加速了他的死亡。一直到 1992 年，博物馆才最终买下了这幅画，并在 1997 年将它挂在了它原本该在的地方，直至今日。

树木、人类与神明的神秘联系

伊格德拉西尔并不是古北欧神话中唯一重要的梣树。有一天，奥丁、海尼尔（Hœnir）和洛德（Lóðurr，一位鲜为人知的人物，关于他的记载几乎没有）三位神正在海边走着，然后他们发现了两块浮木，并用这两块木头创造出了第一对人类。他们将梣木做成了男人，取名阿斯克（Askr），意为“梣树”，而他女伴的名字恩布拉（Embla）很可能意为“小榆树”。树木、人类与神明三者之间存在的这种联系在北欧神话思维中根深蒂固。在古代北欧谜语式的冰岛诗中，有关男人和女人的各种比喻复合辞一直遵循着这种信仰。诗人用“手臂上的枫叶之火”（金子）或“泡沫上如骏马奔腾之木”（船）来喻指男人；

用“幼松的丝带”或“亚麻色橡木”来形容女人。

恩布拉浮雕，达格芬·韦伦肖尔（Dagfin Werenskiold）作，位于奥斯陆市政厅（1950）

据《至高箴言》记载，奥丁会向他的听众传授各种各样的知识。在一节赞扬慷慨与受赠之乐的诗中，他讲述了自己在路上遇到两个“木头人”并把自己的衣服给了他们的故事；“当他们有了衣服，他们觉得自己是骑士”，奥丁说道。这说明木制神像在北欧基督前的宗教信仰里十分重要。北欧史诗里就有提到这样一些木质神像，他们活了过来，与宣扬新教的基督徒作斗争。人们会给他们带来食物作贡品；神像似乎也会吃贡品，不过后来发现吃贡品的其实是躲在神像后面的老鼠。很快这些神像就被国王派来宣扬基督教的传教士推倒损毁了。在一篇有关朗纳尔·洛德布罗克及其子的萨迦（见第 8 章）末尾，有一段简短的描写，讲了一位名叫厄格芒德（Ögmundr）的丹麦人来到一座丹麦小岛萨姆斯（今萨姆斯岛）。在等待晚饭做好的时间里，厄格芒德和手下去林子里找乐子。在那里，他们发现了一个“古老的木头人”，有 40 厄尔[①]高，全身长满了青苔。这个被世人遗忘的木头人吟诵了一些诗句，感叹自己往日“统治这片土地”的辉煌。曾经，洛德布罗克的儿子们会“用活人”来祭拜他，而今，他伤心道：“除却云之泪水，再无血肉与衣物覆盖他身。”

在前近代斯堪的纳维亚，尤其是瑞典，农场都会有棵“守护树”。守护树通常是古树，而且是当地的精神象征。同时有大量证据证明，在前维京时代，人们会用树的名字（尤其是梣树）来给农场和村落命名。还有，在古代，人们尚未有火化尸体的习惯，就会挖空树木来作棺材。在新石器时代晚期及青铜时代早期，这样的橡木棺材在丹麦很常见，或许这意味着当地人希望逝者能回归其本源。如果是这样，那说明人类与树木的密切联系可以追溯到非常久远的时代。

树中的西格蒙德之剑

古代北欧传说中还有一棵很重要的树：一棵名叫巴恩斯托克（Barnstokkr，意为孩童之木）的大树，生长在奥丁后人、沃尔松格国王（King Völsungr）的殿堂中央，有可能是棵橡树或者苹果树。传说，约特兰（今瑞典南部）国王希吉尔（King Siggeirr）前来迎娶沃尔松格的独女希格妮，也是英雄西格蒙德的孪生妹妹。

---

① 厄尔（Ell），古代西北欧长度单位，字面意思为“腕”。1 厄尔大约是 6 只手长，约等于 45 英寸，约为 114 厘米。——译者注

树中的西格蒙德之剑，费利克斯·达恩（Felix Dahn）《瓦尔哈拉：日耳曼众神和英雄的传说》（*Walhall: Germanische Götter- und Heldensage*）插图，约翰内斯·格茨（Johannes Gehrts）绘（1888）

在婚宴上，一个神秘的陌生人走了进来，他满头白发，只有一只眼，帽子拉得很低遮住了眉毛，手拿着一把剑。只见他把剑直直插进了树里，只剩剑柄露在外面，并声称这是一把举世无双的好剑，谁能把它拔出来，这把剑就归谁。然后神秘人就消失了，自然在场所有的男人都要去争一争这把剑。可惜有此非凡之能的只有西格蒙德一人，他的新妹夫垂涎这把神兵，许给他三倍于这把剑重量的金子想买下它。西格蒙德拒绝了；既然这把剑没有回应希吉尔的碰触，那剑就注定不属于他。正是这次拒绝引发了希吉尔与其内兄之间旷日持久的复杂仇怨，有关他们的故事占据了《沃尔松格萨迦》的前半段。

在理查德·瓦格纳的歌剧《尼伯龙根的指环》的第二部《女武神》中也出现了这把剑。西格蒙德在这部剧里叫齐格蒙德，他在情急之下从宿敌兼妹夫匈丁（Hunding）的殿堂中拿到了这把剑。齐格蒙德想用这把剑来对付匈丁，但我们后面会看到，沃坦（即奥丁）阻止了他，虽然这把剑就是他留给儿子找回指环用的。瓦格纳的剧中并没有出现奥丁将剑插入树中这一幕，但迈尔文·伯格斯（Melvin Burgess）在其所著的《血潮》（*Bloodtide*，1999，见第7章）一书中，精彩重塑了西格蒙德的故事：在书中，希格妮与康纳（Conor，即希吉尔）的婚礼宴会是在伦敦一幢废弃摩天大楼的中庭举行的，大楼中间还有一架巨型的透明升降机，沃尔桑斯（Volsons，即沃尔松格）经常将献给诸神（尤其是奥丁）的祭品挂在里面。就在宴会开始之前，众人抓住了一个只有一只眼睛的神秘人，他们觉得神秘人是间谍，于是对他严刑拷打，然后把他和其他腐烂的祭品一起挂在了升降机里。宴会正酣之际，一根巨大的铁梁砸在升降机上，响声回荡在空中宛若凯旋的钟声。

> 有具尸体突然动了起来。
>
> 是那个只有一只眼睛的人。尸体不断地扭动着自己的头，头上满是血污，仅有的一只眼空洞而呆滞。他的手臂似乎和后背分离了，他就这样将双臂悬空举起。他的头转了过来。天哪！突然他弯下腰，伸手抓住了钉住他一只脚的那根柱子……
>
> 瓦尔说道："这不是我做的，兄弟。你看不出来吗？这是神迹——旧日诸神回到了我们之中。你看到的就是奥丁本尊。"

复活的死者从升降机中走了出来，造了一把石刀，"一把老旧、粗糙、丑陋的刀，刀刃粗短起皱"，并"将这把刀一下子插进了升降机的玻璃中"。当然，这把刀康纳是拔不出来的，谁也拔不出来；除了希格妮的双胞胎兄弟西格伊（Siggy）。从死者看他的眼神，西格伊就知道这把刀注定属于他。他将手放到了刀上："我的手和刀一起弹了出来，然后我把刀高举过头顶。"这件武器非常神奇，它可以刺穿任何东西，但无法伤到它命定的主人西格伊。就像《沃尔松格萨迦》中插在大树巴恩斯托克里的宝剑和瓦格纳《尼伯龙根的指环》中的诺统神剑（Nothung）一样，在《血潮》及 2005 年出版的续篇《血歌》（*Bloodsong*）中，这把刀是推动剧情发展至关重要的道具。

现代人心中的绿色自然世界

现代人在研究古代北欧神话材料时，多会讨论到伊格德拉西尔的上述几个方面。但除此之外，这棵大树还象征着一个运行良好的生态系统，鸟类、爬行动物、野兽与人类或住在树上，或住在近旁，靠树供养。众神安排日月轮换以让时间流转，又设锻铁炉、殿堂和神庙以锻造文明，创造出了纯净和平的第一纪元。在那时，诸神可以坐在艾达华尔（Iðavellir）的绿原上用金色的棋子玩棋盘游戏。后来一些令人吃惊的、让人难以理解的事情发生了，给这个时代画上了句号：世界出现了三个巨人女孩，金子突然就短缺了，金色的棋子也不知所踪，直到诸神的黄昏后才重现于世。虽然北欧文献资料里没有明确说明修建住宅和锻造奢侈品会造成环境破坏，但中世纪的冰岛人很清楚第一代在亚北极圈定居的那些人是如何摧毁自己的家园的：为了获取建筑木材，大片树木被伐倒，失去了固土的树木，表层的土壤经不起一点风吹。这些外来者养的山羊将幼树蚕食殆尽，森林再一次消失在这片土地上，直到 20 世纪人们发起了大型植树行动，森林才得以重现。所以，在现代人的想象中，伊格德拉西尔就被描绘成了一个令人向往的存在，一个未被破坏且运行良好的生态系统的象征。

2011 年，A. S. 拜厄特（A. S. Byatt）出版了《诸神的黄昏：北欧神话中的灾变末日》(*Ragnarok: The End of the World*)，用诗一般的语言描绘了她对古代北欧神话的沉思。

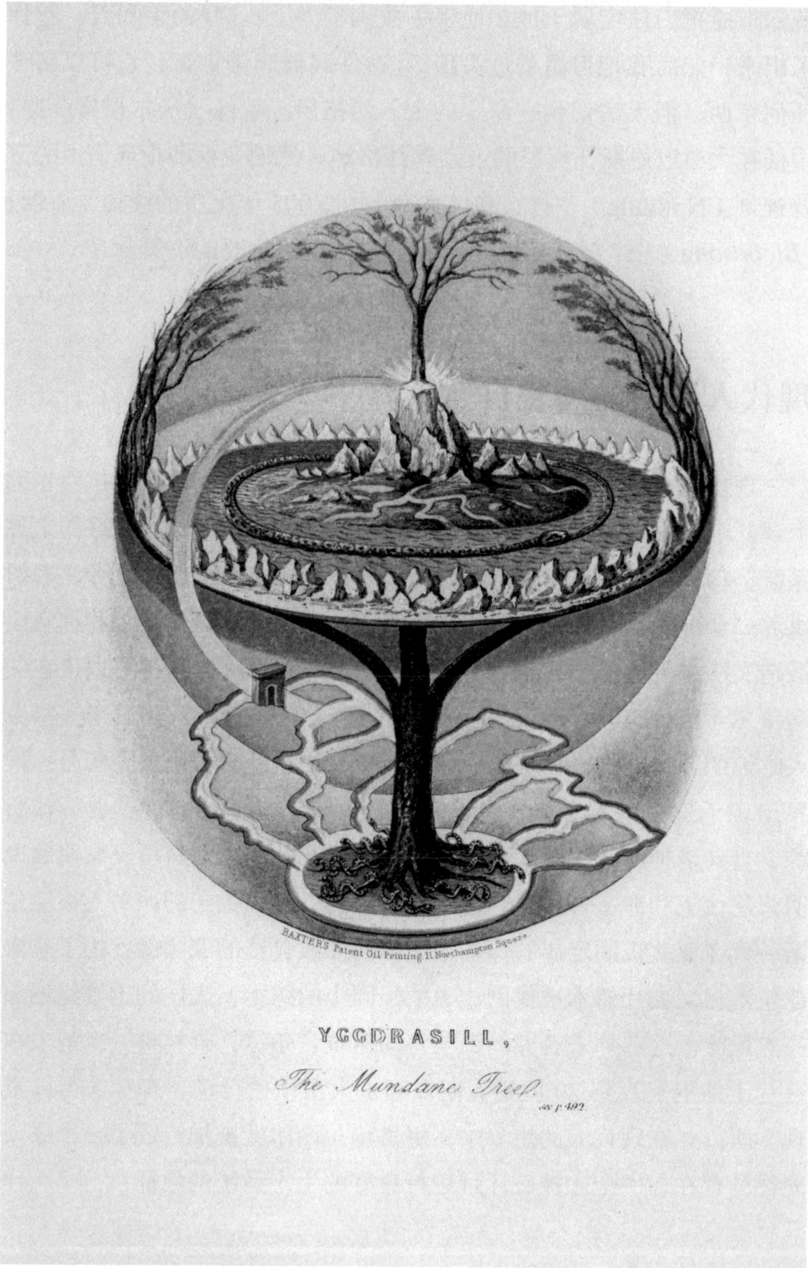

托马斯·珀西（Thomas Percy）《北欧古事》（*Northern Autiquities*，1859 版）卷首插图中的伊格德拉西尔

《诸神的黄昏》是拜厄特自传式的回忆，起源于她童年得到的一本名叫《北欧神话：仙宫与诸神》(*Asgard and the Gods*) 的书，由此进入了神话的世界。这本书是威廉·瓦格纳博士 (Dr Wilhelm Wägner) 在 19 世纪所著的神话和传说故事的德文版的英译本，在当时非常受欢迎。和拜厄特小时候的自己一样，书中的主人公“小不点儿”和妈妈住在恬静宜人的乡间宅子里，而她记忆里像光明之神巴德尔一样英俊快活的父亲外出打仗去了。他的女儿觉得，就像奥丁失去了儿子巴德尔一样，自己的父亲再也回不来了。

在命定的末日来临之前，拜厄特书中所描写的一切新事物都充满了勃勃的生机。这是个尚未被人类染指或被神明破坏过的自然世界，各种各样的生命愉快地生活在一起，形成了一个复杂的整体。无数的生物在这个自然圈里奔走活动、钻来钻去：树枝交汇的低洼处形成的池塘是昆虫和两栖动物的集会地，鸟儿在枝叶间歌唱，树上还有前文提到过的鹰和苍鹰。所有这些住在世界之树上的兽类都在忙忙碌碌，“啃啃咬咬、钻树打洞、磨牙磨爪”，但他们的啃食并没有对树造成破坏。有诺恩三女神的“照料和守护”，浇灌生命之水和晶莹白土奥尔 (aurr)，生命之树就能维持活力和无尽的繁殖力。“它在时时损耗，也曾枝消叶减。但它也在时时新生。”拜厄特这样写道。

拜厄特想象中这个宇宙处处彰显着丰饶。她还在海底创造了水下的世界之树：兰德拉希尔 (Rándrasill)，意为澜的骏马。澜 (Rán) 是海洋女神，传说她会将海中溺水的人捕进自己的网里。兰德拉希尔是一株根系粗壮的巨藻，和陆地上的世界之树一样高大繁茂。在它的叶柄之间生活着海葵、小虾、海绵、海星这些海洋中最为渺小的生物；稍大一些的鱼也会在飘动的卷曲藻叶间游弋，还有各种各样、无穷无尽的螃蟹在这片“海之森林”里疾行。海獭、海豚、鲸鱼和鱿鱼等各种海洋生物都在这个生态系统中生存和繁衍。兰德拉希尔根植于一座深海山脉；山脚有“漏斗状的火山口，喷射着来自炎热地心的蒸汽和熔化的石头的碎屑”。海洋之神艾吉尔 (Ægir) 会和澜一起坐在山脚，艾吉尔弹着竖琴，澜撒网收捕美丽之物，种在她的海底花园。然而，当末日降临，食欲暴涨的尘世巨蟒耶梦加得（Jörmungandr）像艘工业拖网渔船一样扫荡过北部海洋，海洋里所有的生物都被她吞进了肚子，只剩一片荒芜：我们现在的世界也在经历着这样的生态灾难，拜厄特暗示说。

那个在战争时代能将“小不点儿”的注意力从书里吸引走的美丽自然的乡村已经不复存在；拜厄特说，剩下的那些自然风光也会一一消失。她的书是对回忆、自然世界和环境崩坏的复杂沉思。成年后拜厄特重读《北欧神话：仙宫与诸神》，形成了对神话根本悲观的想象，也唤醒了她对北欧人身份的强烈认同。在书的结尾，诸神的黄昏之后，主人公的父亲从战场回来了，他们一家人又搬回了镇子。在新家里，父亲建了一座花园，挖坑、栽种，精心照料着这块被人遗忘了许久的土地。在花园棚屋的窗台边，生长着一棵野生梣树。到了夜晚，这棵自己落地生根的幼苗会把影子投在女孩卧室的天花板上。可，女孩的父亲哼着歌在花园劳作着，一把将树砍倒了。

当代文学作品中的献祭与重生之地

在尼尔·盖曼 2001 年所著的小说《美国众神》（同名电视剧有三季）中，伊格德拉西尔是举行祭祀和揭示神启的场所。星期三先生（Mr Wednesday）是小说中的主要人物之一，也是奥丁的化身，作为旧神的首领，他带着那些之前信仰他们的移民一起来到了北美。星期三在 9 世纪的时候就到了这里，时间甚至可以追溯到莱夫·埃里克松从格陵兰岛出发探险的时候（见第 9 章）。旧神遭到了诸如媒体女神（Media）、世界先生（Mr World）和高科技小子（Technical Boy，代表了科技的力量与魅力）这些新神的抵制。在剧情的关键时刻，星期三先生被谋杀了。小说主人公名叫影子·穆恩（Shadow Moon，意为月亮的影子），在被问到愿不愿意为星期三守夜时，影子答应了，他并不知道这意味着什么。影子带着遗体，和其他神族伙伴一起来到了楞树农场，这里有棵高大非凡的树，很像星期三的银领带夹上的图案。

> 影子看到了那棵树。那是一棵银灰色的大树，比农场屋舍还要高大。这是影子见过的最漂亮的树：它虚幻如幽灵鬼魅，但又给人以完全真实之感，呈现出几乎完美无瑕的对称。它看上去还非常眼熟，他不知道自己是否梦见过它。然后，他意识到自己并没有梦到过，而是多次亲眼见过它，或者说见过它的图案。[①]

影子答应要为星期三的遗体守灵九个夜晚。三姐妹，也就是住在附近农舍的诺恩三女神将他绑到了树上。影子就这样被吊着，慢慢陷入了谵妄和疯狂。松鼠拉塔托斯克和住在树冠上的鸟陪伴着他；拉塔托斯克甚至还用胡桃壳盛水给他喝。几天后，影子感觉自己的身体和树融为了一体，四肢变成了树枝，他还可以从树根汲取水分来缓解口渴。

> 癫狂之中，影子觉得自己不再是那个被吊在树上的人了。他是世界之树；他是吹动世界之树的风；他是灰色的天空和翻滚的云；他是松鼠拉塔托斯克，在最深的树根和最高的树枝间来回奔跑；他是蹲在树枝一根短枝上的那只鹰，用疯狂的眼睛俯瞰整个世界；他是在树心里蛀洞的那条虫子。

在影子历经磨难之时，他的妻子劳拉（Laura）来看过他。劳拉在小说一开始就死了，但魔法又让她没有完全与生躯剥离，所以她算是复活之人。在影子最终下到冥界后，劳拉听从死去的丈夫的话，向

---

① 尼尔·盖曼：《美国众神》，戚林译，北京联合出版公司，2017。下同。——编者注

住在农舍的三姐妹要了她们井里的一口水。“时间之水，它来自命运之泉乌尔德泉，它不是生命之水。不完全是。但是，时间之水是浇灌世界之树树根的水，世上再也没有和它同样神奇的水了。”喝完水后，劳拉暂时变得更像活人了。世界先生（在第 5 章会多次提到这个人物）派他在新神里的亲信城先生（Mr Town）去从世界之树上砍一根树枝。城砍下一根枯枝，捅进了影子还吊在树上的尸体，尸体开始流血，重现了神话里奥丁将自己吊在树上，以矛刺己身，第二次献祭自己的场景。劳拉后来将城的树枝交给了世界先生，而这根树枝象征的正是奥丁自我献祭时所用的矛——冈格尼尔（Gungnir）。世界先生想要用这根树枝或神矛为即将到来的新旧神之战正名。“当长矛在战场上空划出一道弧线时，我会大声喊出‘我将这场战斗献给奥丁’。”他坦白道。知晓了这把武器的重要性之后，劳拉用它杀死了世界先生，她自己也离死亡的终态更近了一步。

盖曼将自己在古代北欧神话上的渊博知识精彩而又巧妙地融合进了小说。这段有关圣树、圣泉和神矛的片段是对神话中献祭与重生的故事的再创作，也是小说的高潮之一，极具张力和想象力。在盖曼的书中，奥丁的矛必须由伊格德拉西尔的树枝做成这一细节，借鉴的是瓦格纳：在《尼伯龙根的指环》的第三部《齐格弗里德》中，沃坦（也就是瓦格纳版的奥丁）讲述了自己是如何用圣树的树枝打造矛身的。这根神矛让沃坦拥有了统治世界的力量；刻在矛身上的如尼文字传达了能约束诸神与人类的律法。在第二部《女武神》中，沃坦用这根矛击碎了齐格蒙德战无不胜的诺统神剑，齐格蒙德身死。齐格蒙德的儿子齐格弗里德重铸了父亲的神剑，这次轮到他来面对沃坦了。诺统神剑将矛身击成了碎片，沃坦也随之消失了。齐格弗里德的反抗标志着神治时代的陨落：《诸神的黄昏》（《尼伯龙根的指环》的最后一部）。

确实，我们从《尼伯龙根的指环》的序曲看到终章，就知道在沃坦砍下树枝的那刻起，虽然指环的故事还未步入正轨，但伊格德拉西尔这棵世界之梣的衰败已然开始。将神与人类捆绑在一起的独断神规严重违背了自然；圣树在枯萎，树根的圣泉已然干涸。诺恩三姐妹无法在这样恶劣的环境里编织决定未来的命运之绳，于是搬了家，现在在女武神布伦希尔德和他的爱人齐格弗里德居住的山洞附近工作：她们在剧中代表的应该是对未来的美好希望。沃坦预见到了末日，于是命令住在瓦尔哈拉神殿的英灵战士（Einherjar，见第 2 章）将树砍下来，在神殿周围堆满柴火，以便在末日将这里付之一炬。因为诺恩三女神预言，一旦神矛被毁："人类服从于神的契约也将毁于废墟"；神与人之间的联系已断，从此以后，不论是好是坏，人类在世界的命运便由自己决定。

ᛉ

所以，伊格德拉西尔是位于古代北欧神话宇宙中心的一个复杂象征。它将不同的世界联系到了一起，而在树底的乌尔德泉，因为诺恩三女神的关系，获得了能够连通过去、现在和未来的神秘力量。由此世界之树及其相关体系都被赋予了时间和空间的概念。它可以滋养和维持生命，却无法免疫伤害，也难逃时间的侵蚀。它标志着宇宙中心，是诸神治理世界、咨询商谈、寻求智慧的重要场所；也是三女神编写命运，做出预言的地方。它还是塑造人类的材料；是它的枝条在诸神的黄昏庇护了最后的幸存者，人类才得以在新世界繁衍生息。它的根系往下深入地底，连通神界、精灵界、人界和冥界，汲取着各种智慧；生与死、时间与记忆，无数知识在它的树液里流淌，只要有足够的勇气把自己献祭给圣树，它就会把知识传授给献祭者。总结来说，伊格德拉西尔象征着和平状态下的自然世界，但绝不能把它当作理所当然的存在；这个万物共生的系统可能经受得住人类加诸它的一切伤害，也可能经受不住。

伊格德拉西尔，安塞尔姆·基弗（Anselm Kiefer）绘（约 1980 年）

第2章 瓦尔哈拉体系

英雄主义的价值观

在北欧神话系统中，瓦尔哈拉体系包含了若干迷人的元素：它既宣扬了个人英雄主义的主流社会价值观，旨在减少人们对死亡的恐惧，同时也被重塑为代表民族荣光的名人堂；甚至像男人一样战斗但内心仍是女人的维京女战士，也被现代作者重塑成了能让广大女性产生共鸣的强大角色。

在奥丁至高无上、雄伟壮观的瓦尔哈拉神殿里共有540道门，当诸神的黄昏来临之时，每一道门内都会走出800位凡人勇士与群狼作战。这座宏伟的殿堂金碧辉煌，以矛身作椽，以盾牌为瓦。一只鹰在屋顶盘旋，一只狼挂在西门。

以盾为顶的荣光神殿

奥丁自我感觉非常好。在他至高无上、雄伟壮观的瓦尔哈拉神殿里共有 540 道门，他自豪地说，当诸神的黄昏来临之时，每一道门内都会走出 800 位凡人勇士与群狼作战。这座宏伟的殿堂金碧辉煌，以矛身作椽，以盾牌为瓦。一只鹰在屋顶盘旋，“一只狼挂在西门”，这只狼可能是神族企图避开巨狼之灾所献上的祭品。瓦尔哈拉位于一个名叫格拉兹海姆（Glaðsheimr，意为永乐之家）的地方，是奥丁的私人领域（见彩插图 14）。住在此处的英灵战士，是在战争中阵亡的英雄，死后便可来殿中享福。他们白日里战斗；到了晚上就享用神殿的厨师安德赫利姆尼尔（Andhrímnir）准备的盛宴，宴席中有道菜是用神猪沙赫利姆尼尔（Sæhríminir）的肉做的，安德赫利姆尼尔会用巨大的锅炖煮猪肉。这些战斗的英灵和他们吃的神猪一样，每天都能复活。奥丁则在高座上饮酒，不时投喂一下他的两只狼，基利（Geri）和弗力奇（Freki），他们的名字意为“贪婪”和“贪吃”。与贵族养猎犬一样，奥丁将这两只狼养在身边取乐。他还养了两只渡鸦，分别叫福金（Huginn）和雾尼（Muninn），意为“思想”和“记忆”，就停在高座的柱子上；它们每天都会飞出去巡游世界，将众神之父所需要的消息带回来。乔治・R. R. 马丁所著小说《冰与火之歌》和 HBO 电视剧《权力的游戏》中渡鸦信使的灵感就来源于此。（在第 3 章中会有更多关于渡鸦的讨论。）

诗歌《格里姆尼尔之歌》(*Grímnismál*)里就有写到奥丁亲口说瓦尔哈拉乃是他的神殿。诗中奥丁假扮成一个名叫格里姆尼尔(Grímnir，意为蒙面人)的流浪者，走进国王盖尔罗德(King Geirrøðr)的殿堂里。因为不肯开口，他被安置到了大厅两堆篝火之间的地上，没有吃的也没有喝的；他就在那儿坐了八个晚上。到了第九个晚上，国王的儿子阿格纳(Agnarr)给了他一杯装在牛角里的酒，格里姆尼尔这才开口说话。他先是历数了阿萨和华纳两大神族的诸多华丽神殿，最后讲到了瓦尔哈拉。从其他诗歌，尤其是斯诺里的《散文埃达》中，我们可以了解到更多有关这座神殿的信息。前往战场决定战士生死的女武神就出自此诗；她们在神殿中负责安排宴桌，奉菜侍酒。英灵们喝的酒是著名神羊海德伦的乳房分泌出的蜂蜜酒，我们在第1章中提到过这只羊，它就站在神殿的屋顶上啃食伊格德拉西尔的树叶。屋顶上还有一头雄赤鹿，从鹿角滴下的水汇聚成了赫瓦格密尔泉，并在另一个世界形成了众多河流。

瓦尔哈拉是精英死者的家，而位于尼福尔海姆(Niflheim，意为迷雾世界)的死亡女神赫尔的殿堂则是女人、病死和老死之人以及孩童的归宿。从北欧的文献记载可以推断出，即便赫尔的冥界不是弗朗西丝卡·西蒙的歌剧《怪物小孩》(2016，见第5章)里描写的那样，赫尔的领土也似乎并不失为一个好归宿，虽然对贵族来说没能和同伴一起在瓦尔哈拉而是到了赫尔这里会有些许丢人。光明之神巴德尔是瓦尔哈拉唯一一位死后到了冥界的主神，他在与诸神游戏时被飞来的槲寄生枝刺中，由此陷入了死亡(在第10章会讲到)。国王、贵族、英雄都希望自己能被选入奥丁的荣光殿堂。有两首北欧史诗讲了这样一个故事，一位叫亚尔玛(Hjálmarr)的瑞典英雄和他的结拜兄弟厄尔瓦·奥德尔(Örvar-Oddr，Örvar意为箭)在丹麦小岛萨姆斯(今萨姆斯岛)约战了一群维京高手，他们实际是臭名昭著的狂战士，当亚尔玛看到这支凶猛的队伍时，就开始有些犹疑了。但安甘提尔(Angantýr)和他十一个兄弟已经下了船，开始屠杀这对结拜兄弟手下的船员了。“今晚我们将与奥丁同住。”亚尔玛沮丧道。他猜得一点儿没错，虽然他的兄弟厄尔瓦·奥德尔最后活了下来，也为他报了仇。

还有些英雄到瓦尔哈拉时，心情颇有些模棱两可。在一首纪念著名国王“血斧”埃里克（King Eiríkr ‘Bloodaxe’）的诗和一首纪念英国国王埃塞尔斯坦（King Athelstan）的养子哈孔（Hákon）的诗中写道，当英雄们接近瓦尔哈拉时，他们受到了热烈的欢迎。第一首纪念诗名为《埃里克之歌》(*Eiríksmál*)，诗中奥丁梦到有位英雄正在来瓦尔哈拉的路上。于是他叫醒了英灵们，让他们去给长椅铺上稻草，把酒杯洗干净，又令女武神们去备酒。诗歌之神布拉基（Bragi）听见大厅里的木板吱嘎作响，还以为巴德尔要来，但大家只匆匆告诉他别胡说：实际上来的是勇者埃里克。奥丁派了两位英雄去迎接他，一位是屠龙者西格鲁德的父亲西格蒙德，另一位是西格鲁德的儿子辛菲特利（Sinfjötli）。布拉基依旧不解：为什么奥丁会让这样伟大的战士战败而亡呢？“因为我不确定灰狼何时会袭击诸神的家园。”奥丁悲伤道。另一首纪念诗名为《哈孔之歌》(*Hákonarmál*)，诗中奥丁派了两位女武神去接哈孔国王，从第 9 句诗我们可以得知，这位国王的战败是命中注定的：“军队的士气不高，他们注定去往瓦尔哈拉。”哈孔向其中一位叫斯皮尔 - 诗嘉古尔（Spear-Skögul）的女武神抗议：“你们为什么要这么做？胜利本该属于我们。”“可是你看，”女武神试图用好消息去安抚他，“你守住了领土，敌人落荒而逃。”只不过，他们现在必须去往神的住所，在那里，英雄赫尔莫德（Hermóðr）和诗歌之神布拉基会亲自来迎接。但哈孔还是不高兴，他不觉得奥丁是好意。布拉基劝慰他在这里不仅可以和各位英灵战士做好朋友，还能喝到神喝的麦芽酒，最重要的是可以和他死去的八个兄弟团聚。哈孔不愿放下武器，为了以防万一，他把武器紧紧抓在手中。诗歌的结尾写道，世界的末日终将来临，而巨狼芬里尔（Fenrir）在另一位可与之匹敌的神子出生之前逃走了。

所以，瓦尔哈拉代表的是英雄男子对死后美好生活的终极幻想。它告诉我们，在军事化的文化里，男人是看不到逃离暴力和流血以及活在和平世界里的好处的：对他们来说，再没有比同袍友情、喝酒吃肉以及战斗更好的事情了。人们所想象的天堂里有他们平日里最珍视的东西，而且更多、更美好，如此，在死后加入一支精英队伍，住进一个华美的殿堂，无论怎么战斗都不会死第二次，还有美丽的女侍源源不断地供应美酒，这样的幻想对他们必然极具吸引力。还有就是进了瓦尔哈拉，你还能凌驾于你的仇敌或者手下败将之上。在埃达诗集《杀死匈丁的海尔吉（其二）》（*Helgi Hundingsbani*）里，海尔吉（Helgi）来到神殿后，奥丁让他和自己一起统领众英灵。海尔吉立即抓住了这个机会来羞辱他的敌人匈丁——因为匈丁杀了海尔吉的父亲："匈丁，你该去给大家 / 端洗脚水、去生火 / 去把狗拴起来、去看马 / 去给猪喂食，干完才能去睡觉。"这些脏活累活一般只有奴隶才会干，绝不是匈丁这样一个英雄该受到的对待。

代表民族荣光的名人堂

在 19 世纪的德国，因为斯堪的纳维亚与德国古文化同源的观点盛行，瓦尔哈拉是不朽荣光殿堂的概念流传开来，名人祠也开始出现。雅各布·格林在其极具影响力的研究成果《德意志神话》（*Deutsche Mythologie*）中颇有说服力地提出这个观点。该书于 1835 年首次出版，第四版分三卷，于 19 世纪 80 年代被翻译成英文，书名为《条顿神话》（*Teutonic Mythology*）。格林理论中的这些观点及其著作，是德国能在 19 世纪取得两项非凡文化成就的重要催化剂。

瓦尔哈拉国家纪念堂矗立于德国南部巴伐利亚州（Bavaria）多瑙河畔的高处。路德维希一世（Ludwig I）还是巴伐利亚王太子时就有了建造这样一座纪念堂的想法。1815 年德意志联邦成立后，为助力日耳曼民族的大一统事业，他决定建一个泛日耳曼人的圣祠来纪念和传颂民族英雄。路德维希登基后，修建工作就开始了，工程负责人为建筑家利奥·冯·克伦泽（Leo von Klenze）。该建筑的修建时间为 1830 至 1842 年间，建筑为新古典主义风格，与希腊神庙十分相似。殿内收藏了大量来自“大德意志”的杰出历史人物的匾额和半身像以纪念他们——实际上，所有来自日耳曼民族的英雄都在这里，包括斯堪的纳维亚、荷兰、英格兰（阿尔弗雷德大帝和尊者比德都在里面）和瑞士的英雄。这里纪念的第一个英雄是阿米尼乌斯，他在 9 世纪于条顿堡森林战役大败罗马军团，这场胜利被记录在纪念堂北边的三角楣饰上。

其他名人半身像还有马丁·路德、波兰天文学家哥白尼、诗人约翰·沃尔夫冈·冯·歌德和海因里希·海涅，以及作曲家如莫扎特、勃拉姆斯、贝多芬和布鲁克纳。1945 年以前，瓦尔哈拉纪念堂内只有三座女子的雕像，都是加冕的女皇或王后。新的名人也在不断加入进来：阿尔伯特·爱因斯坦、艺术家凯绥·珂勒惠支、反纳粹英雄苏菲·索尔都是近代新收录的人物。个人和团体可以向巴伐利亚科学院（Bavarian Academy of Science）提名新的候选人，候选人通常是在科学或艺术领域有非凡成就的人，或是在人道主义活动中做出过杰出贡献的人。一旦提名通过，提名者需支付半身像或匾额的制作费和安装费。

位于德国多瑙施陶夫（Donavstauf）的瓦尔哈拉纪念堂（1830—1842）

巨人绑架了弗蕾亚，《莱茵的黄金和女武神》（*The Rhinegold & The Valkyrie*）插图，亚瑟·拉克姆（Arthur Rackham）绘（1910）

理查德·瓦格纳于1913年被纳入瓦尔哈拉纪念堂。他也确实当得起这份殊荣，因为奥丁（剧中叫沃坦）宫殿的修建是歌剧《尼伯龙根的指环》第一部《莱茵的黄金》中的重要情节。在第一部第二幕开场，沃坦发现自己陷入了困境中。他曾命一对巨人兄弟，法夫纳（Fafner）和法索尔特（Fasolt）为他和众神建造一座壮丽的新宫殿，而现在工程已经竣工："这座光华神圣的建筑，是如此的美轮美奂。"沃坦欢欣道。只是修建这座宫殿的代价非常高：众神答应将女神弗蕾亚（Freyja）交给这对兄弟。但沃坦并不打算兑现承诺；这对兄弟不可能得到弗蕾亚，他让洛戈（Loge，洛基在歌剧中的名字）想个办法赎回女神。于是洛戈带着莱茵黄金和宝藏的下落出现了，这些宝藏原本由三位莱茵仙女（Rhinemaiden）守护，现在落到了尼伯龙族的侏儒阿尔贝里希（Alberich the Nibelung）手里。阿尔贝里希将黄金锻造成了权力的指环，拥有这只指环就可以统治世界。沃坦非常想得到它，两位巨人建筑师勉强同意说，如果众神能把宝藏给他们，而宝藏又多到可以藏住弗蕾亚曼妙的身躯的话，他们就把弗蕾亚还给神族。

在第一部的结尾，宝藏确实归了两位巨人所有。堆积的财宝将弗蕾亚完全盖住，只能透过缝隙看到一双美丽的眼睛。只是沃坦又不愿像之前说好的那样交出指环，坠入爱河的法索尔特倒是很愿意把黄金指环让出去，把女神带走。最终，沃坦还是放弃了指环：因为大地女神埃尔达（Erda）警告他指环已被诅咒。的确，在这对巨人兄弟拿到宝藏后不久，法索尔特就被法夫纳所杀，而法夫纳卷走了所有的财宝，变成了一条龙，守卫着他的战利品。众神都惊讶于诅咒竟应验得如此之快。当多纳（Donner，本剧中的托尔）挥舞着大铁锤驱散开云朵和迷雾，光辉灿烂的神殿清晰地出现在彩虹桥的另一端。众神依次走进他们宏伟壮观的新家中；沃坦郑重宣布了这座神殿的名字：它应当被称为“瓦尔哈拉”。

坚不可摧的堡垒与背弃誓言的悖论

在《莱茵的黄金》里，瓦格纳很明显化用了两个神话故事。一个是诸神误杀一只变形的水獭后偷盗宝藏弥补过失的故事（我们在第 7 章会讲到）。另一个是“建筑大师的故事”，在斯诺里的《散文埃达》中也有提到。后面这个故事的起因，是阿萨神族的主要领地阿萨神域的城墙在和华纳神族的战争中被毁了。弗雷、弗蕾亚以及两人的父亲尼奥尔德（Njörðr）都是华纳神族的神，三人后来到了阿萨神族的地盘：华纳神族想要分享祭品的要求引发了这场大战，直到两族达成了休战协议，并同意交换人质，战争才平息。上面提到的三位华纳神族的神来到了阿萨神族，而密米尔和海尼尔暂时住进了华纳神族的家华纳海姆（Vanaheim）。就在这时，一位建筑大师出现了，他承诺只要一年半时间就能建好一座坚不可摧的堡垒，而他索要的报酬是太阳、月亮和弗蕾亚。在洛基的建议下，众神接受了交易，但修改了条件：工程必须在一个冬天之内完工，且大师只能靠自己一个人完成修建。

这位建筑大师同意了；他会独自完成工作，帮忙的只有他的马。令众神震惊的是，墙砌得飞快，因为大师的牡马能运送大量的石料。夏天快到的时候，众神就清楚地知道他们要失去爱与美之神弗蕾亚和两个天体了。众神纷纷责怪洛基，并令他务必想出个办法。洛基知道巨人大师能飞速完成工作全靠他的牡马，所以他变作一只牝马，将牡马引走了，不管他的主人怎么怒吼都没用。最终，城墙没能按时砌完，建筑大师显出巨人的原型，大发雷霆。于是，众神也不管之前的承诺了，托尔举起大锤就把巨人敲了个粉碎，弗蕾亚也留了下来。（在第5章我们会讲到洛基幽会牡马后生了一只八足马的后续故事。）有意思的是，这个建筑大师的故事在全世界都有流传，通常故事里的魔鬼会把自己伪装起来，然后接下一个听起来难如登天的工程。不过，戏弄本身就是骗子的魔鬼，和众神仅仅因为工匠隐瞒了自己是巨人的身份就使坏还杀了他，这两个故事所暗含的道德意义是不一样的。

这种不守信用、背弃誓言的行为是神话世界中的重要设定，也是瓦格纳的《尼伯龙根的指环》中的主要情节。虽然众神和巨人原本就是对立的（起因可能是奥丁和他的兄弟杀了尤弥尔并用他的遗体创造了宇宙），但现在两族的仇恨更深了。巨人们变本加厉地想要夺取弗蕾亚，绑架伊登（Iðunn），因为伊登女神守护着能让众神永葆青春的苹果。在人类文化中，尤其是人与人的交往依赖于男人女人的口头承诺而非书面合同的时候，起誓、遵守誓言和设巧计逃避誓言是绕不开的故事主题，在北欧神话体系中也是如此。纵观北欧神话史，诸神犯下的此类错误比比皆是。奥丁视誓言如儿戏的态度，让他从巨人那里骗得了神圣的蜂蜜酒，这酒不论是人还是神，只要喝了就能创造出优美的诗歌来。奥丁向神酒的守护者格萝德（Gunnlöð）发誓自己爱上了她，格萝德允许他饮三口酒。结果奥丁把酒全吞了下去，然后变成鸟飞走了。“他的话还怎么能信？”讲述这个故事的诗人写道。奥丁的妻子弗丽嘉让世间的一切生灵起誓绝不伤害她的儿子巴德尔，可要命的是，她忽略了一枝槲寄生。从这里我们能看出洛基早年十分善变，对同流合污和背叛这种事手到擒来，奥丁对此看得一清二楚，洛基的这种性格也预示了他在诸神的黄昏中扮演的角色。

在《尼伯龙根的指环》中，沃坦对未能得到的指环念念不忘。他生下了英雄齐格蒙德，希望他能杀死以巨龙形态守护着莱茵黄金宝藏的法夫纳，夺回指环；但在此过程中，沃坦不能直接插手，不然就会再次违背誓言。而齐格蒙德与自己妹妹齐格琳德（Sieglinde）乱伦通奸，显然违背了他在婚礼上立下的神圣誓言。沃坦的妻子弗丽卡（Fricka）是司掌婚姻之女神，她坚持丈夫应该遵守自己定下的道德律条，停止他对儿子的格外照顾。沃坦也不得不承认站在妻子的立场上她的逻辑没有错：法不可违。于是就有了我们在上一章讲到的情节，沃坦用自己的神矛冈格尼尔击碎了齐格蒙德的诺统神剑，齐格蒙德败给了对手匈丁，也就是齐格琳德的丈夫，在瓦尔哈拉被派去喂猪的那位。

在和女武神布伦希尔德最后一次对话时，齐格蒙德原本很乐意随她一同去往荣耀之殿，接受众英雄的迎接，与父亲团聚。但当布伦希尔德在逼问下说出，因为齐格琳德必须活着生下肚子里的孩子，而且女人死后是不会去瓦尔哈拉的，所以齐格琳德并不在瓦尔哈拉的实情后，齐格蒙德拒绝了应召。布伦希尔德被他对妹妹的爱深深打动，决心违抗沃坦的命令。只是这个决定不但没能救下齐格蒙德，反而连累她自己被罢黜了神位，我们在后面会讲到。

现代版瓦尔哈拉会是什么样子？如果有一个地方，是神族与人类世界的交界，在这里，“在艰难时世里陨落”又在现代英国浑浑噩噩度日的北欧诸神能与英灵战士重聚，共飨盛宴，那必定是个富丽堂皇的地方。在道格拉斯·亚当斯（Douglas Adams）所著的奇幻侦探喜剧《灵魂漫长而黑暗的茶点时间》（*The Long Dark Teatime of the Soul*，1988）中，小说的高潮处，奥丁向他的领地走去：

> 天空底下排列着各种各样的荒野塔楼、多节的高塔与尖顶，它们戳向天空……在闪烁不定的黑暗高处，沉寂的人影

在长盾背后伫立守卫，恶龙蹲伏着凝视狂暴的天空，而奥丁，阿萨神域众神之父，走向庞大的钢铁巨门，那里通往他的王国和瓦尔哈拉的顶大厅。①

米德兰大酒店，位于伦敦尤斯顿路（约摄于 1890 年）

看到这里，我们就想到了，书里描写的正是伦敦已无人问津的米德兰大酒店。亚当斯写这本书的时候，这座建筑与诸神一样已然衰败，被用作了办公大楼。（不过现在又修复了，酒店华丽的哥特式红砖门廊如今成了圣潘克拉斯火车站的出入口，车站就位于酒店后方。）小说的主人公德克·简特利（Dirk Gently）是位侦探，他极爱这家规模宏大的酒店和它的建筑风格："这么大一块空间足够让众神和英灵战士饮酒作乐……空置的米德兰大酒店也值得他们把家当从挪威全都搬来。"简特利一走进车站大厅，就发现里面别有洞天。这就是瓦尔

① 道格拉斯·亚当斯：《灵魂漫长而黑暗的茶点时间》，姚向辉译，湖南文艺出版社，2019。略有改动。下同。——编者注

哈拉，大殿以盾为顶，殿内夜宴正酣：

> 大厅里有无数张橡木板搁在支架上，放眼望去，四面八方全是橡木板和支架，德克就蹲在这么一张桌子背后。桌上摆满热气腾腾的动物尸体、大块面包、盛满美酒的铁皮大杯和状如蚁丘的蜡烛。汗津津的庞然身影在桌子四周甚至桌子上涌动，吃东西，狂喝滥饮，为了食物争斗，在食物里争斗，用食物争斗。

亚当斯的想象是带有喜剧色彩的。他笔下的瓦尔哈拉是个狂野迷乱的地方：老鹰在椽间穿梭，斧头从简特利耳边呼啸而过。托尔为近来发生的怪事来酒店见奥丁，听到他们的对话，简特利才知道自己的案子要怎么破。他发现了客户死亡的真相，还发现奥丁和一位律师还有一位广告商达成了不法交易，只为换取豪华疗养院铺着清爽爱尔兰亚麻床单的好床位。随后，瓦尔哈拉再次变回了“空旷阴暗、迷宫般的”酒店，喝醉了的英灵们一个个衣冠不整，三三两两走进了伦敦的黑夜，融入城市的行人中。

瓦尔哈拉的使者女武神

英灵战士守卫着瓦尔哈拉，日日操练，只为备战诸神的黄昏。相比之下，神殿里的女子，也就是女武神们，日子过得要有意思得多：她们都在人间忙碌。我们在前文有提到，奥丁将她们派去人间的战场，决定胜者并挑选带回瓦尔哈拉的人（见彩插图 8）。从某些方面来说，女武神执行的是神的意愿，所以她们也被叫作奥丁的“许愿女孩”。不过在有的故事里，奥丁会让女武神自己决定战士的生死。在诗歌《渡鸦之歌》（*Hrafnsmál*）中，一位女武神在战斗开始前遇到了一只健谈的渡鸦。诗人描述女武神“皮肤白皙，秀发柔亮”，而且“这位勇猛的少女认为自己很聪明，因为她对男人不屑一顾”。她问渡鸦从何处来，为什么爪子里还残留着肉，喙里散发着腐肉的臭味。渡鸦解释说，打它从蛋里出来起，就一直跟着金发哈拉尔（Haraldr Fairhair），就是那位统一了挪威的国王。这位战无不胜的国王是个非常好的主人，它和其他的战场伙伴，狼群和鹰群，总有吃不完的敌人尸体。

女武神并非脆弱娇气的女子；她们对自己带给人类的死亡与痛苦有着清醒的认知。有首生动优美的诗歌里写道，一位名叫多鲁德（Dörruðr）的男子看到十二位女子正在骑马赶往苏格兰北部凯斯内斯（Caithness）某处的一个小木屋。她们走进了屋内；多鲁德透过窗户朝里看去，只见几人架起了织布机正在纺织。织布机由矛杆打造，纺线是人的内脏；经线末端系着人头增加重量，打纬刀则是一把剑。女人们边织边吟唱着一首不祥的歌谣，歌词提到了众多女武神的名字，并向“年轻的国王”许诺了胜利。纺织完成后，她们抓着布料，将它撕成了一片片碎布；然后每人留了一块，骑马离去，六人去往南方，六人去往北方。这场邪恶的仪式预示的正是 1014 年耶稣受难日发生在爱尔兰的大战——克朗塔夫之战（Battle of Clontarf）。这首名为《多鲁德之歌》（*Darraðarljóð*）的诗歌是最早被翻译成英文的北欧诗歌之一。正如序言中指出的，正是在新哥特文学与艺术刚开始萌芽的时候，托马斯·格雷基于此诗歌创作了一首诗，并将它命名为《致命女神》（*The Fatal Sisters*），在 1768 年发表。诗中充斥着暴力与血腥：

> 那诡异的布料寸寸见长，
> 全由人的内脏织就，
> 那底下的纺锤摇摇晃晃，
> 个个是战士呐喊的头。
> 矛杆为梭，根根浸血，
> 在颤抖的丝线间飞驰。
> 那剑，曾是君王手中钺，
> 将布打得又紧又实。

威廉·布莱克于 1797—1798 年间为这首诗画了一系列水彩插画，画中的女武神姐妹在执行死亡任务之前看上去端庄娴静，在手持长剑拍打布料。另一幅画中则清晰可见悬吊的人头；最后一幅画中，几位女神面目严肃地骑上马，手中攥着决定当日生死的布片，准备奔赴战场。

《多鲁德之歌》还启发了许多戏剧的创作。加拿大历史频道的热播电视剧《维京传奇》（*Vikings*）里非常重要的一集“兄弟之战”（*Brothers' War*）中，在战场上被反复呼喊的台词就出自这首诗。剧中朗纳尔（Ragnar）和罗洛（Rollo）俩兄弟发现他们在霍里克国王（King Horik）和亚尔·博格（Jarl Borg）的冲突中站到了对立面。战场配乐的作者是特雷弗·莫里斯（Trevor Morris）；女人的恶言由沃德鲁纳乐队（Wardruna）成员、挪威音乐家埃纳尔·塞尔维克吟唱，配乐中的小提琴伴奏也是他演奏的。从这一集开始，塞尔维克就长期参与到了连续剧的音乐制作中，他也将自己对维京音乐应当是怎样的看法贯穿在了之后剧集中。塞尔维克还为游戏《刺客信条：英灵殿》（*Assassin's Creed: Valhalla*）写了原创歌曲。我们会在第 6 章讨论这个游戏，在第 8 章讲朗纳尔·洛德布罗克的时候也会继续探讨《维京传奇》。

尚武文化中的女性与死亡

女武神一般不会对她们的猎物产生任何特殊的情感和性趣（布伦希尔德是一大例外，见下文）。在《哈孔之歌》中，面对义愤填膺的哈孔，斯皮尔－诗嘉古尔也只是背靠矛身，面无表情地告诉他事情就是这样。不过，其他女性神灵魔怪对国王和英雄的兴趣就多了些。从北欧早期诗歌《英格灵王朝传》中，我们知晓了多玛厄地国王的献祭（见第 1 章），这首诗里还写了很多其他的北欧统治者因女亡灵作祟而奇异死亡的故事。一位国王被玛拉（mara）踩死了，玛拉是暗夜恶魔，会把人在睡梦中压死；另一位被死亡女神赫尔纳入了怀抱；还有一位在前去祭祀狄丝（dísir，可能是女先祖之灵的统称）的路上，折了马腿，头撞在石头上死了。还有一些北欧诗歌把男人冲动之下错杀无辜之人的行为归咎为女巨怪和狄丝作祟。不难解释为何在尚武文化中人们总愿意把死亡想象成女性的形象，因为在这样的环境里男人必须接受自己随时可能暴毙的事实。而在人生之初生养关怀他们的母亲，是这些战士在最后弥留的几小时或几分钟时希望回归的温暖怀抱，在他们的想象中，她会将自己带去来世，也可以随意处置自己的身体：死亡与性是紧密相连的。

《女武神》（*Valkyrie*），斯特凡·辛丁（Stephan Sinding）雕塑作品，位于哥本哈根（1908）

布伦希尔德与《女武神的骑行》

在对北欧神话人物进行重塑的所有现代作品中，瓦格纳笔下的女武神无疑是最广为人知的角色。她们是沃坦与大地女神埃尔达所生的女儿，和古神话中的女武神一样，她们会骑马奔赴战场，决定胜方和败方，她们集合时“呼哟吼！呼哟吼！嘿呀哈！”的军号会响彻山顶。

《布伦希尔德》(*Brunnhild*)，加斯顿·布西耶尔（Gaston Bussière）绘（1899）

埃米尔·多普勒（Emil Doepler）绘，《瓦尔哈拉：日耳曼众神的世界》（*Walhall, die Götterwelt der Germanen*）插画（约 1905 年）

《尼伯龙根的指环》中的女武神都是沃坦的乖女儿，完全遵照沃坦旨意行事，布伦希尔德是女武神的首领，也是沃坦最宠爱的那个。在沃坦彻底改写齐格蒙德的命运后，布伦希尔德违抗了父亲的命令，不愿让匈丁取胜。沃坦在战斗中击碎了诺统神剑，看到齐格蒙德已死，便转去惩罚布伦希尔德。他下令夺去布伦希尔德的神力，并要将她嫁给凡人。所有的姐妹都惊恐万分地为她求情。布伦希尔德争取说，如果一定要嫁，那她也不能随便找个人就嫁了，她要在被火焰之墙包围的山顶沉睡，直到世界上最勇敢的英雄找到她。在情绪渲染到极致的高潮中，沃坦吻向自己深爱的女儿，取走了她的神力，随后转身离去，并召唤火神洛戈去点燃火焰守护她。

不论是在第二部《女武神》还是在最后一部《诸神的黄昏》中，布伦希尔德都是一个需要费尽心力才能演唱好的角色。通过后面第 7 章和第 10 章的讨论，我们就能知道，布伦希尔德是《尼伯龙根的指环》中真正的英雄。她无畏无惧且富有同情心，被齐格蒙德和齐格琳德的爱情与勇气打动，她明知父亲的意愿，也不惜违抗。齐格蒙德死后，她救下齐格琳德，将她送到了安全的地方，还把诺统神剑的碎片交给了她。正是这些举动保护了尚未出生的齐格弗里德，后来他才能在布伦希尔德和沃坦都不知道的情况下，找回指环，并在邪恶的阿尔贝里希，也就是将莱茵黄金铸成指环的那个侏儒想要夺回指环时，阻止了他。沃坦与他深爱的女儿的诀别是歌剧中最为感人的场景，只是沃坦的那一丝不舍立马就被理智取代了：违抗命令就必须受到惩处。

阿马莉·马特纳（Amalie Materna），理查德·瓦格纳《尼伯龙根的指环》中布伦希尔德的扮演者（1876）

在《女武神》第三幕开场，布伦希尔德的姐妹刚从战场回来，一行人聚在山顶。她们把马儿放去吃草，然后开始辨认起挂在马鞍头的尸体，取笑为了争食互相推搡的骏马，奇怪为什么布伦希尔德还没有回来；没有布伦希尔德一起，她们不敢自己带着阵亡的英雄回瓦尔哈拉。这段表现了女武神骑行时蓬勃朝气的音乐，配上她们狂野欢快的战歌，是整部歌剧中最让人印象深刻的一段曲调。后来这首《女武神的骑行》（*The Ride of the Valkyries*）因在弗朗西斯·福特·科波拉（Francis Ford Coppola）执导、1979 年上映的电影《现代启示录》（*Apocalypse Now*）中被用作配乐而格外出名。在电影开头，威拉德上尉（马丁·辛饰）接到了一项秘密任务：他要沿湄公河逆流而上进入柬埔寨找到库尔茨上校（马龙·白兰度饰）。库尔茨在当地胡作非为，甚至到了疯狂的境地，必须“被暗杀”。然而，要想开始任务，威拉德一行人首先得通过对方把持的河口。

女武神，《莱茵的黄金和女武神》插图，亚瑟·拉克姆绘（1910）

直升机空袭部队的基尔戈上校（罗伯特·杜瓦尔饰）答应前来相助。基尔戈是个非常爱卖弄的人，为了击溃对方部队，他发起了突袭。影片中有个震撼人心的镜头：紧张的士兵检查好自己的武器，随后直升机在低空列队飞过绿松石般的海面，一轮红日在他们身后升起。基尔戈命令道："放战歌，音量调到最大。"当绑在飞机外的扬声器里响起《女武神的骑行》时，士兵们都相视一笑。接着音乐戛然而止，画面转到了村中，村民都在安静地做着晨活，只能听见犬吠声和孩童的声音。警报响起后，一名对方士兵边喊边冲进集市，突然，空中传来了桨叶旋转的声音和音乐声。看到死神从空中俯冲而下，民众惊慌失措四下逃窜；空军中队用机枪扫射他们，并不断投掷凝固汽油弹直到村庄化为一片废墟。直升机在沙滩安全降落，和女武神一般轻轻松松就决定他人生死的空军士兵在大屠杀的间隙停下来休整。威拉德可以动身执行任务了。

神盾女孩与《维京传奇》

在瓦尔哈拉与死去的战士相伴的女武神都不是普通的凡间女子。但还有另一类女武神，她们是凡间女子，因此也逃不开家族的牵绊。在北欧文献里，这些女子有时被称作"神盾女孩"（shield-maiden）。虽然她们似乎是自愿选择走上女武神的道路，却依旧在父亲或兄弟的父权控制之下，家中的男性亲属有权决定神盾女孩出嫁的年纪和对象。在诗歌《杀死匈丁的海尔吉（其一）》中就有这样一个少女，她名叫希格露恩（Sigrún）。英雄海尔吉和他手下的士兵在一次劫掠后到海滩临时驻扎下来，希格露恩和其他几位女武神出现在了海吉尔面前，只见"他们铠甲浴血，长矛锋芒逼人"。希格露恩向海尔吉大胆示爱，并告诉他因为自己在暗中帮助海尔吉才能在最近的战斗中获胜，只是她的家人想要把她嫁给一位她非常厌恶的国王。他们要想在一起，海尔吉就必须向国王宣战。于是海尔吉带着手下人出发去袭击希格露恩的未婚夫。有女武神相助，胜利自然属于海尔吉，只是战争到了白热化的阶段，不仅是被希格露恩厌弃的那位未婚夫死了，连希格露恩前来相助的父兄也都死在了战场。唯有一位叫达古（Dagr）的兄弟活了下来，双方起誓和解，希格露恩与海尔吉如愿成婚。可悲剧并没有就此结束：在奥丁的怂恿下，达古谋杀了海尔吉，希格露恩甚至都没有来得及和死去的丈夫在墓穴里共度一晚[①]，就因悲痛过度而死。

在丹麦霍比（Hårby）发现的小立像，可能是女武神的形象（年代不详，可能是9世纪）

这些女子和其他女武神一样能在空中驭马，她们不会直接参加战斗，却拥有能影响战局的神力。还有一些英雄史诗和萨迦里的女子会掌舵、持剑和盾牌，带领维京战队作战，一直到该嫁人的年纪，再穿

① 海尔吉死后，希格露恩试图将丈夫留在墓穴与自己一起生活，但海尔吉坚持接受召唤去往瓦尔哈拉。——译者注

回女装，重操织布、家务、生育这些女子事务。这些神盾女孩在现代作品中也得到了重塑。电视剧《维京传奇》共六季，2013 年开播，2020 年完结，主要角色中就有几个神盾女孩。主人公朗纳尔的第一任妻子拉葛莎（Lagertha，凯瑟琳·温妮克饰）是其中最出名的一位。她不仅与强奸犯搏斗，成功保护了自己和女儿，而且说服了朗纳尔让她一起随军远征英格兰。之后她又靠自己的力量成为卡特加特的女伯爵，在围攻巴黎时与丈夫和其他维京士兵并肩作战，后来又将爵位传给了儿子，只身前往英格兰游历。在英格兰，她还大胆地与威塞克斯国王埃格伯特（Ecbert）调情。最后，拉葛莎在意外中被继子所杀。在拉葛莎心中，她死后必定是要去瓦尔哈拉的，只是她没有想到自己竟是去给男战友端杯侍酒去了。拉葛莎还训练了几个神盾女孩，她们在剧中都是重要人物，其中阿斯特丽德（Astrid）就是主线人物之一。她本是拉葛莎的左膀右臂兼爱人，后来被挪威国王金发哈拉尔绑架，被迫成为他的王后。阿斯特丽德却不愿被困深宫，做一名神盾女孩和拉葛莎并肩作战才是她想要的生活。托维（Torvi）也做过一段时间拉葛莎的左膀右臂；她与朗纳尔的几个儿子都发生过关系，且活到了故事的最后。

一篇发表于 2017 年的研究文章在重新评估了瑞典梅拉伦湖流域比约克岛比尔卡城（Birka）墓穴中出土的考古证据后，初步印证了在维京时代女性可以和男性并肩作战的观点。这座编号为 Bj. 581 的墓穴里有：一具骨架；两匹马的遗骸，其中一匹已套好了笼头可以骑了；大量武器；墓主人的大腿上的棋盘和棋子。这具遗骨的衣着也非同一般，这种服饰常见于欧亚草原。墓穴位于城镇西边，是一座地下墓，墓室为木制，墓碑为一块巨石。墓中陪葬的兵器数量惊人，有剑、斧、长矛、战刀、盾牌和箭。该墓最初发现于 19 世纪晚期，当时人们都理所当然地认为墓主人是一位地位显赫的男性战士。但到了 2017 年，研究人员有了新发现：基因组测序和线粒体 DNA 调查证明死者在生物学上是一名女性。作者在 2017 年以及后续在 2019 年发表的文章中论证说，这说明了在维京时代女性确实可以成为战士。

文章作者还说，这位女性是一位靠自己的战功而备受尊崇的将领。这个说法流传甚广，媒体在讲这个故事时也常用《维京传奇》的拉葛莎或其他几个神盾女孩的照片作配图。

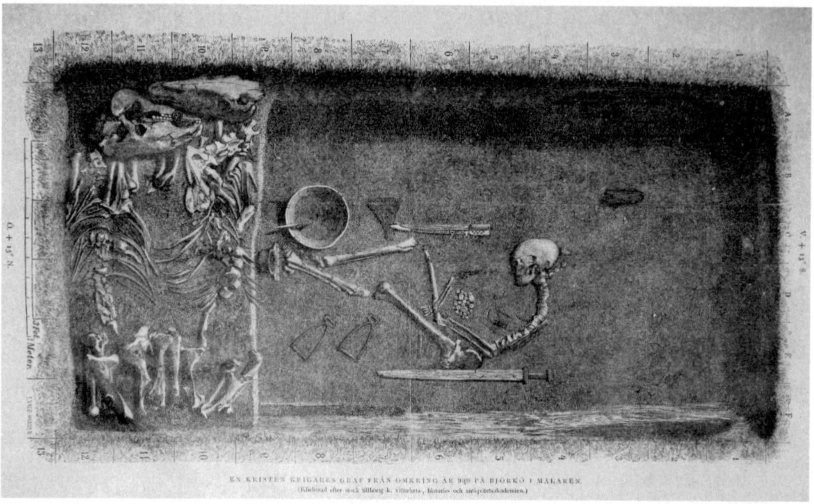

维京时期 Bj. 581 墓穴，1889 年发现于瑞典比尔卡

这一新发现无疑既令人兴奋又争议十足，引发了考古学家、历史学家、北欧文学家等各方专家的热议。（我虽非考古学家，《卫报》也就该主题对我进行了采访。）人们都在问，那些萨迦、诗歌和拉丁史书里描写的神盾女孩是不是就来源于现实？ Bj. 581 墓穴的女主人是不是就是现实版的拉葛莎？然而事实究竟为何还未有定论，原因有几个。首先很重要的一点，下葬墓主的肯定不是墓主人本人，那么决定在墓中放什么合适的也是他人；墓中有大量兵器并不一定说明死者平时经常使用他们。其次，死者在生前可能并不被当作女子，也就是说，她可能是我们现在所说的跨性别者，其担任的特定社会角色与其生理性别并不一致。最后一点，尽管在 19 世纪发现墓穴时，人们把有武器陪葬的墓主自动归为了“战士”，但我们现在对支撑维京时代社会运转的复杂社会角色有了足够的了解，知道了他们在一生之中，

社会身份并不一定是固定不变的。

ᛉ

所以，瓦尔哈拉体系是包含了若干迷人元素的神话。在北欧神话系统中，它宣扬的是个人英雄主义的主流社会价值观，旨在减少人们对死亡的恐惧，拔高自己在后世心目中的形象。它还为战士们描绘了一幅美妙的死后世界的幻象，在一座宏伟的宫殿中与万千袍泽共享盛宴、无尽战斗，可比待在赫尔的冥界好得多、有意思得多。英灵战士的角色也让人类在诸神的黄昏中有了一席之地。因为巨狼芬里尔看见用铁链把自己拴住的不仅有神，还有人，有一首诗歌警示说，很快“巨狼将冲破束缚，冲向人类的家园”。在 19 世纪的德国，人们在多瑙河畔建了一座神庙用以纪念民众心目中的英雄，瓦尔哈拉被重塑为代表民族荣光的名人堂。同时期，瓦格纳抛出了这样的问题：众神为建造出宏伟的宫殿付出了怎样的代价？神权与人的自由意志间是什么关系？现代社会盛行的又会是什么样的英雄主义？

维京人也是现代流行的历史幻想电影和电视剧中爱用的主角，我们在第 6 章会深入讨论。现代的跨媒体制作人都知道，要想最大化吸引观众，就必须在作品中插入很多强大的女性角色，并给她们安排重要的剧情。神盾女孩就被现代作者重塑成了一个能让广大女性产生共鸣的强大角色；虽然拉葛莎打起仗来冷酷无情，也在不断挑战着维京时代父权社会对女性角色的既定看法，但她也必须面对强奸、流产、不育、妒忌、丈夫移情别恋等问题。这类流行的新刻板印象，即维京女战士像男人一样战斗，但内心仍是女人，加上对维京时代进行学术和考古分析得出的严肃结论，让我们对生活在中世纪早期这个奇特万分的年代的女性有了更深刻的认知。

第3章

双面奥丁

旧秩序的衰亡

北欧神话里的奥丁履行着各种各样重要的职责：他扶持国王上位、不断追寻智慧，却又四处行骗，把自己伪装成流浪者在人间行走。他醉心于收集有关诸神的黄昏的消息，希望能改变世界终结的既定局面。他代表的是已经走向衰亡的父权秩序，是与政治实用主义结合的英雄主义。无论是在新神当道的世界，还是在人类掌握自己命运的新世界，这些都无法立足。他能给的东西已经失去了价值，所以只能奋力一搏，却不知未来并没有他的一席之地。

他不仅是粗犷的首领和战士，以他野蛮的炯炯目光识别应该做什么，并以他狂暴的雄狮般的勇猛把事情完成；而且还是一个诗人，即我们所谓的诗人、先知和非常虔诚的思想家和发明家——像真正的伟人一样。

第 3 章
双面奥丁　旧秩序的衰亡

通过前面几章的介绍，我们已经了解到了不少有关奥丁的事，尤其是他与凡人战士的关系以及他在瓦尔哈拉的统治。不过关于这位北欧神话和历史传说中的主要人物，还有一些我们没讲到的方面。

据古诗歌所述，奥丁和他两个神秘的兄弟威利（Vili）和菲（Vé）都是巨人的后代；奥丁的母亲名为贝斯特拉（Bestla），是巨人博尔颂（Bölþorn）的女儿。奥丁的父亲是博尔（Borr），博尔的父亲是母牛欧德姆布拉（Auðhumla）不断舔舐寒冰时从冰中出现的。欧德姆布拉的奶水还养活了世界上最早的生灵——巨人尤弥尔。在北欧神话的创世故事里，博尔的三个儿子一直是一起行动的；要么是他们三人从海中捞起了大地，又定下日月升落的轨道，要么是他们三人杀了尤弥尔，用他的身体创造出了宇宙。在这之后，威利和菲就从故事里消失了，只有奥丁成了一大神族阿萨族的领袖。

如前文所见，奥丁对部分人类非常感兴趣，他致力于将各路英雄收入麾下，也会挑选君王并扶持他们。他将巨人苏图恩（Suttungr）私藏在山洞里的诗的蜜酒带给了众神与人类，让所有人都能有机会分一杯这文化珍宝的羹。他还会在人间行走，搜集各种各样的知识：虽然更心系于整理和确认有关未来诸神的黄昏的记录，他也就许多凡俗事务提出了自己的忠告。

奥丁与他的坐骑斯雷普尼尔（Sleipnir），位于瑞典哥特兰岛的提扬维德（Tjängvide）壁画，哥特兰如尼碑文 110 号（700—900）

带领部族横跨欧洲的迁徙之王

在《散文埃达》中，斯诺里解释说“现实中的”奥丁是从特洛伊一路北上的流民，他凭借自己出众的文化知识赢得了当地群众的爱戴与服从。斯诺里在其另一部作品《挪威列王传》（*Heimskringla*）的前几章详述了阿萨（Æsir）与亚洲（Asia）之间的联系，并在书中详细讲述了阿萨神族拥有的力量以及他们从东方的阿萨神域出发后一路的旅程（有意思的是，这本书里说的是阿萨神域而非《散文埃达》里的特洛伊）。在奥丁的带领下，他们先是迁徙到了哥达利基（Garðaríki，今俄罗斯），然后又南下至萨克斯兰（Saxland，今德国）。书中提到，奥丁在掌控了萨克斯兰的大部分地区后，又继续前行，来到了丹麦和瑞典。他伙同葛冯从瑞典国王吉尔维那里骗得了今属丹麦西兰岛的全部土地。斯诺里写道，奥丁和吉尔维达成协议，新来者奥丁在瑞典锡格蒂纳（Sigtuna）定居，并把土地分给了追随他的阿萨族人。

奥丁死后，尼奥尔德继承其位，然后尼奥尔德又传位给弗雷，弗雷是瑞典皇室的祖先；弗雷的妹妹弗蕾亚是“众神”中最后的幸存者，继续担任祭祀之职。奥丁与尼奥尔德的前妻斯卡蒂（Skaði）生了一个儿子，名为塞明格尔（Sæmingr），是挪威北部王国一个重要朝代子民的先祖。葛冯嫁给了奥丁的儿子绍尔德（Skjöldr），他们的孩子绍尔敦加（Skjöldungar）则是后来丹麦的统治者。在这则历史传奇故事里，斯诺里还细致地讲解了奥丁拥有的神力和他创立的火葬、建墓、祭祀以及征税等文化习俗。奥丁自东方出发横跨欧洲的迁徙故事对中世纪后期思想中阿萨神族的构想至关重要；人们一开始是从文学角度理解这个故事的，但后来从象征意义上讲，它暗示了俄罗斯、德国和斯堪的纳维亚甚至不列颠群岛之间有着潜在的文化联系。

创造过辉煌文明的哥特人

据我们在序言里提到过的历史学家约达尼斯说，他于 551 年在君士坦丁堡完成了著作《哥特人的源起与事迹》，这本书更为人熟知的名字是《哥特史》。约达尼斯自认为是哥特人（罗马的征服者和早期的基督教徒）的后裔，他在书中说，哥特人起源于北极一个名叫斯堪德扎（Scandzia）的大岛。他还称这个岛无愧于“民族的蜂巢、部落的子宫”之名，因为哥特人就是从那里迁徙到了斯奇提亚（Scythia）。斯奇提亚坐落于黑海北边，西邻德国，北至西伯利亚草原，东至里海之外。后来这群哥特人往西回迁，部分成为东哥特人（Ostrogoths），屡屡进犯罗马帝国，之后征服了罗马；部分成为西哥特人（Visigoths），占领了伊比利亚半岛。约达尼斯的哥特人起源论备受争议：比如，他说哥特人使用的语言是东方语系而非北方的日耳曼语系。考古证据显示，在第一个千禧年的最初几个世纪里，某个位于波罗的海南岸的文明的确迁徙至了黑海沿岸，但尚不清楚他们是否和住在瑞典南部的约塔人（Götar）或者耶阿特人（Geats，古英语史诗中的英雄贝奥武甫就出自耶阿特部落）有关系。

近代早期的瑞典史学家对约达尼斯的哥特人起源论非常感兴趣。瑞典作家约翰内斯·芒努斯（Johannes Magnus）声称，哥特人在诺亚的洪水退去后就占领了瑞典并在此创造了辉煌的文明，其时间比特洛伊、希腊和罗马都要早。诺亚的儿子雅弗（Japhet）掌控了欧洲，雅弗的儿子玛各（Magog）则占领了斯堪的纳维亚。接着玛各的三个儿子苏恩诺（Suenno）、乌博（Ubbo）和西戈（Siggo）分别统治了苏奥尼亚（Sueonia，位于瑞典）、乌普萨拉和锡格蒂纳。作为诺亚的直系后裔，这几代人当然对真神有着清楚的认知。但随着时间的推移，认知开始模糊，瑞典人陷入了盲目崇拜的混乱中，比如不来梅的亚当描述的乌普萨拉宏伟的金色神庙里供奉的就是奥丁、托尔和弗里科（可能是弗雷）的巨大雕像。芒努斯这段极富想象力的描写历数了瑞典各个时期的统治者，一直讲到了当时的瑞典国王古斯塔夫·瓦萨，并说奥丁是玛各之后的第九代国王。这本用拉丁文写就的作品于1554年在罗马出版，作者以骄傲的口吻讲述了在瑞典看来自己在人类早期历史中的重要地位。

另一位瑞典人约翰内斯·鲁德贝克（Johannes Rudbeck）研究历史神话故事得出的理论就更为离奇了，他说有“民族的摇篮”之称的瑞典实际上是亚特兰蒂斯，那个最早出现在柏拉图的两本“对话录”（前260年）中的失落的文明。鲁德贝克在其共四卷的巨著《亚特兰蒂卡》（*Atlantica*，1679—1702）中指出，柏拉图描述的亚特兰蒂斯的宗教习惯与斯诺里和不来梅的亚当的记录有很多相似之处。鲁德贝克说，瑞典即亚特兰蒂斯并非毁于海神波塞冬（Poseidon）的滔天洪水。相反，洪水隐喻的是如潮水般蜂拥进瑞典的人，只因这里是所有人理想中的居住地。而柏拉图对亚特兰蒂斯大象的描述被鲁德贝克解释为是用了比喻复合辞的手法，写的其实是北方体型最大、最危险的野兽：狼。最后，鲁德贝克还说，北欧的如尼古文字母体系从瑞典传到了希腊，最终形成了古典世界[①]所有字母的基础。

位于哥本哈根的葛冯喷泉，由安德斯·邦德加德（Anders Bundgaard）设计（1908）

毫无疑问，鲁德贝克的理论并没有在瑞典以外的地方激起什么水花。但一个世纪之后，有几位作家重拾约翰内斯的说法，认为斯堪的纳维亚无愧于“民族的蜂巢”的称号。除哥特人以外，凯尔特人同样也是从斯奇提亚西迁、最后在不列颠群岛定居下来的民族，所以他们也可以被认为是“哥特族”。瑞士驻哥本哈根外交官兼学者保罗-亨利·马利特（Paul-Henri Mallet，1730—1807）于1755年决定动笔写《丹麦简史》（*Introduction à l'histoire de Dannemarc*），在这一年之后他又写了一本《凯尔特尤其是古斯堪的纳维亚神话与诗歌集》（*Monumens de la mythologie et de la poésie des Celtes et particulièrement des anciens Scandinaves*）作为对上本书的补充。马利特的作品事无巨细地介绍了北欧神话，但他的作品以斯诺里的第一

① 西方学术界通常将古代希腊、罗马称为古典时代或古典世界，并将古代希腊、罗马文化界定为古典文化。——译者注

版《散文埃达》为依据，而且其中的神话故事与宗教历史无甚联系，更多的是与诗歌和文学创作中的想象相关联。比如他笔下的奥丁有着双重身份，他既是司掌诗歌、战争与智慧的神，也是带领斯堪的纳维亚人的祖先从东土北迁的睿智领袖。

马利特的作品很快就被翻译成各种欧洲语言，并大受读者追捧。这说明，北欧神话相关作品作为记载着“凯尔特人”信仰的材料正好呼应了1760年开始在不列颠群岛流行的新的文化趋势。此时苏格兰诗人詹姆斯·麦克弗森（James Macpherson，1736—1796）开始出版据传是由凯尔特吟游诗人莪相（Ossian）创作的诗歌。这些诗歌原是通过盖尔语口口相传的，经过麦克弗森的重组和再创作后，吸引了大批狂热读者，他们十分欣赏莪相诗歌的字里行间所包含的那种未经驯化的、“原始的”情感。这种原始主义也是马利特收集的诗歌所共有的。与莪相的多数作品一样，马利特笔下的北欧神话充斥着强烈又陌生的情绪，它们讲述的是勇气、是坚持、是宿命，是面对死亡时的无所畏惧。托马斯·珀西主教（Bishop Thomas Percy）将马利特的神话与诗歌集译成了英文并为其取名为《北欧古事》（*Northern Antiquities*，1770），这本书连续印刷了数十年，有多个版本。珀西在翻译这本书的七年前还出版过《如尼诗歌五则》（*Five Pieces of Runick Poetry*），在英国引发了一股北欧“哥特热”。我们在上一章提到，诗人托马斯·格雷也写过此类体裁的诗。虽然珀西的“如尼诗歌”严格来讲并不算神话，但《哈孔之歌》确实是他翻译的（珀西将它命名为《哈孔的葬礼之歌》），也是他最先用英文向大家介绍了瓦尔哈拉与女武神的概念。

游历人间的流浪者

话题回到神话故事，我们看到奥丁仍旧在四处游荡，不同于之前带领部族横跨欧洲，这次他是一个人。虽然他的两只渡鸦每天都会巡游世界为他搜集信息，然后将最新的消息带回至高王座希利得斯凯拉夫（Hliðskjálf），但奥丁也喜欢自己去亲历。他常身披一袭斗篷，头戴一顶宽檐帽，将帽子拉低盖过眉毛来遮掩自己少了的那只眼睛，这样他看起来就与普通人无异了。有一则名字古怪的传奇故事叫作《马毛格拉尼》（*Horse-Hair Grani*），故事里奥丁成了孤儿英雄斯塔尔卡德（Starkaðr）的养父。斯塔尔卡德后来加入威卡尔国王（King Víkarr）麾下，同他并肩作战了好一阵子。有天晚上，长着马毛的格拉尼突然出现了，他划船将斯塔尔卡德带到了附近峡湾的一个小岛上，众神正在此处开会。格拉尼卸下伪装，告诉斯塔尔卡德他就是奥丁本人。托尔见到斯塔尔卡德却怒不可遏，因为斯塔尔卡德的母亲宁可选一个巨人做丈夫也不肯选他，他冲着斯塔尔卡德就是一顿诅咒。奥丁撤销不了这些诅咒，但可以用祝福来抵消诅咒。不过作为斯塔尔卡德支持他的奖赏，奥丁解释说，斯塔尔卡德需要献上祭品：他亲爱的国王。第二天，斯塔尔卡德说服威卡尔国王举行了一次祭司演练。实际上斯塔尔卡德动了真格：原本虚套在国王脖子上的牛肠突然收紧成致命的套索，斯塔尔卡德点在他胸口的细长芦苇变成了与奥丁的武器极为相似的长矛，要了他的命。威卡尔去了瓦尔哈拉，斯塔尔卡德却因为背信弃义成了众所唾弃之人。

在这个故事里奥丁玩了一手放长线钓大鱼的把戏：既把斯塔尔卡德收为了己用，又将威卡尔收为了英灵。还有的时候奥丁会现身给人建议或者示警；虽说他的建议不可忽视，但也并非一定会带来胜利。在瓦格纳的《尼伯龙根的指环》里，沃坦在决定不再直接插手人间事后，就开始以流浪者的身份出现。他想要通过齐格蒙德夺回指环的计划因为齐格蒙德与其妹的不伦之恋宣告失败，自此之后沃坦就只能在人间当个看客了。所以在第三部《齐格弗里德》的第一幕第二场，沃坦是通过齐格弗里德的养父、阿尔贝里希的兄弟米梅（Mime）来获取消息的。米梅不喜流浪者的长相，并不想招待他。但流浪者以项上人头做赌注要和他比智力，就像奥丁在古诗歌《瓦夫苏鲁特尼尔之歌》（*Vafþrúðnismál*，后文我们会讨论）里的做法一样。他轻轻松松就回答了米梅的三个问题，这三个问题刚好带观众回溯了一遍《尼伯龙根的指环》的前情。由于尼伯龙侏儒应下了赌约，接下来的赌注就变成了米梅的人头，除非他也能答上对方的三个问题。米梅的回答证实了齐格弗里德还活着，而且活得很好，并终将杀死法夫纳，夺回指环，但前提是他要重塑齐格蒙德已变成碎片的诺统神剑。

斯塔尔卡德与威卡尔国王之死，《丹麦纪事》（*Danmarks Kronike*）插图（1898）

米梅答不上最后一个问题："谁能重塑神剑？"他试过很多次，但齐格弗里德的力量太强大了，他造的每一把剑都会被折断。不过知道这些足矣，因为奥丁心里很清楚谁最终会重塑诺顿——那就是"无所畏惧之人"齐格弗里德，然后他还会将指环从法夫纳手里夺过来。流浪者笑了笑，并没有要米梅的头。

流浪者又去了法夫纳的山洞，在那里他见到了米梅的兄弟阿尔贝里希，也就是指环最初的主人。阿尔贝里希对着沃坦大放厥词，说等指环到手他要将瓦尔哈拉夷为平地，还要推翻神立下的法则。沃坦不以为意，他唤醒了法夫纳，警示他齐格弗里德要来了，然后招来风暴，御风回到了瓦尔哈拉。等流浪者再遇到齐格弗里德的时候，这位英雄已经拿到了指环和穿上可以改变外形的塔恩魔盔（Tarnhelm）。齐格弗里德正要去找布伦希尔德，被老者堵住了路，他很不高兴。"让开！"齐格弗里德对老者毫无尊重，还威胁要把他的另一只眼睛也弄瞎了。为测试孙子的勇气，沃坦向他描述了沉睡的女武神四周燃烧的火墙，还告诫他不要激怒自己；沃坦说，我就是用这根矛击碎了你父亲的剑。齐格弗里德轻轻一挥诺统神剑，沃坦的神矛就化为了碎片。流浪者赶紧收好碎片，消失在了齐格弗里德面前。他承认，神的法则已经破灭，刻在矛杆上的咒言已经失效，人类将成为自己的统治者。

日常生活智慧的传道者

沃坦最终学会了坦然接受自己神力已尽的事实；在他与布伦希尔德的母亲埃尔达的对话中，他表示虽然自己曾对世界要落入尼伯龙族的侏儒阿尔贝里希手里感到深恶痛绝，但如今他很乐意将世界交给他的孩子齐格弗里德，因为他没有尼伯龙族对权力的贪欲。沃坦预言，有齐格弗里德相助，布伦希尔德将救赎世界。但我们看到，就在埃尔达与流浪者对话时，诺恩三女神却在为这对恋人编织着与沃坦所想截然不同的命运。不过此时的沃坦已欣然接受了诸神的黄昏；齐格弗里德毁掉神矛后，沃坦从此在《尼伯龙根的指环》中消失了。

然而在神话故事里，奥丁常常外出搜寻有关诸神的黄昏的消息，他会询问知晓创世前诸事的女先知，也会和巨人瓦夫苏鲁特尼尔（Vafþruðnir）用项上人头打赌，只为从这位有大智慧的巨人那里探听情况。奥丁探得的消息似乎与他预想的并无出入；更确切地说，他四下咨询上古智者得到的结果更印证了其所知。只是万一,万一有人知道不一样的预言呢？万一有人知道如何阻止诸神的黄昏呢？但《诗体埃达》开篇《女先知的预言》里那位女先知却认为阿萨诸神大多逃不过在诸神的黄昏中陨落的命运。巨狼现在被锁了起来，但终有一天会挣脱链条，导致神族覆灭的一连串事件环环相扣、无可逆转。无论奥丁做什么都改变不了结局。

除了搜寻有关诸神的黄昏的信息外，奥丁对日常俗事也感兴趣。有一天他的妻子弗丽嘉说起奥丁的门生盖尔罗德国王出了名的吝啬，来他殿中的客人非但得不到优待，还会被折磨，奥丁于是伪装成流浪者，化名蒙面人格里姆尼尔准备前去一探究竟。虽然弗丽嘉已经偷偷告诫过盖尔罗德，要小心一名会去他殿中的流浪巫师，盖尔罗德却仍旧没有好好款待他的客人，而是将他安排在了两堆熊熊烈火之间，既没给吃的也没给喝的。最后盖尔罗德的儿子阿格纳将装在牛角里的酒端给客人恢复体力，格里姆尼尔才开口说话。正如我们在第 2 章中提到过的，他细细描述了瓦尔哈拉和其他神殿，教授了一些晦涩的神界知识，还告诉了阿格纳一长串奥丁的化名。盖尔罗德终于反应过来这位神秘囚徒的身份，他赶紧跳起来想给格里姆尼尔换个好地方，不料却被自己的剑绊了一下，身体倒向了剑尖。盖尔罗德受到了应有的惩罚，胸襟广阔的阿格纳继承了他的王位。

在一篇萨迦中，奥丁再次出现在了一座王殿中，与海德雷克国王（King Heiðrekr）比赛猜谜。毫无疑问奥丁又赢了，靠的还是他最喜欢用的刁钻问题（在第 10 章会揭晓）。怒不可遏的国王拔剑要砍他，奥丁变成隼飞走了，甚至还没来得及说出国王将会被自己最下等的奴隶杀死的预言。这场谜语比赛精彩万分，这篇史诗也是现存唯一的古北欧语谜语集。托尔金所著《霍比特人》（*The Hobbit*，1937）中，比尔博（Bilbo）和咕噜（Gollum）谜语比赛情节的灵感就来源于此。作为牛津大学古英语与古北欧语教授，托尔金对这篇萨迦了如指掌。他的儿子克里斯托弗（Christopher）后来将它译成了英文。托尔金在书中所用的谜语大多来自欧洲民间的传统谜语，咕噜的第四首谜语与奥丁所说的其中一首有异曲同工之妙：

> 看不见，也摸不到，
> 听不见，也闻不着。
> 躲在星辰后，藏在山丘下，
> 把空洞填满。
> 它先来一点，再全部赶到，
> 它终止生命，扼杀欢笑。[①]

奥丁的谜语是："它能穿过大地，吞噬湖泊与森林。它害怕木头，却不怕人类。它还会袭击太阳，损伤到它。"这两则谜语的谜底都是"黑暗"。还有比尔博说的谜语"没腿的放在一条腿上，两条腿的坐在三条腿上，四条腿的也分到一点"，虽然没有和史诗的原文一一对应，但结构十分相似，而史诗的谜语描述的也是有好几条腿、好几只眼睛和奇怪身体部位的生物。比如，伪装成流浪者的神还问道："什么东西有十只眼睛和八条腿，膝盖长在肚子上面？"这个谜语的答案只能你自己去猜啦。和奥丁一样，比尔博在最后一个谜语上耍了花招，问了一个只有他自己才可能知道答案的问题："我的口袋里面有什么？"当然，答案就是，指环。

《至高箴言》中的奥丁更像是一个分享日常生活智慧的传道者：

---

① J.R.R. 托尔金：《霍比特人》，吴刚译，上海人民出版社，2013。——编者注

教你身处陌生的殿堂时要如何行事（不要大吃大喝，要说话但不要说蠢话）；过冬时要确保自己有足够的柴火，检查屋顶的木瓦是否牢靠。还有一些格言则更有奥丁的风格："要想夺取邻人的命或财产，就必须早起，因为懒惰的狼抢不到肉。"（那些传奇故事充分证明了这是个好建议。）书中还将爱上虚伪奸诈的女子比作瘸着腿在刚解冻的山坡上追逐驯鹿和不穿钉鞋在冰上骑一匹生性活泼、还未驯化的两岁小马，这些都是来源于生活的形象比喻。诗集开头部分的主题则多是友情、胸襟、死亡和节制。

也是从这本诗集里我们知道了奥丁为赢得诗的蜜酒发生的一些事，知道了他从祖父那里学来的九条强大的咒语，还有最重要的，知道了他为了获得如尼文知识将自己吊在伊格德拉西尔上的那场仪式。这些如尼文字似乎是出现在了树下；奥丁呼号着将它们拾起，准备以后将它们教给诸神与人类。奥丁告诫说，你们必须对如尼文字抱有敬畏之心；一位真正的学者必须懂得如何正确地刻写它们，如何填色，选择何种材料雕刻，以及如何翻译它们。

超越时间、拥有灵力的如尼文

如尼文是中世纪早期斯堪的纳维亚以及英国使用的文字系统。它起源于意大利北部一种常见的字母，可能在大迁徙时代（300—800年）被带到了斯堪的纳维亚。鲁德贝克认为如尼文是"原创"字母，从亚特兰蒂斯的原身瑞典向南传播，启发了希腊字母和罗马字母的创造，当然这观点是错误的。如尼文字都是由直线条组成，所以刻在如石头、木头这样坚硬的表面会非常容易。最初的"老"北欧古字母表（futhark），也就是如尼字母表，有 24 个字母，后来简化成了只有 16 个字母的"新"北欧古字母表。Futhark 一词由字母表的前 6 个字母组成，th 由单个字母 þ 表示，读法与 thorn 里面 th 的读音一样。每个如尼字母都有一个以该字母开头的名称 ，如 M = maðr，意为“人”，B= björk，意为“桦木”，等等。

在神话中，如尼文是在法术仪式中使用的。在一首诗歌中，一位女武神解释说求胜的如尼文应当刻在剑身上；麦芽酒的如尼文可以解毒，所以应当刻在喝酒的角杯上；助人的如尼文应当刻在分娩的妇人的手心上；大海的如尼文则应当刻在船头、船桨和船舵处。还有的如尼文有治愈的功效，能在诉讼中让人变得能言善辩，或者让人变聪明。一些传奇故事里也提到了如尼文的法力：有位叫埃吉尔（Egill）的主人公怀疑他的酒里被人下了毒，于是用小刀刺破了手掌，将一个如尼文字刻在了角杯上，然后涂上鲜血。角杯立时裂成碎片，致命的液体流到了散落在地的稻草里。再后来，有个女孩病得越来越厉害。埃吉尔调查之后发现是因为当地医生刻的治愈如尼文咒语没有刻全。他将刻在骨头上的如尼文刮掉，把骨屑烧了，又重刻了新的，将骨头塞回了女孩枕头底下。女孩醒了过来，虽然还是很虚弱，但身子和头脑都没有任何问题了。

如尼文拥有的这种灵力更像是杜撰出来的，尤其是在基督徒留下的那些文学记录里。如尼文主要是一种书写系统，用于记录信息、远程交流，也常用来纪念死者。位于斯堪的纳维亚及其殖民地上的那些大型如尼文纪念碑就是人们为纪念家庭成员、记录往事而竖立的。我们有幸在 1955 年于挪威卑尔根（Bergen）的一个港口挖掘到了一批木条。这些中世纪后期的木条表明了人们除了用如尼文来祈祷和诅咒外，还会用它来传达日常消息，比如“吉莎让你赶紧回家”或者“吻我！”。后文插图上就是一根来自 14 世纪的木条，上面用如尼文刻着如诗般优美热烈的文字：

> 我爱上了别人的女人，爱到山川为之震动；她是无与伦比的女子，我们如此深爱，爱到天地为之崩裂；爱到黑鸦白如雪，我才会离开她。

位于瑞典东约特兰的勒克（Rök）如尼文石碑（编号 136，9 世纪）

刻有如尼文的木条，来自挪威卑尔根（14 世纪）

如果真的有魔法，那就是奥丁发现的如尼文：它可以超越时间，它比人的记忆、比口口相传的故事更为可靠，比人的生命更为恒久。

维多利亚时代的作家兼哲学家托马斯·卡莱尔（Thomas Carlyle，1795—1881）曾在 1840 年做过一系列演讲，主题是英雄是如何造就的，以及我们为何需要英雄。卡莱尔的第一场演讲《神明英雄奥丁异教》（*The Hero as Divinity*），主要讲的就是奥丁。他提出了一个大家今天都非常熟悉的论调，即英国人是维京人的后裔，他还指出古代北欧异教“非常有趣而且是我们祖先的信条；我们的血管里仍流着他们的血，毫无疑问，在许多方面，我们同他们仍有相似之处”。卡莱尔认为奥丁并不是神，而是从前文讲的迁徙故事演变成神的。奥丁肯定有一个历史原型，他身负日耳曼和盎格鲁－斯堪的纳维亚双重血统，因此是英国人的祖先。卡莱尔认定：“无疑曾经有过最早的导师和首领，肯定有过实际存在的奥丁这个人，奥丁这个词不是形容词，而是指实在的有血有肉的英雄人物！”在卡莱尔看来，奥丁获得诗的蜜酒和如尼文的故事，是为了象征他不仅作为一名军事领袖同时还是一位文化英雄所取得的成就。因为奥丁——

> 不仅是粗犷的首领和战士，以他野蛮的炯炯目光识别应该做什么，并以他狂暴的雄狮般的勇猛把事情完成；而且还是一个诗人，即我们所谓的诗人、先知和非常虔诚的思想家和发明家——像真正的伟人一样。[①]

卡莱尔以为，奥丁既发明了书写，又解放了巨人强占却从不使用的诗歌的力量，是名副其实的发明家和诗人。

然而，在20世纪，如尼文被赋予了一种神秘色彩。新时代的信徒们用它们来进行占卜，利用传统如尼文字的含义如“财富”“姻缘”“胜利”“骑马”“快乐”等来算命。更有甚者觉得自己能通过这些如尼文来呼风唤雨，召唤自然之物，如橡树、白桦树、紫杉、冰、雹等等。自格林及其追随者提出理论说，斯堪的纳维亚的诸神也是日耳曼民族的神，他们的习俗可以在日耳曼民间传说里寻得踪迹，如尼文拥有魔力这一说法就在20世纪早期的德国流行开来。在德国还出现了一种理论，认为布拉瓦茨基夫人（Madame Blavatsky）创立的信奉神秘哲学主义的神智学可以与雅利安人是更高等、更文明的种族的想法相结合：而雅利安人古老神秘的秘密有一部分就藏在如尼文中。的确，有一些信徒笃信每个如尼字母都包含了一条咒语，有可加以利用的法力。他们声称，这种古老宗教一直遭到基督教的压制，但可以从北欧神话中寻到蛛丝马迹。虽然除了希姆莱外的纳粹党成员都看不起如尼巫术，也不屑于复兴沃坦主义来取代基督信仰，但纳粹标志用了很多如尼字母，其中最臭名昭著的就是纳粹党卫军的徽章。更夸张的是，有些如尼文狂热爱好者相信如尼文字所蕴含的巨大能量可以被聚集起来，通过肢体动作被运用，比如如尼瑜伽和如尼体操，用手和手指摆成如尼文字的形状，以及最最令人震惊的，用瑞士传统的约德尔唱法吟唱如尼文。

---

① 托马斯·卡莱尔：《论历史上的英雄、英雄崇拜和英雄业绩》，周祖达译，商务印书馆，2011。——编者注

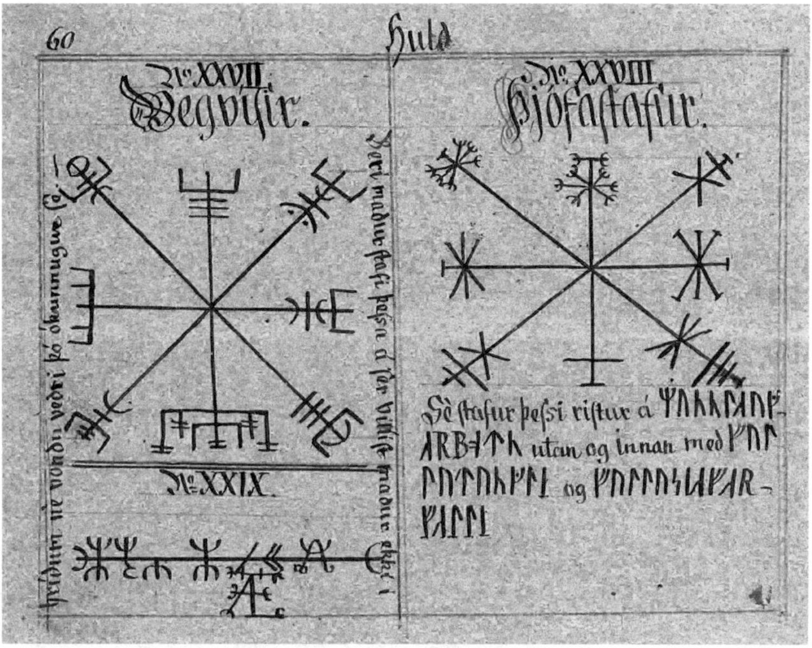

一份来自冰岛的手稿上的如尼法咒（1860）

象征思想和记忆的渡鸦

名为福金和雾尼（意为“思想”和“记忆”）的两只渡鸦是奥丁情报网的重要成员。它们负责每天飞出去巡视世界，再将重要的信息带回来。在一首诗歌中，奥丁说他担心如果二鸟发生了意外，自己的力量和统治的基础会被削弱，并隐晦地暗示，比起福金来他更担心雾尼（因为相比其他的认知力量，记忆更为脆弱且难以预测）。在《尼伯龙根的指环》中，瓦格纳为它们指定的任务是传递消息。布伦希尔德在监督齐格弗里德火葬仪式上的柴堆搭建时，发现了沃坦的渡鸦正在监视人间的情况，当然也是在为它们的主人追踪指环的动向。“回去！你们这对渡鸦，”她怒喊，“把你们在莱茵河边听到的都告诉你们的主人。”她还说，它们在回去的路上应该去一趟她曾经待过的、被火墙包围的山顶，在那里把洛戈召唤来，让他去瓦尔哈拉彻底地摧毁这座神殿，让沃坦安息。见布伦希尔德燃起了柴堆，两只渡鸦果真飞走了，将神之末日的消息带了回去。

版画上的奥丁（仿），原作为洛伦茨·弗里希绘（1845）

在现代受北欧神话启发而写的小说里，渡鸦不再仅作为奥丁的重要象征出现，而是成为角色之一。在乔安娜·哈里斯的洛基系列小说

彩插图 1
伊格德拉西尔，来自冰岛手稿纵长版埃达（1680）

彩插图 2
瓦尔哈拉与耶梦加得，来自冰岛手稿纵长版埃达（1680）

彩插图 3

《海洋地图》(*Carta marina*)，乌劳斯・马格努斯绘（1539，此为 1572 年版）

OCEANVS SCITHICVS
FINMARCHIA
SCRICFINNIA
BIARMIA
LACVS ALBVS
LAPPIA OCCIDENTALIS
LAPPIA ORIENTALIS
MARE BOTNICV
BOTNIA OCCIDENTALIS
CARELIA
MEDDELPADIA
MARE SVETICVM
MOSCOVIE PARS
RVSSIA ALBA
NOGARDIA
LIVONIA AQVILONARIS
MARE LIVOICVM
LIVONIA AVSTRALIS
RVSSIA
CVRETES
SAMOGETHIA
LITVANIE PARS
GOTTANDIA
MARE GOTHICVM
PRVS

彩插图 4

《致命女神》，威廉·布莱克绘，《托马斯·格雷诗集》（*The Poems of Thomas Gray*）插图（1797—1798）

彩插图 5
《布伦希尔德骑马跃入火焰》(*Brünnhilde Rides Grane into the Flames*)，亚瑟·拉克姆绘，《齐格弗里德与诸神的黄昏》插图，(1924)

彩插图 6
《托尔与巨人的战斗》(*Thor's Fight with the Giants*)，马滕·埃斯基尔·温厄(Mårten Eskil Winge)绘(1872)

彩插图 7
《托尔击打尘世巨蟒》(*Thor Battering the Midgard Serpent*)，亨利希·菲斯利绘（1790）

彩插图 8

《女武神》（*The Valkyrie*），彼得·尼可莱·阿部（Peter Nicolai Arbo）绘（1869）

彩插图 9
爱德华·伯恩琼斯，《前往文兰桃源》(*Voyage to Vinland the Good*)，威廉·莫里斯委托其为凯瑟琳·罗里拉德·沃尔夫在文兰的庄园所绘，(1883—1884)

彩插图 10
《维京人的葬礼》，弗兰克·迪克西绘（1893）

彩插图 11
《仲冬献祭》，卡尔·拉松绘（1915）

彩插图 12

《维京时代》（*The Viking Age*），比约恩·诺加德（Bjørn Nørgaard），献给丹麦王后的哥白林挂毯（1991—1997）

彩插图 13（上）
《红发埃里克发现格陵兰》（*Erik the Red Discovers Greenland*），延斯·埃里克·卡尔·拉斯穆森（Jens Erik Carl Rasmussen）绘（1875）

彩插图 14（下）
《瓦尔哈拉》（*Auf Walhall*），卡尔·路德维希·普林茨（Karl Ludwig Prinz）绘（早于 1911 年）

（在第 5 章会讨论）中，洛基与奥丁是竞争关系，洛基总是把奥丁叫作独眼老家伙：虽然两人最初是结义兄弟，他们的分歧却越来越多。在早年两人有过一次争吵，当时洛基看到福金和雾尼，“众神之父思想的鸟态化身，朝我咂嘴，还对我怒目相向”。两只渡鸦虽是奥丁的密探，但很容易就被洛基收买了，为了块蛋糕泄露了重要消息，因为它们“与其同类一样，喜食甜软之物”。洛基站在彩虹桥比弗罗斯特（Bifrost）上，手托一块水果蛋糕，把两只鸟引了过来。因为嘴里塞满了吃的，两只鸟说话有些含混，雾尼给了一个提示，他提到了神谕预言里的一句话：“梣树伊格德拉西尔所立之处将震颤。”虽然鸟儿们含糊其词的样子实在可笑，但不妨碍洛基明白了神树的震颤是诸神的黄昏开始的征兆。有些重要的事情在悄然发生，让奥丁不得不为自己打算。

后来，巴德尔死后，洛基一直在东躲西藏，最后渡鸦追踪到了他的藏身之处。因为还想要蛋糕吃，两只渡鸦只是以威胁的口吻告诉洛基，奥丁要惩罚他，并提醒他，他的两个儿子还在阿萨神域。和黑手党的那些硬汉一样，这对不善言语的鸟只负责传递消息，见洛基在拖延时间，它们就飞走向主人禀报消息去了。在诸神的黄昏决战开始前，两只渡鸦再次出现在了洛基面前，这次它们化成了人形。雾尼被一盘子蜜饯吸引，只会嘎嘎叫。福金比他能说多了，操着一口苏格兰口音，将奥丁最后的条件原原本本告诉了洛基。预言仍可破解，诸神的黄昏不会到来，只要洛基愿意解除与女巫海德（Heid）的联盟。虽然福金暗示洛基，他其实是被神谕操控了，让他感到不安，但这位谎言与诡计之神仍不肯妥协。

伊丽莎白·诺克斯（Elizabeth Knox）的奇幻巨著《绝对之书》（*The Absolute Book*，2021）将人间和仙界设定成了两个相互挨着的世界，奥丁为了跟踪主人公的父亲，也会出现在人间。奥丁还允许特定之人来到密米尔泉边，符合要求者，可以取得与自身境况和性格相称的智慧，代价则是他们会走向无法预知的命运。这本书里的两只渡鸦都是女性：“每一个睿智的男性神明背后都有一位女军师。”超能力主角团成员谢福特（Shift）在介绍雾尼时这样说道。“它会说话吧？”思想开明的警察雅各布问。“是的，”谢福特回答，“但它只在该说话的时候开口。”这对渡鸦姐妹生性健谈，处事机敏，可以在两个世界间自由穿梭。它们还能改变时间的法则，传递重要信息，不止一次将局势挽救了回来。后来我们知道了，渡鸦是对奥丁在密米尔泉献祭掉的那只眼睛的补偿。诺克斯在书中沿用并详细解释了奥丁的认知系统所具有的情报网属性：凡渡鸦所知，即为奥丁所知。渡鸦俩姐妹中雾尼的角色更为重要，因为它可以通过精神传递消息。在雅各布躺在重症监护室时，就是它将关键的幕后消息直接传到了雅各布的意识里。有时雾尼也非常乐于释放自己乌鸦的天性：“平生第一次我不想干坐在这儿玩手指。”雅各布抱怨。雾尼似乎是俏皮地眨了下眼，回答说它可以帮他玩，前提是要先把他的手指剁下来。雾尼聪慧明智，有时喜欢讽刺，有时又很务实，是这本错综复杂的小说中刻画得最深入人心的角色之一。

冰岛乐队诗格洛丝（Sigur Rós）在 2020 年 12 月发布了一张名为《奥丁的渡鸦魔法》（*Odin's Raven Magic*）的专辑，其创作灵感来源于冰岛一首极为晦涩难懂的同名诗歌，该诗歌大约写于 17 世纪，模仿的是《诗体埃达》里的诗歌。诗歌本身并没有直接提到渡鸦，但专辑曲目里提及了诗歌里出现的众多主题和人物，如奥丁、矮人、海姆达尔以及拉太阳和月亮的马。诗歌大意是众神因为诸神的黄昏的种种预兆而惶惶不安，于是聚到了一起；然后一名神秘女子出现了，海姆达尔被派去询问她都知道些什么。女子不愿说话，只是不停地哭，最后众神朝着不同的方向离去，只留下奥丁一人。此诗歌在 21 世纪初还曾被谱写为管弦乐章，并在伦敦举行了首演。

诱骗与交换：星期三先生

我们在第 1 章讲过尼尔·盖曼的小说《美国众神》的高潮部分，

即影子为星期三先生的尸体守灵，将自己吊在世界之树上，历经磨难，最后死去。在影子同意为星期三先生做事后（两人用蜂蜜酒见证了契约），星期三大方承认了对他的指控："该死的，我当然是骗子了。"确实，骗子就是他的本质，欺骗交易和权力游戏是他惯用的手段。两人在一起相处了一段时日后，星期三才对影子坦白自己就是奥丁，而影子比读者还要稍晚一些发现自己老板的身份。"'奥丁？''奥丁。'星期三低声说，海浪拍打海岸的轰隆声也无法压住他的低语。"奥丁，也就是星期三仍记得他旧日所用的那些法术知识，他甚至对着影子诵读了一遍《至高箴言》中的十八条咒语。他会如尼巫术，也会施展魅术让女人对他言听计从。但是，与其他勉强维持着穷困潦倒的生活的旧日之神一样，他能感觉到自己的力量在日益衰退，因为他没有了信徒——对神明来说，信仰需要祭祀，祭祀则意味着流血。就像在一次不合时宜的梦境中，影子发现自己身处乌普萨拉，这里正在举行盛大的节日仪式，在用木头搭建的神庙四周，祭祀用的人、马还有狗被吊在漆黑的树林里，晃来晃去。我们在第 1 章讲到奥丁死于新神之手，但他的死只是暂时的，这不足为奇，因为："对于神祇这门生意而言，死亡并不重要。这是一个机会，重生的机会。"奥丁这样说道。在第 10 章我们会进一步探讨影子和星期三先生之间的关系，以及影子在树上所受的磨难包含的终极意义。然而在小说的结尾，影子被卷入了星期三的阴谋，最终也走上了流浪者的道路。在雷克雅未克，他在长满青草的河岸边坐下，欣赏着自己身处其中的这个城市，一位头戴宽檐帽的独眼老者走了过来，用冰岛语问影子是否记得自己，影子把星期三的玻璃假眼给了他，这是新世界送给旧世界的礼物。

漫威宇宙里的奥丁

如果说星期三先生引发大战是为了重振自己日益衰弱的力量，那同样漫威电影的宇宙里诸神的黄昏也是由权力之争而起。至今漫威围绕这个主题共创造了四部电影：《雷神》(2011)、《雷神 2：黑暗世界》(2013)、《雷神 3：诸神黄昏》(2017)以及《雷神 4：爱与雷霆》(2022)。漫威的奥丁是九界领主、万物与众神之父，他最关心的事情是选谁来继承他的位置最为合适。电影的故事背景是奥丁对霜巨人发动了战争，夺取了远古冬棺，又从火巨人苏尔特尔那里抢走了永恒之火。他打败了各种怪兽，一统九界，为宇宙带来了和平与稳定。完成宏伟大业后，奥丁进入了“奥丁之眠”，卸去职责，开始养精蓄锐以恢复神力：这就给了他人作乱的机会。奥丁的女儿海拉(Hela)成了众英灵的主将和首领，但她治军过于残暴，在篡位失败后，被奥丁流放到了冥界。“奥丁和我曾让整个文明淹死在血泪之中。你以为这些金子是哪儿来的？然后，突然有一天，他决定做个仁慈的君王了。”海拉后来告诉托尔。托尔是奥丁与妻子弗丽嘉所生的儿子；洛基虽是霜巨人首领劳菲(Laufey)的孩子，但也是奥丁视如亲子抚养长大的。在漫威里劳菲是洛基的父亲，不过劳菲明显是个女子名，在北欧神话中是洛基的母亲。

在电影开场时，奥丁准备退位，并属意托尔做他的接班人。有几个胆大妄为的霜巨人偷袭了藏有远古冬棺的武器库，虽没有成功盗走法宝，却激怒了托尔。托尔违抗了奥丁的命令，领兵攻向巨人的王国约顿海姆(Jotunheim)，意欲报复。托尔的行为让奥丁觉得他还没有准备好登上阿萨神域的王座，于是决定暂不退位。尽管阿萨神域外患未了，托尔与洛基之间的权力之争居然一直到奥丁被放逐到地球才告终。奥丁被放逐到了纽约的绿荫园护理中心(Shady Acres Care Home)，然而，他挣脱了洛基的咒语从这家护理中心逃了出去，并重拾流浪者的身份，开始在世界各国游历，力竭之后，他选择在挪威死去。在那里，他向托尔和洛基示警，诸神的黄昏就要来临，他一死，海拉便会冲出冥界。随后奥丁回到了瓦尔哈拉，如托尔所说：“勇者将在那里永生。我们应该高兴而不是哀伤，因为他们死得光荣。”

ᛉ

我们现在知道了神话传说里的奥丁履行着各种各样重要的职责：他扶持国王上位、不断追寻智慧、四处行骗、把自己伪装成流浪者在人间行走。他醉心于收集有关诸神的黄昏的消息，也许是希望能改变世界终结的既定局面。现代作品里的奥丁被这个死局所限制，知道神治时代终将结束，让他觉得自己所能成就的一切都不重要了。正如音乐评论家汤姆·瑟维斯（Tom Service）所说："《尼伯龙根的指环》这部歌剧建立在沃坦的弱点之上。"确实，瓦格纳笔下的沃坦在第二部开场时就意识到神族在没落。他无法防止神权陨落，就只能尽力地去阻止指环落入尼伯龙族的侏儒阿尔贝里希手里，否则以阿尔贝里希的秉性，后果将不堪设想。

对于盖曼以及漫威的编剧来说，从人类彻底转向新神起，或从奥丁心力不支，无力再应付邪恶势力、女儿刻骨的恨意和儿子们想要统治九界的野心起，奥丁就成了老古董一样的存在了。他代表的是已经走向衰亡的父权秩序，是与政治实用主义结合的英雄主义。无论是在新神当道的世界，还是在人类掌握自己命运的新世界，这些都无法立足。他能给的东西已经失去了价值，所以只能奋力一搏，却不知未来并没有他的一席之地。

我们在上一章讲到，道格拉斯·亚当斯笔下的奥丁与律师和广告商达成了协议，靠出卖其他神明换取了豪华疗养院的床位。这里的奥丁是一个年迈的白人男性的形象，是一位抓着权力和私利不放的老派大家长，为了前路可以不惜一切手段。但他总是被他的对手低估；其实他还有可以使用的力量，一直到诸神的黄昏前他才最终被打败。他仍是个强大的人物，是"宇宙右翼派"的宠儿，是另类右翼运动的精神领袖。在伊丽莎白·诺克斯的《绝对之书》中，仙女妮芙（Neve）说："这事最好别让奥丁知道。我们还不确定他的意图是什么，他这些天很不对劲。他的思想已经被一众邪恶的新信徒带偏了。”“你是指那些在自己乳房上文着瓦努克[①]图案的白人种族优越论男性吗？”警察雅各布问道，但其实他心里早就有了答案。而另一边，奥丁的儿子托尔在北欧神话和现代文化的想象中占据了与其父完全不同的位置，我们在下一章会分析。

① 瓦努克（valknut）是北欧文化中的神秘符号之一。Valknut 可以分拆为两个词，valr 意为“被杀的战士”，knut 意为“结”。结合起来，瓦努克就是死亡战士之结。——编者注

第4章

守护神托尔

从神话到超级英雄

虽然北欧神话中的托尔不是在咆哮就是在舞锤，但他与人类之间有着紧密的联系。他是人类的守护神，特别是在打鱼、远行和农事上。但一个以蛮力著称的英雄在一个不崇尚武力的年代混得并不容易，在现代这些重塑北欧众神的作品中，他必须与人类情感、与对手作斗争，正是那些失望、背叛 、胜利和悲难让他成为当代重要的幻想英雄：因为他太过人性化，所以仍能以共情的方式与我们对话。

在冰岛，出行者在登船时会随身携带从状似王座的高背椅上卸下的立柱，立柱上往往刻着托尔的像，在看到陆地时他们就会把立柱从船上抛出去。跟随立柱漂流的轨迹，或者更多的时候运气好，立柱直接落地，然后在岸上被找到，那就是新生活开始的好兆头。

《诗体埃达》和《散文埃达》两个版本里记录的有关托尔的神话非常类似。一个把托尔描绘成了强大的巨人杀手（见彩插图6），他平日不待在神域，而是在东部边境巡逻以防巨人侵扰；他也会冒险进入巨人王国约顿海姆，用锤子敲碎巨人的头骨和身体。不论男女巨人，对这位神来说都只是游戏对象。另一个则倾向于为托尔加上喜剧的光环，嘲讽他的男子气概与蛮横凶残，将他刻画得格外大男子主义，他的力量只会让人觉得棘手；那些他众所周知的故事在告诉我们托尔也不过如此。其中有个记载在《索列姆之歌》（*Þrymskviða*）中的滑稽故事，讲的是托尔有天醒来，发现自己的神锤妙尔尼尔被偷了。小偷是极度自负的巨人索列姆（Þrymr），他说只有答应把弗蕾亚给他做新娘他才肯归还神锤。但弗蕾亚不肯配合，无奈之下托尔只好自己扮作新娘，让人送去了约顿海姆。虽然索列姆看见新娘炯炯冒火的双眼和巨大的胃口后有些怀疑，但他还是拿出了妙尔尼尔来庆祝婚礼。神锤一出，索列姆立刻被托尔反杀。还有一个故事里，托尔的父亲奥丁假扮成他人去愚弄自己的儿子：他不让托尔跨过峡湾，和他玩猜谜，嘲弄他，最后还让他绕远路过去。

在最出名的一个故事里，托尔和同伴被遣去拜访强大的巨人乌特加德－洛基（Útgarða-Loki）。前往巨人殿堂的路途遥远，路上一行人被一个名叫斯克里米尔（Skrýmir）的巨人耍得团团转。他们在巨人的手套里度过了一晚上，觉得这是个十分方便的住所。

左：《托尔》，爱德华·伯恩－琼斯（Edward Burne-Jones）绘（1883—1884）。右：托尔扮作索列姆的新娘，埃尔默·博伊德·史密斯（Elmer Boyd Smith）绘，艾比·法维尔·布朗（Abbie Farewell Brown）《巨人时代》（*In the Days of Giants*）（1902）插图

斯克里米尔说要和他们分享自己的食物，结果袋子被施了法术的绳子系得紧紧的，怒不可遏的几人打算趁巨人睡着了用妙尔尼尔击碎他的头骨，却发现巨人根本杀不死。在乌特加德－洛基的殿中，双方比试了食量、赛跑、喝水，而最后一场比赛，内容竟然是比谁能举起一只猫，只是托尔几人在一系列比试中均以惨败收场。最丢脸的是，最后一场托尔甚至在角力中输给了巨人年迈的女仆。故事最后乌特加德－洛基说出了真相：其实他是用了一系列幻术赢得了比赛。惊讶于托尔的力量，巨人表示他永远不会再冒险让托尔进到他家里来了。事实上，斯克里米尔就是乌特加德－洛基假扮的，要不是他在妙尔尼尔

砸下时迅速找了座山挡着，他早就被托尔杀了。托尔一行人在比试中的对手分别是：可以一下子吞噬掉全部食物的火、没有人可以比之更迅捷的思想、末端藏在海下的号角杯——托尔其实喝掉了很多水，甚至引发了潮汐，而托尔举不起来的那只猫的真身是尘世巨蟒耶梦加得，与托尔角力的老妇人名为伊里（Elli），是年老的化身。但即便如此，这个探险故事也不免给人一种托尔是个笑话的印象。

诗歌《欺骗吉尔维》中记载的故事是拜访乌特加德 - 洛基的续篇，讲了托尔和另一位叫提尔（Týr）的神一起前去拜访巨人希密尔，因为希密尔有一口巨大的锅，两人想借来给众神之宴酿酒用。托尔把希密尔家吃空了，于是希密尔提议第二天去钓鱼补充食材。希密尔是个谨小慎微的巨人，他害怕蛰伏在深海的耶梦加得，不愿把船划去太远的地方。然而托尔奋力把船往远处划，抛出鱼饵——希密尔心爱之牛的牛头，结果这一钓，钓上来的不是别的，正是巨蟒耶梦加得。托尔与巨蟒四目相对，看起来这位神是想把怪物就地正法了，希密尔惊恐之下赶紧拿刀将绳子切断，不然托尔就要打破二人会在诸神的黄昏相遇并同归于尽的预言了。有个版本说托尔击中巨人的耳朵，于是希密尔掉下船淹死了；另有一版说他们带着一对鲸鱼回了家，托尔也成功从希密尔那里赢来了大锅。

在杀巨人这件事上，托尔从不手软。他绝不饶过攻击他的女人，一被挑衅就诉诸暴力：他的神锤妙尔尼尔永远在他触手可及的地方。托尔的母亲名为娇德（Jörð），意为“大地”，本身就是一位巨人，但托尔却并不愿意与母族的人亲近。如我们在第 2 章所见，他完全不顾之前的誓言杀掉了巨人建筑师。还有一次他探险回到家里看见奥丁邀请了巨人赫朗格尼尔（Hrungnir）与众神一同宴饮，于是暴怒，差点儿没忍住当场灭了父亲的客人。不过虽然奥丁屡屡不忠于自己的妻子弗丽嘉，托尔却似乎是个模范丈夫。当然托尔也没什么机会外遇：和其他神明不同，托尔并不想与女巨人有身体接触，无论她们有多貌美。而且鉴于托尔屠杀巨人的斑斑劣迹，也没有女巨人愿意接受他。在和其他女神的交往中也未见托尔强调自己的男性魅力。托尔的妻子西芙（Sif）就没有那么守规矩了；奥丁说她在丈夫外出巡逻约顿海姆边境时在家养了一位情人。有一回洛基搞恶作剧（或者是蓄意报复），把西芙的金发全剪了，不过故事并没有讲他是如何接近西芙完成这个需要亲密接触才能做到的事情的，但诗歌《洛基的叫骂》（*Lokasenna*）中写到，洛基在一次宴会上将在座诸神一个个羞辱了个遍，还提及西芙曾为他扫榻以待。托尔出现在了诗歌结尾，他抡着大锤，咆哮着威胁洛基要杀了他。洛基又连珠炮似的对他一番羞辱，说托尔在斯克里米尔手套里过夜时吓得缩成了一团，说他连巨人装食物的袋子都打不开（其实是被魔法绳系住了），还说他到了诸神的黄昏面对巨狼时可就不会像现在这么英勇了。不过最终，洛基同意大家和好离去。“因为我知道你真的会用锤子砸死我。”他说。

往下看我们会发现，托尔身形高大、脑子不太好使，总是挥舞着大锤咆哮恐吓人的形象已经深入人心了。尽管如此，但毋庸置疑，这位神在古代北欧宗教信仰中具有非凡的意义。从人们所取的地名和人名来看，在挪威和冰岛，托尔似乎是众神中最为重要的一位。在诗歌中，他被称为神之家园阿萨神域以及人界中庭（Miðgarðr）的守护者；他还有一个称谓叫作圣所保卫者。除了为私利操纵国王命运的奥丁外，托尔算是众神之中对人类最感兴趣的一个了。

托尔有两位人类仆人，名为提亚尔菲（Þjálfi）和萝丝克芙（Röskva），两人是一对兄妹。托尔在人间行走时，不会麻烦主人家去杀自家的牲畜招待他，而是会把自己的两头羊杀了吃，等第二天羊就会复活。但提亚尔菲没有听托尔的话，在吃拉双轮马车的神羊时，砸开了羊的髓骨，神羊无法复活，所以提亚尔菲兄妹被托尔收为了仆人。托尔自认为他为人类做的最大贡献就是：如果不是他杀了那么多巨人和巨怪，这些邪恶生物将会在人界和神界横行。

位于丹麦耶灵（Jelling）的石雕，画中是钉在十字架上的耶稣（约965 年）

守护神托尔的兴起与式微

据我们所知，托尔在冰岛居民心中的地位比其他神都要高。人们很早就为他建立了神庙，用他的名字取名；还有人说是他带领挪威移民找到了最适合的居住地。在冰岛，出行者在登船时会随身携带从状似王座的高背椅上卸下的立柱，立柱上往往刻着托尔的像，在看到陆地时他们就会把立柱从船上抛出去。跟随立柱漂流的轨迹，或者更多的时候运气好，立柱直接落地，然后在岸上被找到，那就是新生活开始的好兆头。如果将现存的“托尔之锤”的数量作为评判标准，那考古证据足以说明这位神受欢迎的程度。这些小锤子由金属——通常是银或锡打造而成，人们用皮绳将它们穿起来戴在脖子上作护身符，希望神力能保佑和帮助自己，尤其是在打鱼、远行和农事上。虽然弗雷才是为畜牧和土地带来收成的丰饶之神，但不论是出海还是下地，想要收成好就必须要有好天气。除了托尔要求农民埃吉尔把他的两个孩子给自己当仆人外，神话中并没有记载太多他与人类往来的故事，但我们可以从萨迦中看出托尔这位神的重要性。当基督教传教士来到冰岛后，很多诗歌和传奇都将他们宣导的神“白色基督”与托尔做比较，而基督通常是不占上风的那个。《基督教传奇》（*Kristni saga*）就讲述了传教士桑布兰德（Þangbrandr）的船只在风暴中遇难后，一位名叫斯坦诺恩（Steinunn）的女子是如何作诗贬低基督教徒的。她说，托尔将这只“海上猛兽”拖出了水，再一甩、一拍就将船在岸上砸得粉碎；在第二首诗里，斯坦诺恩还说即便有“守钟人”（指牧师）在，也阻止不了托尔砸死这“海上的公牛”（指船只）。基督庇佑不了它，上帝亦不在意它和他的信徒。一比零，托尔胜。

但后来斯堪的纳维亚逐渐转信基督教，基督确实赢了托尔。据斯诺里・斯图鲁松编纂的《挪威列王传》等史书记载，推行基督教的奥拉夫·特吕格弗松国王（Óláfr Tryggvason）带人闯入特隆赫姆（Trondheim）的神庙，毫不犹豫地推倒了托尔的神像。他的继任者圣奥拉夫（Óláfr the saint）前去劝说一位内心坚定的异教徒改信基督教，这位名叫古德布兰德（Guðbrandr）的异教徒认为见国王时带着托尔的神像能帮到他，尤其考虑到国王信奉的神是看不见的。于是他真的把托尔像带到了会议上，与会双方分别是以古德布兰德为首的达利尔（Dalir）农民和国王及其手下。这是一尊巨大的神像，托尔手持大锤，由金银装饰，内部中空，每日都有人供奉面包和肉。国王让人群去看升起的太阳，见众人的注意力转移，国王的随侍科尔贝恩（Kolbeinn）用力砸向了雕像。神像倒下，摔裂开来；和猫一样大的老鼠、田鼠、蛇还有蟾蜍纷纷逃窜。托尔不仅没有显灵，他的神像还成了害虫聚居的地方，包括古德布兰德在内的达利尔人当场同意成为基督教徒。这则“揭穿假神像”的故事非常有名，里面不仅提到了北欧众神，还提到了希腊诸神；还有一个与之相似的故事，讲的是弗雷的神像。

随着众人纷纷改教，铁匠把锤子形状的模具改成了十字架形状，还有些创新的手艺人甚至造出了锤子和十字架结合的模具给那些两边都信的人用。根据斯诺里的记载，奥丁的角色是确定的，那就是自特洛伊而来的王、斯堪的纳维亚人的祖先，但有关托尔的记录，却有两个不同版本。在其中一个版本里，他是特洛伊国王普里阿摩（Priam）的孙子，名唤特罗尔（Tror）。特罗尔从小在色雷斯（Thrace）长大，后杀害了自己的养父母夺取了王位。他在世界北部游历途中遇到了西比尔（Sibyl）并与之成婚；斯诺里解释说西比尔就是西芙。特罗尔在打败了巨人、狂战士还有一头凶猛异常的龙之后回到家中，和妻子生了几个孩子。经过数代之后，奥丁出生，然后就是前文所讲的，奥丁带领族人向北迁徙。但在《散文埃达》的另一处，斯诺里说特洛伊王子赫克托尔（Hector）就是托尔，因为这位神有个名字叫厄库－托尔（Öku-Þórr，意为“拉载着托尔”，指的是托尔的羊拉马车）。如斯诺里所说，厄库－托尔听起来确实有点像“赫克托尔”或者“埃克特”。但关于赫克托尔王子，我们能确定的只有他是被阿喀琉斯（Achilles）所杀。据不来梅的亚当所述，虽然托尔的塑像在乌普萨拉备受尊崇，他却并非斯堪的纳维亚王室的祖先。所以，在中世纪后期有关北欧众神的记录中已经很难寻到托尔的踪迹了，不过因为托尔和雷电的联系，在斯堪的纳维亚的民间故事里还能看到这位神明。

“托尔之锤”护身符及其模具（10 世纪）

雷电与暴力之神托尔的回归

在 19 世纪，丹麦和德国的诗人及作家又重拾托尔，开始重新讲述起他大战巨人的英雄事迹。他们用巨人来比喻当时的各种敌人，而托尔则是丹麦或德国国家身份的象征。在英语国家，人们用怀旧的眼光看待托尔，缅怀过去那个光辉但不完美的英雄时代；他们认为托尔败给基督是无可避免的，托尔曾经的追随者最终转向的才是正道。美国诗人亨利·沃兹沃斯·朗费罗（Henry Wadsworth Longfellow）写过一首激动人心的诗，名为《托尔的挑战》（*The Challenge of Thor*, 1863），这首早期的关于托尔的诗重现了中世纪托尔与耶稣之争。诗的开头，托尔宣布了自己的头衔：雷电与暴力之神。

吾乃托尔，
战争之神，
雷电主宰！
吾土北地，
有吾堡垒，
千秋万载！

托尔夸夸其谈，讲述自己是如何挥舞大锤，靠着力量腰带和魔手套称霸冰山之间的国家的。据某首古北欧诗歌所述，托尔曾用这副魔手套接过巨人盖尔罗德掷向他的炙热铁球（他熟练地抓住了铁球，将它掷了回去，灭掉了对手）。在朗费罗的后半段诗里，托尔提到他的神力造成了一系列自然现象：他的眼睛能释放闪电；他乘坐的马车隆隆的车轮声形成了雷声；他红色的胡子是飞过夜空的彗星；他挥动大锤，就会引发地震。托尔的信条是“力量即正义”。

温和实是懦弱，
力量才是一切，
纵观整个世界，

仍属托尔之日。

世界或许还是托尔之日（星期四）[①]，但在最后一节诗中，托尔一改谈到唯力量论时的狂妄，语气里少了一丝自得。他承认“耶稣”也是神，并提议二人一决胜负：“神锤还是福音，让我们决一雌雄！”虽然托尔所用的力量来自自然，但在这首诗里，他还被描绘成了战争之神，关于耶稣的仁爱信仰诗人倒是没有细写。19 世纪的读者或许会敬佩托尔的不屈，却知道那个加利利人耶稣才是最终的胜者。青年时期的朗费罗曾到斯堪的纳维亚游历并创作了许多以北欧神话和传说为主题的诗，我们在第 9 章会讲到。

赫尔曼·恩斯特·弗罗因德（Hermann Ernst Freund），《托尔》（1828—1829）

美国科幻小说家 H. P. 洛夫克拉夫特（H. P. Lovecraft）早年所写

① 英语中的星期四（Thursday）来源于托尔之日（Thor's-Day）。——译者注

的一首诗与朗费罗的诗形成了鲜明的对比。他认为诸神的黄昏是一次激烈的终极对抗，在末日里“温和的学院格言，传教者的虚伪言辞，和黄金定律”都将被丢到一边，剩下的是粗鲁与暴力的狂欢：“单薄的言语和教义”将无容身之所。当人选择遵从自己的原始本能，古典哲学与温和的基督教情怀都将被抛诸脑后（洛夫克拉夫特说的是“种族本能”，他本人是位臭名昭著的白人至上主义者）。世界将成炼狱，痛苦的呐喊如交响乐般奏响：“杀吧，诸位，杀吧！让我们沐浴在血池；让凯旋的托尔，再赏一次这乐事！”语者咏叹道，为死亡、为世界的毁灭、为众神之父奥丁的胜利而欢欣鼓舞。洛夫克拉夫特写作这首诗时正值第一次世界大战爆发前夕：虽然这首《条顿人的死亡之歌》（*The Teuton's Death-Song*）发表于1916年，但它实际完成的时间要更早一些。洛夫克拉夫特一直坚信只有弱者才会信基督教。“条顿精神”在不列颠群岛得到了最好的体现，因为这里的人们既有北方人的勇敢与凶悍，又继承了希腊与罗马的文化；而最契合“条顿精神”的就是包括作者自己在内的新英格兰英裔居民。现代欧洲引以为荣的虚假文明很快就会消亡，因为，洛夫克拉夫特写道：“在战争的白热化阶段，他（条顿人）十分轻易就会回归至崇拜沃坦的先祖那样的心态。”洛夫克拉夫特的种族思想与德国同时代纳粹理论家提出的论点吻合，也与当代白人至上主义信仰一致。这些言论通常是对“维京”先祖和托尔遗风的追怀，为“巨人”暴力对待那些被定义为“他者”的人的行为正名。

漫威漫画中的雷神托尔

1962年8月，杰克·科比（Jack Kirby）、斯坦·李（Stan Lee）和拉里·利伯（Larry Lieber）三人决定在其原创的漫威系列漫画中推出一位新角色——雷神托尔，自此，托尔的命运转向了一个全新的、出乎意料的方向。斯坦·李的设想是比起创造一个原创的超级英雄，不如从北欧众神里找一个有着与众不同豪华装备的：“我想象的北欧诸神和旧时的维京人一样，有飘飞的胡子、带角的头盔，手里拿着战斗用的棍棒。”斯坦·李在 2002 年说道。科比似乎对北欧诸神了解颇深，因此才能将其他北欧神明的特点整合到托尔的故事线中。在漫威漫画版里，奥丁将托尔驱逐到了地球，想让他学会谦虚，托尔因此找回了他与人类最初的亲近关系。在地球，托尔作为神的记忆都被清除了，他成为身有残疾的凡人医学生唐纳德·布莱克。在挪威休假时，托尔闲逛进了一个山洞，在洞里发现了伪装成拐杖的雷神之锤妙尔尼尔；他拿起拐杖敲了下石头，便恢复了神的身份。妙尔尼尔不仅能让托尔掌控全球的天气，还让他有了飞行的能力，当然，它还有最基本的功能——一件战无不胜的武器。

托尔继续留在地球，用自己的医术治病救人，科学家简·福斯特是他的忠实助手，最终托尔爱上了简。托尔也会变身成神，与那些意图攻击人类的敌人战斗。托尔的弟弟洛基是奥丁的养子，洛基召集了一群反派，对他发动过不少攻击。这些反派有些也来自古代北欧神话中，如火巨人苏尔特尔和霜巨人的首领（洛基的生父）劳菲等。奥丁想要将儿子召回仙宫，但因为与简相爱，托尔拒绝回归。神启揭示了托尔喜爱地球生活的原因：他的母亲是初代女神盖亚（Gaea），即希腊神话中的大地女神。事实上，据我们所知，北欧神话中托尔的母亲是女巨人娇德，她的名字意为大地；在这点上作者还是忠实于神话的，虽然给她改了个希腊名字。

在漫画中，托尔还与无敌浩克、钢铁侠等一起组成了超级英雄团队复仇者联盟。他还遇到了希腊英雄赫拉克勒斯（Hercules），并与其建立了深厚的友情。在六十年的生涯里，托尔经历了一系列惊天动地的冒险。他失去了手臂和眼睛，只能用假体替代；甚至还失去了妙尔尼尔，不得不动用大量力量和资源让矮人为他重造一把武器。颇有争议的是，从 2014 年起的故事线里，托尔失去神力无法再驾驭妙尔尼尔，而简·福斯特拿起神锤取而代之成为新的托尔。失去了神锤的托尔也连带失去了一系列身份：他放弃了本名，改名为奥丁森

（Odinson），而他的新武器是雷暴战斧（Jarnbjorn）。信心大受挫折的托尔开始质疑自己的身份和目的，他陷入了“情绪崩溃”的状态。他不再是“无所不能的托尔”，而是“一无是处的托尔”，他发现自己身处在“至暗之地”。写出“简·福斯特成为托尔”和“一无是处的托尔”剧情的编剧杰森·亚伦（Jason Aaron）说，他是“更暗黑、更绝望、更发奋努力版的托尔”。所以在漫威宇宙中，是妙尔尼尔赋予了有能力使用它的人“托尔”的身份：当托尔与神锤的联系断开，自我怀疑、自我贬低以及对过往行为的愧疚让这位超级英雄对自己的身份产生了动摇。故事的这一发展探讨了一个深刻的心理问题，即如何能成为神或者如何能成为一个自信而成熟的人，这也是托尔系列电影第四部《雷神 4：爱与雷霆》剧情的起点。

大荧幕上的超级英雄

这个错综复杂的故事线开始时正值漫画版托尔被搬上大荧幕的时期。托尔电影三部曲的开场与漫画开头一致：因为忤逆其父，托尔被放逐到了地球。起因是在阿萨神域时，为报复不守规矩潜入天宫的一群霜巨人，托尔带人袭击了约顿海姆。被放逐的托尔降落在了新墨西哥州，在那里托尔（克里斯·海姆斯沃斯饰）遇见了天文学家简·福斯特（娜塔莉·波特曼饰）、她的导师艾瑞克·沙维格（他是斯堪的纳维亚后裔，斯特兰·斯卡斯加德饰）以及团队的搞笑助手黛茜（凯特·戴琳斯饰）。妙尔尼尔也跟随托尔一起来到了地球，它深深嵌在沙漠的一块石头里，成为一个旅游景点；不少红脖子[①]都开着卡车来这里烧烤，还效仿亚瑟王与石中剑的故事，想从石头里拔出锤子。随后这片区域被一个影子政府机构接管，托尔必须想办法拿回自己的武器，结果却发现他也无法取出妙尔尼尔。他还没有准备好，还不够格。

---

① 红脖子（redneck），乡巴佬，对美国受教育不多且政治观点保守的乡下人的贬称，使用皮卡出行是这一群体的特征之一。——译者注

当然托尔最终会从此次放逐中吸取到教训。“我父亲想要教会我一些东西，但我太迟钝了，没能理解他的意思。”托尔在酒吧与沙维格一杯接一杯喝酒时，他承认道。沙维格所在的人类研究小组意识到托尔及其族人确实与阿萨族传说里写的一模一样，正如简指出的：“原始的维京人或许将他们奉为了神明。”因为在前传里，在中世纪早期的挪威，最初是这些神明打败了霜巨人，将它们赶回约顿海姆，拯救了人类。当长得像机器人一样的怪物毁灭者被放进了人类社区，托尔为保护人类挺身而出，组织市民逃生，并毫不畏惧地直面机械怪。失去了妙尔尼尔的托尔处境十分危险，好在奥丁介入，将神锤还给了托尔，他才得以战胜毁灭者。托尔拿回神锤后，回归神域，刚好遇上霜巨人来袭，他击退敌人，与父亲尽释前嫌。“你会成为一位明君。”在最后一幕里，奥丁（安东尼·霍普金斯饰）说道；托尔回答：“不论是作为君王还是作为父亲，都没有人比你做得更好。”

在《雷神 2：黑暗世界》中，黑暗精灵首领玛勒基斯（克里斯托弗·埃克莱斯顿饰）对九界发动了袭击。在这部电影中，宇宙大战的发生地是在地球，确切地说，是在伦敦的格林尼治天文台。（当然）包括子午线在内的无数黑暗能量线在此交会。在这部电影里我们看到了阿萨神族对自己的看法；对于洛基（汤姆·希德勒斯顿饰）在《复仇者联盟》系列电影中号召人界尊他为“仁爱之神”的做法，奥丁评价道：“我们并非神。我们出生、活着、死去。就和人类一样。”而洛基反驳：“我们活了可有 5 000 年。”剧情到这里为止，托尔依旧不愿接手王位。他说：“我宁愿做个好人也不想做个伟大的君王。”洛基就不一样了，我们在下一章会看到，洛基一心只想赢过哥哥，夺得仙宫王位。

在《雷神 3：诸神黄昏》中，电影一开场就预示了大难即将来临。正如北欧神话中巴德尔在噩梦中预见了自己的死亡，电影中托尔也是在梦中预见了灾厄将至。在北欧诗歌《巴德尔之梦》（*Baldrs draumar*）里，奥丁骑马来到赫尔冥界的边境，从死去的女先知那里得知，赫尔的殿堂在热切期盼着巴德尔的到来：麦芽酒早已酿好，长凳铺上了新鲜稻草。所以在《雷神 3：诸神黄昏》中，虽然洛基依旧在不断制造麻烦，但真正威胁到神域与阿萨神族存亡的是奥丁长女、死亡女神海拉的出现。

克里斯·海姆斯沃斯（Chris Hemsworth）在肯尼思·布拉纳执导的电影《雷神》（2011）中饰演的托尔

《雷神》第一部的导演是著名演员肯尼思·布拉纳（Kenneth

Branagh），他在电影中展现了莎翁式的王室家庭冲突：尚未准备好继位的王子与其父母的养子洛基之间爱恨交织的兄弟情。第二部《雷神 2：黑暗世界》由阿兰·泰勒（Alan Taylor）执导，他也是《权力的游戏》部分剧集的导演。与《权力的游戏》一样，《雷神 2》的战争场面也非常宏大，在这部里托尔终于与简团聚。标新立异的新西兰导演塔伊加·维迪提（Taika Waititi）对第三部《雷神 3：诸神黄昏》则有着不同的诠释。虽然延续了前两部王位之争和家庭纠纷的主题，但其表现形式却相当有趣且极富创意。电影一开始，维迪提就毁了妙尔尼尔——托尔男性力量与纯种白人的重要标志。海拉（凯特·布兰切特饰）一把抓住神锤后轻轻松松将它化为齑粉，因为她以前也用过神锤，对它还是很熟悉的。不同于在第一部里托尔与神锤只是短暂的分离，这一次妙尔尼尔一直是损毁的状态，至少在这部里没有被修复。作为一名毛利裔导演，维迪提敏锐地觉察到了神锤在当代“宇宙右翼”[①]圈的象征意义，所以将它从托尔的武器库除名。他重写的“漫威宇宙”剧本大纲有个重要特点：地球被放到了一边，他不再着墨于西芙女士（Lady Sif）和仙宫三勇士（The Warriors Three）这类受欢迎的角色，而是着重描写了在另一个星球萨卡星（Sakaar）上发生的事情。在这里托尔遇见了最后的女武神（泰莎·汤普森饰），并将她带回了仙宫。

《雷神 3：诸神黄昏》更偏向于刻画托尔重要性格的成长。在兄弟二人逃出萨卡星的关键时刻，洛基又想出卖托尔，但这一次托尔想在了他前面。为了进入宗师（杰夫·高布伦饰）的太空飞船车库，两人再次使出了“喊救命”的套路，托尔悄悄在洛基的脖子上植入了服从芯片，只要按下遥控器就可以放倒洛基。“亲爱的弟弟，”托尔说道，“你越来越好猜了。我信任你，你背叛我。我们就这样周而复始。”在电影结尾，托尔成为王，也终于明白了洛基的忠心到底有几分；现在

---

① 宇宙右翼派认为自己的民族是神选的卓越群体，与神族有着精神的联系。——译者注

他已经准备好带领阿萨族人走向未来了。在第 10 章我们会继续讨论《雷神 3：诸神黄昏》的剧情。

电影里的托尔与神话中的托尔有很多相似之处：他很强，心思也不太缜密（至少最开始时是这样），在地球上他为了保护人类不顾自身安危与敌人派出的怪物战斗。托尔自始至终都是个勇敢的战士，虽然失去神锤后有过彷徨失措，但他并没有完全失去力量。在神话里，托尔前去拜访巨人盖尔罗德时把神锤忘在了家里，不得不召唤出自己内在的神力阿斯梅金（ásmegin），它被编织在托尔的腰带里。结果发现腰带也忘在了家里，托尔只好在没有身份特征的情况下行动。同样，电影里奥丁快死时海拉在挪威现身，摧毁了妙尔尼尔，托尔必须学会在没有神锤的情况下战斗："这把锤子能帮你控制力量，汇聚力量。但它绝非你的力量之源。"奥丁在电影高潮时点破了这一点。

他们也有一些不同之处。电影中的托尔爱上了人类女孩简・福斯特，这说明神话里托尔原本的妻子、电影里超强战士组合仙宫三勇士的盟友西芙对托尔的爱无法得到回应。电影里的托尔也不像神话里那样胃口巨大，倒是他的战友，即三勇士之一的沃斯塔格（Volstagg，雷・史蒂文森饰）是个老饕。在第一部里托尔被驱逐到地球时，沃斯塔格似乎一点也不担心。另一位勇士范达尔（Fandral，乔希・达拉斯饰）震惊道："我们最好的朋友被放逐在外，洛基坐上了王位，仙宫之战一触即发，你却还吃得下四头野猪、六只野鸡、半头牛外加两桶麦芽酒！""别把我胃口好等同于我漠不关心。"沃斯塔格反驳，将盘子一扔，站起身来。除了托尔为主角的三部曲，以及他和复仇者联盟伙伴并肩作战的系列电影外，好莱坞还在筹拍有关他的其他冒险故事。在第三部里，阿萨神域被苏尔特尔（克兰西・布朗配音）和海拉彻底摧毁，接下来的剧情应该就是寻找新的母星，可能还需要雇一队建筑大师，不知道他们是不是都有魔法牡马。在维迪提执导的《雷神 4：爱与雷霆》中，女武神成了新阿萨神域的统治者，因为托尔在忙着做上文提到的心理斗争，而他超级英雄的身份则由简・福斯特行使。

现代小说中的另类形象

虽然漫威中的托尔——尤其是电影版，最后成长为了英雄和明君，但主流文学里的托尔就没那么好命了。在《美国众神》里并没有他的角色，他在书中自杀四十年后，他的故事才有机会在漫威漫画里重新上演。星期三先生在和影子回忆时说道：

> 我一直在想念托尔。你不认识他，他是个大高个儿，长得跟你差不多，心肠很好，人不太聪明。但是只要你开口，他就可以把衬衣脱下来送给你。他自杀了。1932年在费城，他把枪塞进嘴巴里，把自己的脑袋轰了下来。一个神，怎么能有这种可悲的死法？①

托尔当然不可能像星期三先生和世界先生那样狡猾和表里不一，但很难想象北欧神话里的这位神会自杀，除非是为了消灭巨蟒耶梦加得最终与她同归于尽。但在其他文学作品里，托尔一直都是不太聪明、容易上当、爱好暴力的形象。据乔安娜·哈里斯《洛基的誓约》（*The Testament of Loki*，2018）里的洛基所说，托尔是"一个浑身肌肉的笨蛋，胡子比脑子还多，喜欢体育运动和射击"。不过他说这话时显然带着颇深的偏见。人们印象中的托尔总是有些蠢笨，又十分暴力，这就限制了他在现代故事里能扮演的角色。他最出名的故事莫过于《索列姆之歌》中记载的那则，巨人索列姆偷了妙尔尼尔，并提出只有弗蕾亚同意嫁给他，他才肯归还。如上文提到的，弗蕾亚拒绝了，众神只好将托尔打扮成新娘，给他蒙上厚厚的面纱，把他送去了巨人之地，洛基是这样讲述的：

> 于是，八天之后，雷神穿上弗蕾亚的长袍，喷上她的香水，给他的胳膊和腿除过毛，指甲镀金，再戴上弗蕾亚的项

① 尼尔·盖曼：《美国众神》，戚林译，北京联合出版公司，2017。

链，带着雷霆之怒（幸好有面纱遮挡）出发去了北地，本人作为谦卑的叙述者随侍左右。

婚宴上，托尔一拿回神锤，就展开了复仇，不一会儿殿上“堆满了破碎的尸体”。“不得不承认，”洛基评价道，“他很厉害。虽然不聪明，但他就是台长腿的杀人机器。”

据斯诺里以及北欧传说记载，奥丁和弗雷的子孙都成为国王，不同于二人，托尔并没有人类后代；虽然人们在取地名和人名时都爱用他的名字，但没有一个朝代的先祖追溯上去是托尔。他的两个儿子摩迪（Móði）和曼尼（Magni）在诸神的黄昏中活了下来，住在津利（Gimlé）金殿中，和诸神一起缅怀过去，除此之外就没有更多关于他们的记载了。在乔安娜·哈里斯的青少年小说《如尼印记》（*Runemarks*，2007）和《如尼之光》（*Runelight*，2011）中，双胞胎姐妹玛迪（Maddy）和玛吉（Maggie）发现自己的父亲竟是托尔，母亲是女巨人雅恩莎撒（Jarnsaxa）：两人的名字显然化用自摩迪和曼尼。K. L. 阿姆斯特朗（K. L. Armstrong）和 M. A. 马尔（M. A. Marr）在《黑泉记事》（*Blackwell Pages*，2013—2015）系列幻想小说中为托尔创造了一支人类血脉，故事背景设定在美国南达科他州一个名叫黑泉的小镇。小说主人公名叫马特·托尔森（Matt Thorsen），从他的姓可以看出，他不仅是托尔的直系后裔，事实上他是托尔的转世。马特的任务是阻止诸神的黄昏降临。他的表亲芬（Fen）和劳丽（Laurie）是洛基的后裔，他们在故事里既是盟友也是对手。作为托尔的转世，马特也能随意召唤雷电。在最后一部里，他与尘世巨蟒耶梦加得展开了战斗，差点儿死在了她的致命毒液之下。

在其他青少年小说里，托尔就只是偶有出现，通常是为了达到喜剧或者半喜剧效果。在雷克·莱尔顿（Rick Riordan）的“马格努斯·蔡斯”（*Magnus Chase*）系列第二部《托尔之锤》（*The Hammer of Thor*，2016）里，主人公马格努斯遇到了托尔本尊，他惊讶地发现托尔并不像漫威里画的那样："身穿亮色弹力紧身衣，披红斗篷，金发，可能还戴个带毛绒小鸽子翅膀的头盔。"当托尔的神锤被盗且无法通过"找到我的神锤"应用程序找回时，与神话中一样，托尔去找洛基帮忙，同样，要想找回妙尔尼尔，托尔必须再次变装，穿上一件他觉得很好看的连衣裙。在弗朗西丝卡·西蒙所著《沉睡的军队》（*The Sleeping Army*，2011）的续集《失落的众神》（*The Lost Gods*，2013）里，由于人类不再供奉祭品，奥丁、托尔和弗蕾亚的神力日渐衰弱，三神非常不安，于是到伦敦寻找上一部小说里的盟友芙蕾雅（Freya）。三神想找回昔日信徒并找到更多追随者，但要想达成此事，他们需要芙蕾雅的帮助。小说里的托尔是个长着红胡子的大块头，每次他对现代世界感到困惑时，就会猛挥锤子（第一个受害者是芙蕾雅的手机）。在看一档才艺秀节目时，芙蕾雅灵光一闪："众神并不需要信徒。他们需要粉丝。"结果证明，众神果然能在这个明星文化的时代大放异彩：托尔签进了托特纳姆热刺足球俱乐部，成为"英超联赛有史以来最出色的球员"。他醉心于自己的新职业（"我爱死这个运动了……它比锤巨人还好玩！"），很快推出了自己的运动系列，品牌标志就是闪电。粉丝的吹捧让诸神找回了力量，虽然霜巨人入侵了阿萨神域和人界，但托尔再次扮作新娘，将众神所有的敌人都引到了索列姆的婚礼上，准备将他们一举歼灭。

ᛉ

虽然北欧神话中的托尔不是在咆哮就是在舞锤，但他与人类之间有着紧密的联系。人们用他的名字来取地名和人名；他会庇佑出海的人，甚至会时不时造访农户。在奥丁嘲笑他"只有奴隶信徒"时，托尔没有反驳：普通的农民、水手、劳工都是他的追随者，他也会应他们所求给他们带来好天气。在人们的想象中，托尔曾顽强抵御过基督的到来，19世纪他重出江湖，成了强大的雷神、阿萨神域的英雄，并在面对以巨人为代表的敌人造成的混乱与破坏时，成为众神的精神堡垒。20世纪初期在斯堪的纳维亚和德国形成了自我民族主义，人们认为托尔会挥舞锤子保护他的子民——无论他们是谁。

但现代作品中的托尔或多或少都带点喜剧色彩。他不善言辞，比起说话更喜欢用锤子解决问题，还非常暴力，大男子主义且相当愚蠢：哈里斯把他描述成“肌肉脑袋”。一个以蛮力著称的英雄在一个不崇尚武力的年代混得并不容易，洛基的能言善辩与灵活头脑和这位雷神总是诉诸暴力的行为形成了鲜明对比。妙尔尼尔象征着托尔的大男子气概，神锤被盗，他的男子气概遭到威胁，他也失去了自信和力量。但拿回被索列姆偷走的神锤唯一的办法就是穿上女装，戴上面纱，扮成弗蕾亚的样子。在洛基巧舌如簧地解释他发红的双眼和惊人的胃口是因为太想赶来巨人王国约顿海姆拥抱自己的丈夫时，托尔即使气得冒烟也必须一言不发。这是现代作者最爱化用的一段故事：喜剧的反转给必须走向大灾变结局的剧情带来了一丝轻松。在这些重塑北欧众神的作品中，作者多是认为托尔受到了羞辱（至少是在拿回神锤之前），却很少有作品去讨论他或许在逃向另一个身份的时候，在扮演女性的过程中，享受到了一些乐趣。

托尔还有使命尚未完成。他所面对的敌人代表的是恐怖势力：霜巨人、想要将宇宙变回原始虚无状态的黑暗精灵以及蕴含可怖力量的火焰。漫威里的托尔有着多变的身份：他不需要是奥丁之子，甚至不需要是男性；他不需要妙尔尼尔，却可以轻松召唤神力——这是个非常美式的情节，他的自信可以克服一切困难。漫威电影里的托尔，被放到了一个麻烦四起的家庭背景里。他的父母死后，收养的哥哥虽是盟友却无法信任，他的爱人住在另一个星球上，他必须与人类情感、与对手作斗争，正是那些失望、背叛 、胜利和悲难让他成为当代重要的幻想英雄：因为他太过人性化，所以仍能以共情的方式与我们对话。

第5章

洛基

混沌与变化的现代叙事

洛基是个有很多缺点的非典型英雄，他没有道德感但是风趣，精明算计但并非无可救药。他外来者的身份，对众神特权的不屑一顾，随心所欲的行动，求知与探索的决心，吸引了想要对想象中的北欧众神世界一探究竟的小说家们选择他来进行写作，由此产生了众多极好的故事和现代版的众神。与此同时，洛基身上有许多美国英雄的典型特质：满嘴俏皮话的孤狼，不听命于任何人，不管是好是坏，将命运掌握在自己手里。

洛基把自己从一个讨厌鬼变成了众神的死敌。不管是在神界还是在人界，他行事靠的更多的是聪明和速度，而不是力量与远见。

第 5 章
洛基　混沌与变化的现代叙事

洛基或许是古代北欧神话中最有意思的人物了。我们无法肯定他是否列于神位：没有证据表明他有信徒，也没有人用他的名字来取人名和地名。洛基的父亲是巨人法布提（Fárbauti），他的母亲劳菲或许是阿萨神族；正是这样不同寻常的结合导致了洛基在阿萨神域的尴尬地位。洛基总是在制造麻烦，但他也非常有用。只可惜，他最终还是与巨人结盟，在诸神的黄昏中和他们并肩作战。不过现在，他还和阿萨族人在一起，坚信自己与奥丁是结拜的好兄弟。他有个妻子，他的孩子似乎也与众神并无区别。与他的结拜兄弟一样，洛基也会变幻外形，他与不少女巨人发生过关系，生了一大群孩子。众神外出探险时，洛基总是陪伴在侧：在危机发生时，他既是个拖累也是个好帮手。出乎意料的是，洛基在现代流行文化中的人气越来越高——不仅是在漫威宇宙中，在其他文学作品中也是如此。他成为一个讨喜且吸引人的人物，角色可塑性极强。下面让我们来看看原因。

恶作剧爱好者、骗子还是叛徒

洛基的恶行有大有小，小到一些相对无害的恶作剧，大到密谋杀害了最受爱戴的光明之神巴德尔。他的有些冒险行为看似玩笑，实则恶意满满。他剪掉了西芙美丽的金发，让人不禁疑惑他是如何能与西芙亲密接触的。众神逼迫洛基把西芙的头发恢复原样，洛基只好委托矮人用真金为她打造了一个精美绝伦的新发型。同时，矮人还造出了其他令人叹为观止的法宝：一艘名叫斯基德布拉德尼尔（Skíðblaðnir）的船，可以缩小放在口袋里随身携带，矮人将它献给了弗雷，并为奥丁量身打造了长矛冈格尼尔。

来自丹麦斯纳普通（Snaptun）的石头，画有嘴被缝起来的洛基（约1000年）

不过，这对洛基来说还不够有意思；在一次精心策划的计谋中他用自己的头做赌注，与矮人工匠兄弟之一勃洛克（Brokkr）打赌，说他无法制造出三件同样举世无双的宝贝。好胜的勃洛克立刻开始工作，他造出了金猪古林布斯特（Gullinbursti）给了弗雷当坐骑；又造出了金指环德罗普尼尔（Draupnir），这枚指环每过九天能掉落八枚同样重量的金指环（它是奥丁的象征）；最后他开始锻造托尔强大的神锤妙尔尼尔。洛基灵机一动变成了一只苍蝇去叮勃洛克分散他的注意力，结果造出来的神锤手柄短了一截。然而，阿萨众神还是判决勃洛克赢，因为虽然妙尔尼尔有些小缺陷，但鉴于其能够震慑众巨人的威力，它当之无愧是这些法宝中最好的那个。洛基看来是要丢脑袋了，可是他却要求勃洛克不能伤到他的脖子分毫，矮人只好承认自己输了。但他依旧拿起尖锥和线，把洛基的嘴缝了起来，这算是个教训，告诉大家一个自高自大之人如果话太多就会落得如此下场。洛基扯掉了线，但是伤疤却留在了唇上。

洛基外出游荡时，他冲动行事的性格总会让自己惹上麻烦。有一天巨人夏基（Pjazi）用魔法变成一只鹰阻挠众神晚餐的烹饪，于是洛基找了根棍子去戳它，结果惹了大麻烦。棍子一端粘住了鹰，另一端粘住了洛基的手。鹰带着棍子飞起来，洛基被吊在下面；夏基威胁洛基要想获得自由，就得帮他绑架女神伊登，拿到她的青春苹果。后来洛基被众神怀疑与伊登的失踪有关，因为有人看见最后和伊登在一起的人就是洛基。头发花白，日渐衰老的众神，害怕让他们青春永驻的苹果永远消失了，抓着洛基逼他去救出伊登——这个故事是弗朗西丝卡·西蒙的小说《沉睡的军队》（2011）的主线，我们下面会讨论。这个恶作剧最终导致了夏基的死亡，他的女儿斯卡蒂全副武装来到阿萨神域，要求赔偿。她原本已经接受了以结亲的方式平息仇怨，但在挑选丈夫时，众神耍了花招，只让看脚选人。斯卡蒂本想选美丽的巴德尔，却选到了海神尼奥尔德，于是她拒绝和解，除非众神能把她逗笑。想出办法的当然又是洛基。他把自己的睾丸绑在了一只母山羊的胡子上，两边开始拔河：据斯诺里所写，很难说究竟谁笑得最大声。不过这确实逗笑了斯卡蒂，她同意了与海神结婚。但这两人确实不合适，很快就又分开了。

还有一次，洛基借了弗丽嘉的鹰羽，“出于好奇”，他飞去了巨人王国，结果被巨人盖尔罗德抓了，关在箱子里三个月。盖尔罗德说除非洛基答应把托尔带到巨人的领地，还不能让他带妙尔尼尔和力量腰带。幸好有女巨人格莉德（Gríðr）帮忙，给了托尔一根结实的魔杖和一副魔法铁手套，托尔才能打败盖尔罗德和他几个凶猛的女儿。还有就是我们在第 7 章会讲到的一则故事，洛基见到一只刚享用完鲑鱼正在打瞌睡的水獭，随意向它丢出一块石头，结果引发了一系列事件，给人界造成了巨大的危害。

洛基和他的网，雅各布 · 西古德松的手稿（1765）

《洛基的惩罚》(*The Punishment of Loki*)，詹姆斯·多伊尔·彭罗斯(James Doyle Penrose)绘，
唐纳德·A. 麦肯齐(Donald A. Mackenzie)《条顿神话与传奇：埃达与萨迦简介》(*Teutonic Myth and Legend: An Introduction to the Eddas & Sagas*)插画(1894)

虽然洛基常常随性而为，而后又不得不设法补救，但他也出于好意做过一些好事。在巨人索列姆偷走托尔的神锤后，是洛基一直从中协商，想方设法把它拿回来。我们可以合理怀疑，在弗蕾亚拒绝配合后，虽然提议让托尔扮成新娘的是海姆达尔，但洛基一定非常乐于促成此事。他自己也穿上了女装，扮成了机智的侍女，他早有准备的回答为神锤回归托尔手中争取了时间。托尔去拜访乌特加德－洛基时，洛基也有陪同。虽然我们可以把这位诡计多端的巨人看作是巨人国版的洛基，但是洛基本人不管是在旅途中还是在对战乌特加德－洛基时都没有耍花招。我们在第 2 章看到了洛基是如何拯救众神，让他们不必再把太阳、月亮和弗蕾亚拱手送给巨人建筑师的。不过说实话，这桩不划算的交易本来也是洛基一力促成的。这则故事清楚表明了洛基性别的流动性：他不是简单地假扮成了女性，而是将自己变成了一匹牝马，成功地引走了巨人建筑师的得力助手——他的牡马。

因此，骗子是洛基的一大身份。如神话所记载，洛基从无伤大雅的恶作剧到后来伤及同族，将对亲人的忠诚和寄人篱下应有的自觉统统丢弃不顾，最后与巨人结为盟友。从他密谋杀害巴德尔，到《洛基的叫骂》中他对众神的挑衅，到他被抓后被自己儿子的肠子绑住，再到最后诸神的黄昏时他与火巨人一起出现在大船纳吉尔法（Naglfar）上，洛基把自己从一个讨厌鬼变成了众神的死敌。不管是在神界还是在人界，他行事靠的更多的是聪明和速度，而不是力量和远见。

奥丁的同性恋结拜兄弟

为什么洛基制造了那么多麻烦，加上奥丁早就预见到了他在诸神的黄昏中的角色，众神还允许洛基和他们待在一起呢？答案就在神话初始，不知为何，奥丁和洛基结拜成了兄弟。洛基在艾吉尔的殿中与众神发生激烈冲突时，暗示过自己知道奥丁想要保密的事情，又或者是弗丽嘉告诫他要他保密的事情。这些隐晦的暗示似乎与一种名为赛德（seiðr）的法术有关。关于此法术的记载甚少，不过这种法术似乎是借用了邻国萨米人信奉的萨满教的一些特征，尤其是施法时敲鼓这一特点。赛德法术的施法者多是女子：弗蕾亚便会此术，还有就是我们熟悉的萨迦中记载的赛德巫女（seiðkona），能预见未来，召唤灵魂。洛基和奥丁都知道有关赛德的知识；两人互相指责对方有异装癖、变幻外形行骗且非法交易禁术。

奥丁和洛基都是情场高手。奥丁与不少人类女子生下了儿女，他为了接近琳达公主（Rindr），甚至不惜伪装成老妇人，因为琳达注定会生下瓦利（Váli），为巴德尔报仇。奥丁还与女巨人有染：包括托尔的母亲娇德、斯卡蒂（据说），以及守卫诗的蜜酒的格萝德，她允许奥丁喝三口酒以交换二人共度的三夜。洛基的妻子是女神西格恩，育有二子。有关这位女神的记载很少，唯一的故事就是洛基被抓后，众神将他绑住，斯卡蒂在他头顶放了一条会滴落毒液的巨蛇，而西格恩一直在帮他接住毒液。洛基还与女巨人安格尔波达（Angrboða）有过一段情事，安格尔波达生下了三个非比寻常的孩子：巨狼芬里尔、巨蟒耶梦加得和冥界统治者赫尔。如果洛基所言非虚（并不一定属实），那他还和数不清的女神发生过关系：他与提尔的妻子生过一个孩子，是斯卡蒂与西芙的入幕之宾，他取走西芙的头发可能是为了将它当作战利品，伊登和葛冯可能也是他的情人。

然而，洛基在性事上超越他的结拜兄弟之处就是，洛基是我们今天所说的酷儿或者非常规性别。奥丁说洛基曾以女性形态在地下度过了八个冬天，给奶牛挤奶（一个低贱的职业），并生了孩子。还有记载说，洛基将一位强大女巫的心脏烤至半熟吃掉了，导致他怀了孕，由此诞下了食人女妖一脉。洛基不仅有女性的生育能力，从巨人建筑师的故事可以看出，他并不避讳变换物种和性别。为了转移牡马斯瓦迪尔法利（Svaðilfari）的注意力，他变成了一匹牝马前去勾引，还生下了一匹八条腿的马——斯雷普尼尔，后来成了奥丁的坐骑。我们在下文可以看到，不同于他结拜兄弟的陈腐的形象，现代作品中的洛基，不是双性恋，就是积极尝试各种性体验的角色。

洛基的三个怪物子女

洛基除了与西格恩生了两个正常的儿子，自己生了迥异于常人的斯雷普尼尔外，还与安格尔波达生下了三个强大的后代，三人在诸神的黄昏中都扮演了重要的角色。而在末日来临之前，这三个孩子都身兼阿萨神族派给他们的特别要职。可能是因为洛基的孩子身上也流着阿萨神族的血，众神没有选择趁他们还小时杀了他们，而是让他们去镇守与敌国相邻的重要边境。

《斯雷普尼尔》，史蒂夫·菲尔兹（Steve Fields），位于英国温斯伯里（1998）

巨狼芬里尔是阿萨众神看着长大的。斯诺里描述说他非常亲切友好，健谈又顽皮，提尔经常投喂他。根据斯诺里在《欺骗吉尔维》（*Gylfaginning*）里的详细描述，决定把芬里尔拴起来一部分是因为预言说他会伤害阿萨神族，另一部分是因为他与日俱增的身型和胃口让众神惶惶不安。在众神开始虐待他之前，芬里尔似乎对众神并无特别的恶意，直到某天众神假意要与他比试，说想看他是否可以挣断一切他们拿来捆住他的东西。芬里尔满以为这是个可以用自己的力量赢得荣誉的机会。可他并不傻：芬里尔怀疑众神最后给他的那根看似柔软丝滑的绳索有些不太对劲，于是提出作为诚信的保证，要一位神将手放进他的嘴里，他才接受挑战。提尔作为律法与庄严誓言的守护者以及芬里尔的前看护人，站了出来。这些神都表里不一，包括提尔：这位公正之神肯定在发誓时骗了心存怀疑的芬里尔。脚镣一收紧，巨狼就意识到自己被耍了，于是咬掉了提尔的手，众神却笑了。现在，芬里尔不再为主人守护财产，而是恶狠狠地瞪视着远处的这个文明世界。他变成了一只偏激的狗，充满恨意，举止狂躁，他的下巴承受着被剑撑开的痛苦，口水从嘴里倾泻而出。现在，他身负枷锁等待复仇之日的到来，他的双目死死盯住众神与人类的家园，准备伺机而动。他代表了时间本身，他重获自由之日，就是时间走到尽头之时。

尘世巨蟒耶梦加得被众神扔进了海里，她潜伏在外海，嘴咬住自己的尾巴，代表着空间的边际。没有人能跨过耶梦加得的盘踞之地，巨人希密尔就认为划船去巨蟒所在的边境实在危险，所以建议来一场小小的钓鱼比赛即可，结果托尔非要去（见第 4 章）。而洛基的第三个孩子赫尔，一半身躯是美丽的女子，一半是腐烂的尸体。她被派到底下去统治冥界尼福尔海姆，那些没能够英勇死去的亡者的永居之所。在那里，如巴德尔的故事所述，赫尔热情好客，彬彬有礼，将新来的尊贵客人请上高座。她对众神的信使赫尔莫德也是盛情相待，不过她很机智地决定试一试巴德尔是不是真像赫尔莫德所说的那样在全世界深受爱戴（见第 10 章）。虽然诗歌里描写赫尔时，也会和写其他女性一样，写到她的家族，提及她的兄弟和父亲，但却没有提到她有丈夫，所以也就无人去约束她的权力。我们可以看出，人们认为赫尔所代表的死亡是女性化的、带有欲望的。与她既是神也是巨人的父亲一样，赫尔象征着“既是 / 也是”的矛盾体，她既是活着的也是死去的。（古代的北欧人相信死者是非常危险的，认为他们常会重新站起来行走，伤害生者。）通往赫尔领地的一路上皆由女哨卫把守，其中有女巨人、死去的女先知和女性狂战士莫德古德（Móðguðr）。路上还有一扇高大的门和一只凶恶的猛兽挡路，它是一只浑身是血、不停咆哮的狗，可能是芬里尔的亲戚。

《拴住芬里尔》（*The Binding of Fenrir*），雅各布·西古德松的手稿插画（1760）

洛基的这三个孩子就蛰伏在边境等待属于他们的时刻到来，在诸神的黄昏，他们的侵入将标志着一代时间、空间和生命的终结。但同时他们也是新天地的信使，出现在《女先知的预言》最后的几行诗中，预示着冉冉新生。后世作家在重塑北欧神话时，多会写到他们三个；不过因为巨狼和巨蛇代表的是畸形动物，所以到目前为止热度都不高，但赫尔却在最近的不少作品中担任主角，我们下面会讨论。

火神与诡计之神

雅各布・格林以及以他为首的许多学者都认为洛基是火神，因为他们认为在乌特加德-洛基城堡里与洛基比试饭量的巨人洛吉（Logi，意为“火”）其实是这位神的分身之一。事实上，除了这次比试外，在神话资料里并未显示洛基与火有什么明显的联系。不过，瓦格纳在《莱茵的黄金》中采用了格林的说法来塑造洛基的形象。在歌剧中，洛基叫作洛戈，他不仅是火神，还承担起了和在古代北欧神话中一样的职责，即为众神排忧解难以及陪伴沃坦（奥丁）出门探险。在《莱茵的黄金》中我们第一次看见洛戈时，他在众神集会上姗姗来迟，看起来一点儿也不担心法夫纳和法索尔特兄弟按时完成了交易内容，而众神要按约定交出弗蕾亚这件事。沃坦提醒火神道，我是“你在众神中唯一的朋友”，并要求洛戈想个办法让契约作废。但是，洛戈回复，墙造得很牢固，他也想不出办法来。弗罗（Froh，即弗雷）和多纳（即托尔）对此勃然大怒；弗罗一语双关嘲讽他应该叫卢基（Lüge，意为“谎言”）而不是洛戈；而多纳，不出所料，威胁洛戈说要用锤子把他砸扁。为了保命，洛戈讲道，他曾遍游大地、海洋和天空，发现没有什么比女子的爱更有吸引力，而美丽的弗蕾亚正代表了这种爱。只有尼伯龙族的矮人阿尔贝里希发誓绝情弃爱，于是成功获得了由住在浩荡的莱茵河的三位莱茵仙女守卫的宝藏——莱茵的黄金。法夫纳仔细竖起了耳朵；对他来说这样一大笔金子可比弗蕾亚有价值得多。巨人们暂时扣押了弗蕾亚，众神开始衰老，因为他们全靠弗蕾亚培育的苹果永葆青春（在剧中弗蕾亚担任了伊登的职责）。这让沃坦做了个决定：他和洛戈要去尼伯龙根从阿尔贝里希手中夺取宝藏以及刚铸好的指环。

阿尔贝里希让他的兄弟米梅造了塔恩魔盔，穿上它就可以改变外形和隐形。全副武装好之后，阿尔贝里希确信没有人能从他手中偷走金子和指环。他吹嘘说要用这笔宝藏推翻众神，统治世界。阿尔贝里希很清楚洛戈的话决不能信，但在洛戈质疑塔恩魔盔是不是真的像他夸耀的那样可以改变外形时，这位尼伯龙矮人决定展示一下魔盔的力量。他先是变成了一条巨蛇，这可吓坏了洛戈（他大概是装的），这给了阿尔贝里希一种错觉，觉得自己很安全。洛戈狡猾地问阿尔贝里希能不能把自己变得很小，以逃避敌人的追捕，结果这个蠢货真的把自己变成了一只蟾蜍。沃坦立马将他困在了脚下。这下矮人的命全捏在了这位神手里，他必须用人人觊觎的金子才能赎回自己。洛戈想必是明白塔恩魔盔有大用处，于是拿走了它，沃坦则要了指环。怒不可遏的阿尔贝里希对指环下了诅咒。“你听见他友好的道别了吗？”洛戈问，沃坦不为所动。

如我们在上文讲到的，众神及时将宝藏交给了巨人兄弟；沃坦和他们商量想要留下指环，而洛戈不情不愿地交上了塔恩魔盔。法夫纳杀死法索尔特夺取指环后，洛戈讽刺说指环让敌人自相残杀，最后受益的人还是沃坦。就在众神都搬进了瓦尔哈拉时，洛戈却留了下来，因为他看出了众神在快速走向自己的末日。在过去众神或许能控制他，但现在他们的力量在减弱，洛戈轻易就可以摆脱他们，恢复原态：“谁知道我该怎么做？”洛戈若有所思，决定暂时不做选择。在《莱茵的黄金》下一部《女武神》的结尾，沃坦召唤了洛戈，提醒洛戈他依旧得照自己的意愿行事，命他筑起一道火墙。火墙在布伦希尔德的沉睡之石周围升起。但洛戈并没有出现。他的背叛预示了沃坦及其他诸神已经失去了道德高地，神的统治不会长久了。

第5章
洛基　混沌与变化的现代叙事

《洛戈》，亚瑟·拉克姆绘，《莱茵的黄金和女武神》插画（1910）

现代反转：为何人人都爱洛基

洛基的命运在近四十年里发生了令人意想不到的转折。在战后重塑神话的那些作品中，他从让人讨厌的恶作剧者变成了密谋杀死巴德尔的恶神；作为怪物之父，人们认为洛基就是邪恶的化身。但从20世纪70年代起，人们看洛基的眼光里开始多了同情。在戴安娜·薇恩·琼斯1975年出版的小说《卢克的八日》（*Eight Days of Luke*）中，主人公戴维（David）是个性格阴郁的小男孩，在意外情况下解开了铁链，放出了一位长相英俊的不靠谱青年，名叫卢克（Luke，即洛基）。很快一些神秘人物出现在了周边，包括韦丁先生（Mr Wedding，即奥丁）、弗莱先生和弗莱夫人（Mr and Mrs Fry，即弗雷和弗蕾亚）。就像戴维的刻薄亲戚虐待戴维一样，这些神都欺负和威胁卢克。卢克并不愿明说为什么自己会被锁起来，头顶还放了条毒蛇对着他的脸滴毒液："有些人做了一些事，然后他们认为是我的错……他们总是觉得错的是我。"卢克要想不被再次锁起来，戴维就得帮韦丁先生寻回一件失踪了的神秘物品，据说这样东西在布伦希尔德手里。和瓦格纳的设计一样，卢克在这本书里也是火神。在卢克的帮助下，戴维勇闯火墙，拿到了东西，结果发现是托尔的神锤。在举起妙尔尼尔的那刻，他终于清楚了卢克的身份："卢克或许就是火神与诡计之神。他或许犯下了诸多恶行，并且会继续作恶直到他被终结。但能认识他戴维只觉得很高兴。"然而，即便故事的结尾众神允许了卢克暂时留在人类世界，小说却依旧给人一种未完的惆怅感。韦丁先生在拿回神锤后说道，诸神的黄昏降临之际，众神会全员就位，这让戴维意识到"卢克和韦丁先生在最后一战中将会站到对立面。"在薇恩·琼斯的小说里，卢克是个令人同情的角色，同时他在巴德尔之死里扮演的角色也被抹去，通晓北欧神话的读者自然知道他为什么会被锁起来并因此沾沾自喜，不熟悉的读者也从中明白了两位青年都有着被坏亲戚欺负的相似经历。

当洛基被重塑为一位问题少年时，他的可爱之处就凸显出来，盖过了他的其他缺陷，至少从这个世纪开始他的名声变好了些。他非凡的智慧、潇洒的魅力、对异性的吸引力以及在道德问题上的松弛感让他成为一名深受喜爱的反主角。他不像奥丁，年迈且毫无吸引力，整天焦虑于神之末日的到来；也不像托尔，要么笨手笨脚、不动脑子，要么只会粗野地蛮干，近年来洛基在许多有关他的作品中形象都不错。A.S. 拜厄特的《诸神的黄昏》在字里行间都表现得十分喜爱洛基："不过洛基算个例外，所有人物里只有他既幽默又聪明。他变幻的身形是那样迷人，他的智慧也独具魅力。小不点儿面对他时拘束不安，却满怀同情。"[①] 她这样描写童年的自己。洛基与安格尔波达在铁森林迦瑞沃德（Jarnviðr）的交合狂野而激烈。安格尔波达是一位长着狼皮、狼爪和雪白尖利牙齿的女巨人。两人都非常享受这次性交，不断地嘶吼咆哮着。洛基是智慧之神，他从未停止过好奇、猜测与思考，他在宇宙各处不断试探，只为了看看会发生什么。其他的神"挥锤子杀巨人"，洛基对女儿巨蟒耶梦加得说道："他们不学习。我学习。所以我知道很多。"正是洛基的博学让拜厄特对他一直抱有同情，即便他蓄意造成了巴德尔之死，因为他在，故事才能推进下去。"洛基是终结之神，愿意的话他可以化解所有问题，只是他的终结方式常常带来更多的麻烦。"在踏上引发诸神的黄昏的旅程前，洛基每次外出冒险，就意味着麻烦将至，这是他留在阿萨神域、与众神为伍的原因，但他知道总有一天自己会越界。

乔安娜·哈里斯的《洛基启示录》（*The Gospel of Loki*，2014）从洛基的视角讲述了众神的历史，以反叛甚至时而夸张做作的当事人的态度评述了神族和人类历史上的重要事件。在被奥丁从原始的、尚未分化的混沌世界（Chaos）之中召唤出来之前，洛基是"野火的化身，自由自在，无忧无虑"；与阿萨众神一起生活后，洛基发现自己永远无法融入其中，他比周围人都要聪明，并且，如他自己后来描述的，他是"一个拥有一头红发和某种难以言喻的气质的年轻人"。洛

① A. S. 拜雅特：《诸神的黄昏》，姚小菡译，重庆出版社，2020。——编者注

基既视奥丁为他的“哥哥”，也是他越来越想挑衅的权威，他的恶作剧也变得越来越有破坏力。他帮忙从索列姆那里夺回被盗的妙尔尼尔那会儿是他在阿萨神域最受欢迎的时候；如我们在前文所知，洛基想出让托尔假扮弗蕾亚的绝妙办法以及他在约顿海姆时见招拆招的机敏让他大受赞赏，尤其是大家还很意外地得知洛基与妙尔尼尔被盗一事毫无牵连。但随着时间推移，洛基与其他神愈发疏远。他的几个孩子的悲惨命运（下面会讲）带给他的痛苦或许比他以为的要更多，芬里尔被禁锢后他开始质疑，多久以后那些神会找个理由把他也拴起来呢？于是双方陷入了相互厌恶、互不信任的恶性循环，最终导致了一系列事件，引发了诸神的黄昏，我们在第 10 章会深入讨论。

洛基在现代还是酷儿的标志。他的性倾向是不定的、多面的，他的本性是在不断变化和重塑的。“他不仅变换外形还变换性别。他是捉摸不透的。”拜厄特写道。哈里斯在 2018 年发表了《洛基启示录》的续篇《洛基的誓约》，在书中，诸神的黄昏结束，阿萨神域陨落，洛基逃离了混沌世界这个永恒的牢笼，聪明地选择去了一个截然不同的世界：他通过电脑游戏进入了一个名叫跳跳（Jumps）的小女孩的身体里。跳跳患有进食障碍，有自虐倾向，并且困惑于自己的性取向。令人惊讶的是，被洛基附身对跳跳来说竟成了件好事；没什么道德感也没有烦心事的洛基让跳跳改变了对自己的看法。洛基一直很难接受大家在性事上所设的那些条条框框：“我刚到阿萨神域的时候，有关性的所有规矩都让我困惑不已。不能与动物、姐妹、魔鬼发生关系；不能与有夫之妇发生关系；不能与同性发生关系——说实话，要是这些规矩都要遵守，简直谁都没办法有性爱。”而跳跳这个昵称正暗示了洛基能在各种形态间自由跳跃变幻的能力（所以他才能如此轻易地进入了跳跳脑内）。在小说的结尾，跳跳证明了自己的力量和决心，也成长为一个无畏无惧的少女。

“虽然慢，”洛基说道，“不过你还是做到了。”他嘴角一弯笑起来，眼瞳深处亮光闪烁。在《美国众神》里，洛基 · 莱斯密斯（Low-Key

Lyesmith）是主人公影子·穆恩的前狱友，在小说一开始教过刚入狱的影子如何在监狱中生存。影子后来才知道这位和自己同住一个牢房的狱友的真实身份：在小说最后他遇见了新神表面上的首领世界先生，他有着"橙色的寸头"和"带着伤疤的嘴"，伤疤是洛基很久以前和矮人打赌留下的，影子这才意识到他的前狱友是洛基的化身。盖曼笔下的洛基与奥丁（即书中的星期三先生）既是对手，也是同类。作为一个诡计多端的骗子，洛基和众神之父一样冷酷无情，毫无道德可言，两位北欧之神费尽心思下了盘大棋，只为再次注满他们赖以生存的鲜血与灵力之池。就在新旧神之战一触即发之时，影子明白了，奥丁以死亡为食，而洛基则是以骚乱为食。但这次洛基遇到了对手：一个是猜到了真相、以智取胜的影子，另一个是影子勇敢无畏、非凡卓越的妻子劳拉。

漫威电影里的洛基，由汤姆·希德勒斯顿饰演，深陷在层出不穷的家庭麻烦之中：他是收养的孩子，在家里找不到归属感，爹不疼妈不爱，他看不清自己的身份，也就找不到自己的忠心。他的故事线就是不断地说服他人相信他——多数时候是托尔，然后背叛信任，借此机会投机取巧以获取短暂利益，如此循环往复。即便如此，但在危急关头，他仍旧会为阿萨神域和族人的生命而战。他死过无数次，至少看上去是死了，但不知何故又活了过来，与他的兄弟托尔维持着相爱相杀的关系。洛基背叛过生父劳菲并杀了他，将奥丁送到了地球养老院然后变成了他的样子取而代之，并且随时做好了弃托尔于危难中的准备。但在《雷神 3：诸神黄昏》中，洛基放出了火焰恶魔苏尔特尔让他去对付海拉，这才力挽狂澜拯救了大家。虽然阿萨神域毁于大火，但好在阿萨族人最终逃了出来。

在 2021 年 6 月首次公演的迪士尼衍生剧《洛基》（*Loki*）中，洛基接着《复仇者联盟 4：终局之战》的剧情进入了一个完全不同的时间维度（而不是接上部电影里救赎行动的剧情）。在预告片里，洛基成了站在被告席上的囚犯，他对高高在上的法庭嗤之以鼻，申辩道

“作为诡计之神而有罪？可以。觉得这一切枯燥乏味而有罪？可以。因侵犯神圣的时间线而有罪？绝对不可能。”洛基盗走了宇宙魔方（扰乱连贯时间线的重要道具）出逃，被时间变异管理局——一个监督时间旅行不会改变历史的机构逮捕，认为他“打破了现实”。该剧剧情设定在“多元宇宙”，这是一个量子物理学概念，即多个宇宙平行存在，依据某一特殊事件是否在某个宇宙发生来区别各个宇宙。如果该事件发生了，就会有一连串因果发生；如果该事件未发生，那该宇宙就会朝另一个时间线发展下去。《洛基》第一季剧情复杂，情节有趣，结局是开放式的；无数个洛基在不同的时间线转换（有些性别不同，有一个是电脑合成的鳄鱼）。这些化身打开了洛基内在的各种可能性，尤其是本剧作者和剧迷所讲的“流性人”。洛基非典型英雄的身份，尤其是与托尔传统的大男子主义截然相反的性格，为他赢得了大量对性别认同与性别差异感兴趣的狂热影迷。在前文我们看到，北欧神话中经常提到洛基性别流动的概念，在漫威宇宙中也是如此，奥丁提到自己的孩子时说：“我的儿子，女儿，还有我男女皆可的孩子。”让很多影迷失望的是，第一季里洛基是流性人的设定并没有被赋予任何特别的意义；在其他现代作品中已经挖掘出来的洛基的这个潜力对迪士尼市场来说可能还太过激进。

美国作家吉纳维芙·戈恩尼切克（Genevieve Gornichec）最近发表的小说《女巫之心》（*The Witch's Heart*，2021），则从另一个角度描写了洛基。故事讲述的是洛基的情人安格尔波达的故事，她也是洛基三个怪物孩子的母亲。安格尔波达是个极为迷人的角色，集神话中出现的众多魔女角色为一身。她既是女巨人，也是位女巫和女预言家。戈恩尼切克的故事开场时，安格尔波达正在铁森林避难，她因为施展巫术且拒绝将自己的巫术教给奥丁，被抓到阿萨神殿内生焚了三次。她的心不仅被大火烧焦发黑，而且在那时被摘掉了，是洛基主动把它拿回来还给了安格尔波达——当然如往常一样，他仅是出于好奇。《女巫之心》里的洛基是个典型的花花公子，不被同伴所理解，不可靠，但是魅力十足，甚至有的时候非常温柔周到。然而，洛基在赢得安格尔波达的芳心后却一连好几个月都不见她。尽管此前对安格尔波达和他们的孩子作过承诺，他还是娶了女神西格恩。值得赞赏的是，有这样不同寻常的孩子，洛基却待之如常；实际上，他和大女儿赫尔之间有着特别的联系，他能从赫尔的冥界被放出来，驾驶死亡之船出现在诸神的黄昏绝非偶然。小说以安格尔波达为主角有个缺点，那就是她在流亡过程中错过了洛基生涯中的大部分重要事件，这些故事只能由洛基本人或其他见证人转述。安格尔波达的故事里长期缺失的丈夫和父亲的角色，以及她与更为传统的女子如弗雷的妻子葛德（Gerd）间的对话，反映了艰难的夫妻关系，同时也极度讽刺了阿萨神族的所作所为，尤其是他们合伙设计夺走安格尔波达孩子的行为。终于巨人一族的忍耐到了极限，他们聚集在乌特加德（Útgarðr），准备反抗压迫，与众神决一死战，这时读者完全站在了巨人一边。更让读者同情的是斯卡蒂，她离开了丈夫尼奥尔德和阿萨神域，舍弃了父亲夏基在山上的庄园，在末日来临前选择与她的爱人安格尔波达一起度过最后的时日。在诸神的黄昏来临前，安格尔波达为女儿做出了最后的牺牲，我们在第 10 章会讲到，诸神的黄昏后旧神皆逝，赫尔在凡间组建了“正常”的家庭，过上了幸福的生活。

现代作品对洛基子女的重塑

洛基的五个孩子（如果算上怪马斯雷普尼尔的话就是六个）或多或少都激发了后世作者的想象。洛基和妻子西格恩生的两个儿子瓦利（Váli）和纳尔弗（Narfi，或称纳里，Nari）的下场极其惨烈：瓦利被变成了狼，将他的亲兄弟纳尔弗撕成了碎片；纳尔弗的肠子后来被制成了捆绑洛基的魔法绳索。谁也不知道瓦利在那之后去了哪里：作为弑兄者他在神族已没有了立足之地，也许他加入了狼群，与他们一起在末日发起了攻击。不过现代作品对洛基和安格尔波达的三个怪物孩子的重塑则要有意思得多：巨狼芬里尔，尘世巨蟒耶梦加得，还有最迷人的死亡女神赫尔，不少书、电影甚至有部歌剧都是以她为主角的。

作为一头巨狼，芬里尔在文学作品中可发挥的余地要比妹妹少多了。在《女巫之心》中，虽然越长越暴躁、越难以控制，但至少他能开口说话。乔安娜·哈里斯把他写成了人类形态的乖戾少年。一开始，他是个“可爱的小狼人”，但洛基将他带到阿萨神域后，他就表现得像个惹人反感的青少年：“平心而论，小芬里尔可能正在经历叛逆期，主要表现为不好好说话、气味难闻、说脏话、大晚上在房间里大声放音乐以及对待一切异性举止粗鲁。”斯诺里笔下的芬里尔则是个麻烦，众神在得知他会杀死奥丁的预言后，没有选择去规劝他或者改造他，而是将他锁了起来，这也让洛基进一步疏远了众神。还有些作品将芬里尔描述成了一只讨人厌的、不可控的大狗，但并没有特别邪恶；只是众神总用折磨的方式将他绑住，残忍地用剑撑开他的嘴。他满腔的怒火并非因为他本性为恶，而是源于他所受的虐待：从某种意义上来说诸神的黄昏之预言是在自我应验。

同样，在现代作品里重塑巨蟒耶梦加得的难度也很大。拜厄特将耶梦加得描写成了一位女性，她有着永不满足的胃口，随着她不断长大，她不断地将海洋里的鱼类和动植物吸食进肚子里，这段实则是在喻指当今海洋环境的恶化。耶梦加得的脾气也越来越坏，尤其是在被托尔钓上希密尔的船然后被狠狠锤了一下子之后。这次事件后，她在海底最深处发现了“一个会摇晃抽动的巨物”，于是一口咬了下去，结果那是她自己的尾巴，因为她现在太过巨大，已经可以环绕地球了。她就这样蛰伏在远海，等待时机成熟，“在那里有新鲜的巨藻给她枕着头，有取之不竭的食物满足她巨大的胃口”。哈里斯笔下的洛基自始至终没有接受他这个特别的孩子：“杀了我吧。我真的受不了蛇。”他自嘲说，即使在《洛基的誓约》开头，他还准备利用耶梦加得巨大的体型来逃出混沌世界的牢笼。这位被扔在海底的巨蟒手足，比一只狼或者半人半尸的死亡女神赫尔更难写得讨人喜欢。

在《雷神 3：诸神黄昏》中，海拉猝不及防出现在了托尔面前，告诉他自己是他姐姐，奥丁一死，她就被放了出来：“海拉，我的长女，你的姐姐。她的残暴和欲望膨胀到我无法控制。我阻止不了她，就囚禁了她。”奥丁解释道。影片中的海拉由凯特·布兰切特饰演，她不费吹灰之力就碾碎了妙尔尼尔，转头就准备去接管阿萨神域。在这里她惊恐地发现过去父女联手征服九界的历史被抹掉了；在那些美好的旧日里，“奥丁和我曾让整个文明淹死在血泪之中”。而歌颂她父亲胜利的新壁画讲述的是个完全不同的故事：“没人学过我们的历史吗？看看这些谎言！”海拉咆哮道，“高脚杯和花园聚会？和平协议？”是谁在书写历史和历史故事，是哪些真相流传了下来，又是哪些真相被掩埋，这是电影的几大主题之一。海拉消灭了几乎所有女武神的历史也同样被抹去，但洛基却在最后一位女武神脑中重现了当时的场景。这部电影抛开了漫威电影一贯的守恒定律：海拉，如她自己所说，“不是女王也不是怪物”，而是“死亡女神”，所以是无法毁灭的。面对海拉和她的活死人军队，一支在旧日阿萨神域地下室培养出的代号为“屠夫”的军队，只有火焰大恶魔苏尔特尔的转世才能与之抗衡，即便如此，为了活命，阿萨族人还是不得已放弃了他们的母星。

在弗朗西丝卡·西蒙的《怪物小孩》和吉纳维芙·戈恩尼切克的《女巫之心》中都有写赫尔的童年和青少年。在这两本书以及西蒙和加文·希金斯的歌剧中，赫尔从腰部往下是残疾的；她的下半身像尸体一般，是死的，她的腿“散发着霉味和尸臭，皮肤上是大块大块的坏疽……腐臭之气蒸腾”。在歌剧《怪物小孩》里，我们见证了赫尔的诞生：她刚出生时像个小木偶一样，虽然面色红润活泼，但她的下半身像两条用线悬吊着的木条。被送去尼福尔海姆的时候，她还是个惴惴不安的漂亮小姑娘，有着醒目的蓝色长发。尼福尔海姆的上方是一片不成形的棕色混沌，赫尔无法逃离。众神将一个残疾小女孩驱逐到死者之地的行为实在令人痛心：“他们将一个活生生的孩子困在了一片巨大的坟场。”发现自己被驱逐到了一个没有太阳、天空和草地却充满了缥缈痛苦魂魄的黑暗世界，西蒙笔下的女主人公感到焦躁万分。赫尔尤其想念巴德尔，他总是对自己很好，而她也爱上了巴德尔。她为自己建了一座神殿，与一群狂战士成为好朋友，这些狂战士是吉欧尔桥（Gjöll）的守卫者，死者必须通过吉欧尔桥才能进入尼福尔海姆。

哈里斯笔下的赫尔则是左右两边一半是生、一半是死。“她怀疑地看着我，”洛基说道，“用她仅有的一只活着的眼睛（她的另一只眼睛死如白骨，藏在一缕白发之下）。”她父亲无情地评价说，她也“对阿萨神域人见人爱的金发男孩，也就是美少年巴德尔，生出了不该有的慕少艾心思”。和在《怪物小孩》里一样，赫尔深沉而得不到回应的爱恋预示甚至推动了巴德尔最后来到赫尔殿中的命运。我们后面会看到，巴德尔之死是诸神的黄昏即将来临的一大预兆。虽然哈里斯笔下的洛基对女儿无望的单恋表现得冷血无情，但在戈恩尼切克的《女巫之心》里，这位任性妄为的神却十分喜爱他的长女，他设计杀害巴德尔最大的动机便是想让女儿得到心爱之人。

赫尔木偶与赫尔，弗朗西丝卡·西蒙与加文·希金斯的歌剧《怪物小孩》，于伦敦皇家歌剧院上演（2019）

第 5 章
洛基　混沌与变化的现代叙事

ᛉ

在第 10 章讲到末日前夕与诸神的黄昏时，会有更多洛基子女的戏份。而他们的父神如今受欢迎的程度则无与伦比，甚至盖过了北欧最受尊崇的两位神，托尔和奥丁。洛基是个有很多缺点的非典型英雄，他没有道德感但是风趣，精明算计但并非无可救药。他外来者的身份，对众神——尤其是奥丁所享有的特权的不屑一顾，随心所欲的行动，求知与探索的决心，吸引了想要对想象中的北欧众神世界一探究竟的小说家们选择他来进行写作，由此产生了众多极好的故事和现代版的众神。与此同时，洛基身上有许多美国英雄的典型特质：满嘴俏皮话的孤狼，不听命于任何人，不管是好是坏，将命运掌握在自己手里。

第6章 维京人与狂战士

探险者与文化融合者

现代流行作品中的维京人以及其近亲狂战士经历了无数变形。维京人从冷酷无情的海盗、古英文诗歌里的“异教杀人狼”演变成了与历史有细微差别的人物：他们既劫掠也做生意，还会写诗、刻如尼文，娶妻生子。而可怕的狂战士如同是绅士型维京英雄的滑稽仿版。平衡英雄气概、个人荣誉、勇气与对浪漫爱情坦诚以待也是一大挑战。

“维京”描述的实际是一种职业而非一个种族。“前去维京”毫无意外是年轻男子的工作。如果家境富裕，他就会备好自己的船只横渡北海，如果他家境没那么好，那这位年轻人可以选择为某个海王效力。如果他活得足够久，就能带着所获财物退休，回到家过上平静的生活。

作为一个职业而非种族的维京人

我们都觉得自己了解维京人。当然，众所周知，最近的历史研究已经证实，维京人从不戴带角的头盔。事实上，在维京时代头盔是很少见的，更何况带角的头盔非常不实用。“维京”（Viking）描述的实际是一种职业而非一个种族：“前去维京”（going Viking）毫无意外是年轻男子的工作。从 750 年起，挪威、丹麦以及后来冰岛的年轻人，如果出身好、家境富裕，或者能得到资助人或家人的支持，他就会备好自己的船只去横渡北海。如果他是瑞典人，那他更有可能会在波罗的海沿岸劫掠或沿俄罗斯的大型河流航行至米克拉加尔兹（Miklagarðr，即君士坦丁堡）。有位斯堪的纳维亚人说自己在该城市阿亚索菲亚大教堂大理石栏杆的高处用如尼文涂写了哈夫丹（Halfdan）这个名字。如果他家境没那么好，那这位年轻人可以选择为某个海王效力：海王作为战争领袖拥有一整支船队，而年轻人则有机会从船队劫掠城镇、修道院和庄园所获的战利品中拿到可观的份额。如果他活得足够久，就能带着所获财物退休，回到家过上平静的生活，他可以继承庄园或者买下一个农庄，或者做一些有用的生计，比如打铁、编绳等等，又或者他可以继续留在海上，不过是靠货品交易生活，而不是继续烧杀劫掠，在刀口舔血。瑞典 8 世纪和 9 世纪的如尼石碑纪念了众多最终没能回家的人，他们或是在西边的不列颠群岛，或是在东边的欧洲大陆丢了性命。他的同伴会将噩耗带回给他不幸的家人，或许还会带上属于他的那份酬劳，让他的家人能有钱付给当地的如尼大师，在石碑上刻墓志铭以纪念逝者。

其他来到不列颠群岛和近代法国诺曼底的斯堪的纳维亚人不是来劫掠，而是来寻拓耕地和城镇的，如斯堪的纳维亚约克（Jorvík），他们在这里定居成为小贩、商人和手艺人。在英国，这些移民与当地人通婚，于是英国北部和东部部分地区出现了盎格鲁－斯堪的纳维亚人，他们的遗产至今留存在这里。他们的石雕被保留下来成为文化融合的证明，这些石雕通常融合了基督教和异教的各种元素；比如位于坎布里亚（Cumbria）的戈斯福斯大十字架（Gosforth Cross），是雕刻于10世纪的石雕，在基督教十字架上清晰可辨北欧神话的场景。

英格兰坎布里亚的戈斯福斯十字架上的细节（10世纪）

一些特别的地名也是他们遗留下来的，如以索普（thorp）、拜（by）或者斯韦特（thwaite）结尾的地名；还有斯堪的纳维亚约克许多叫"xx门"（-gate）的街道也是。不少斯堪的纳维亚词语被吸收到了英语里，例如一些常见词：die（死亡），egg（鸡蛋），law（法律），window（窗户），skirt（裙子）和 scum（浮渣）。还有更多词仍保留在北部的方言里，如约克郡方言、坎布里亚方言和乔迪方言等。

斯堪的纳维亚移民也不是总能和平融入新家园。在 1002 年 11 月 13 日圣布莱斯节，埃塞尔雷德国王（King Æthelred）下令处决所有住在英格兰的丹麦人。实际上，这是一连串的大屠杀。但在实际执行时，这一命令很难在斯堪的纳维亚后裔占多数的丹麦律法区付诸实践：响应这一号召的是如牛津等边境市镇的居民。一份 1004 年的王室宪章讲述了当时惊恐万分的丹麦人是如何逃到圣弗里德丝维德（St Frideswide）的教堂避难的，圣弗里德丝维德是牛津的主保圣人；而后袭击者立刻点火将教堂烧毁了。

2008 年在牛津圣约翰学院发现的斯堪的纳维亚人尸骨

2008 年，在我的母校牛津大学圣约翰学院挖掘出了多具三十四至三十八岁年轻男子的尸骨。多数尸骨上有各类武器造成的严重伤口，骨头有一些烧焦。骨头上有愈合的伤口说明他们可能是专业的战士，其中一些人肯定是在斯堪的纳维亚长大的。经推断这些尸骨的年代大约是 960 到 1020 年之间，即与“大屠杀”的时间一致。他们似乎是先被砍死，然后被拖到了城边北门处，在那里有人试图烧掉这些尸体。圣约翰出土的“维京人”见证了抓住 11 世纪早期乱世机会的斯堪的纳维亚淘金者和英国原住民之间持续不断的冲突。

中世纪维京人不朽的勇气与精神

到了 11 世纪末期，“前去维京”这个生计已经无法维持下去。随着斯堪的纳维亚改信基督教，城镇不断发展，与欧洲其他地区进一步融合，加上 1066 年挪威国王哈拉尔·哈德拉达（King Harald Hardrada，意为“无情者哈拉尔”）在斯坦福桥战役（Battle of Stamford Bridge）中惨败，身死战场，持续了几个世纪的劫掠与大规模侵略就此偃旗息鼓。17 和 18 世纪时，在新发现的历史和文献资料基础上，人们极尽夸张的写作推动了百战不殆的维京神话重现江湖。丹麦人托马斯·巴尔托林（Thomas Bartholin，1659—1690）用拉丁文写了一本极具影响力的著作，探讨了维京人不朽的勇气与精神，它的英文版书名是《有关维京古事及信奉异教的维京人蔑视死亡的原因的三本书》（*Three Books on Danish Antiquity and the Reasons for the Heathen Danes'Contempt for Death*，1689）。巴尔托林在书中解释了在面对死亡时维京人是如何靠生动的想象生出无畏之心的，并旁征博引了现存的各种神话及文献资料来证明自己的论点。他强调了死后声誉的重要性，指出了其与死后在瓦尔哈拉神殿获得永生、与英灵一起战斗宴饮这一传说之间的联系。据说人类首领奥丁和一些亚洲的神明巧妙设计了这一信仰，目的就是为了激发出追随者心中自杀式的勇气。为了证明他们所有的这种大无畏精神，巴尔托林还从萨迦中援引了许多调侃重伤的俏皮话作为例子。其中最受喜爱、曾在不止一首萨迦里出现的，是一位受伤男子的自述："我从来都称不上英俊，但是你毫无成就"，以及"博恩霍尔姆岛的姑娘们现在都想吻我"——因为他的下巴几乎被切断了。维京人用敌人的头骨喝酒这种错误说法能流传甚广也要归功于巴尔托林的宣传，这种误解只会放大他们野蛮人的名声。

越来越多的人知道维京人笑对死亡的精神则要归功于珀西主教所译的两首重要诗歌，收录在他的《如尼诗歌五则》(1763)里。珀西的译本还参考了另一位著名牛津学者乔治·希克斯（George Hickes）更早的英译本。第一首原诗题为《乌鸦之歌》(*Krákumál*)或《雷格纳·洛德布罗克的临终颂歌》(*The Dying Ode of Regner Lodbrok*)，我们在第8章会讨论到。第二首题为《赫尔薇尔之咒》(*The Incantation of Hervör*)，收录在《赫尔薇尔与海德雷克萨迦》(*Hervarar saga ok Heiðreks*)中，讲述的是一名无畏的维京英雄来到英语世界的故事。

赫尔薇尔：无所畏惧的女战士

从赫尔薇尔的故事里我们惊喜地得知女性或许也可以"前去维京"。她们在9世纪中期跟随有"维京雄狮"(Great Heathen Army)之称的维京大军横跨英格兰，如第2章提到的，她们可能拿起武器亲自作战。女战士是古代北欧神话和传奇的主题之一，也是诗人喜爱探索的话题，不仅托马斯·珀西留下了有关她们的诗作，有"利奇菲尔德的天鹅"之称的诗人安娜·苏厄德（Anna Seward）于1796年发表的萨迦注释诗"赫尔薇尔篇"中也有她们的身影。在原萨迦中，赫尔薇尔穿着男子的衣服逃到了海上，并成为一支维京队伍的首领。他们航行到了波罗的海一个名叫萨姆斯的小岛，正是在这座岛上，赫尔薇尔的父亲安甘提尔与他的十一位兄弟——皆是臭名昭著的狂战士，在一场著名战役中与两位英雄对阵，结果无一生还。这两位英雄就是厄尔瓦·奥德尔和亚尔玛，我们在第2章讲到过他们。安甘提尔有一把魔剑，是侏儒所铸，名为提尔锋（Tyrfingr），出鞘则必见血，赫尔薇尔想要继承这把剑。诗歌里讲，赫尔薇尔单枪匹马穿过墓园，召唤出她死去的父亲：

你在漆黑的坟墓大殿中听呀！
在森林最幽深处，
你的女儿，绕墓三周，
以惊天动地的力量催动神秘仪式
只为在这午夜时分唤醒你！

安甘提尔出现在坟墓上，却搪塞说：剑不在他这里，并放出了鬼火环绕墓地，所有的死者都站到了自己的墓门前。赫尔薇尔坚持要拿到剑，甚至不惜威胁父亲和叔叔要诅咒他们不得安眠。安甘提尔告诉她剑上有诅咒，她会生下一个儿子，而她的儿子会用这把剑杀死自己的兄弟："每当它浸润了百万死者的血时，/ 便会有一场手足相残。"最终安甘提尔还是妥协了，并表达了自己对英勇无畏的女儿的钦佩之情。北欧古诗里是这样描写的，他说：

小姑娘，我得说你不同于多数男子，
敢手持用哥特人的金属铸成、刻有如尼文的矛，
大晚上在墓地闲逛。

苏厄德则用更赞赏的词句将这段改译为：

英勇的少女，强大的战士，
身披铠甲，语气坚毅，
在夜晚行至墓地。

安甘提尔将剑交了出去，还另说了些警告，赫尔薇尔向死者告别，请他安心长眠，然后得意扬扬地离开了小岛。

赫尔薇尔确实不同于常人，不论是和男子还是女子相比；不管是面对死者还是魔剑的诅咒，她都表现得无所畏惧。这首诗精彩地呈现了哥特式想象中北欧英雄传说该有的所有特点：死者与腐烂的尸身、怪异与邪恶之地、面对恐惧的女性、永恒的诅咒以及非凡的勇气。赫尔薇尔的故事也在不断地激发着人们的想象：2016年，作曲家梅利萨·邓菲（Melissa Dunphy）以这个故事为灵感创作了一组乐曲，由玛伦·蒙塔尔巴诺（Maren Montalbano）演唱并收录在其同年发布的专辑《海之结：北地之歌》（*Sea Tangle: Songs from the North*）中。

塑造英格兰民族精神的维京冒险

牛津英语词典中“维京人”一词的引文最早用的是古北欧单词“víkingr”而非现代用词“Viking”。这些从1807年及19世纪30年代的历史文献中引用的例句让本就广为流传的维京人是冷血劫掠者和凶残海盗的形象更是深入人心。在沃尔特·司各特爵士（Sir Walter Scott）1822年出版的《海盗》（*The Pirate*）——一本背景设定在苏格兰设得兰岛的小说中，作者并没有用“维京人”一词，而是区分了两个概念：残暴的“狂战士”（Bersarkars），是持剑横冲直撞的疯子；绅士的将领，是设得兰人的祖先，“古代北欧人，他们带领战无不胜的船队横扫海上和各个港口，占领国家，建设殖民地，被冠以海王之名”。然而，如序言中提到的，在19世纪的进程中英国尤其是英格兰新民族主义概念逐渐形成，而安格鲁-撒克逊人和维京人的历史是塑造民族精神必不可少的重要部分。富于冒险，坚忍克己（如出名的僵硬的上唇[①]），热爱自由、勇气、忠诚以及由来已久的“对死亡的蔑视”，还有与之异曲同工的“重压之下仍保持优雅”等精神都被归结为是北方血脉的影响。当时统治英国的汉诺威王朝（House of

① stiff upper lip，僵硬的上唇是一种极端的英式坚忍，指在面对困境时保持泰然，不动声色。——译者注

Hanover）与德意志关系亲密，一是因为汉诺威王朝是德意志不伦瑞克王朝的分支，二是因为维多利亚女王与阿尔伯特亲王的联姻。再加上雅各布·格林作品的影响力日益增加，更是确立了维京人是值得怀念和颂扬的先人这一想法。

随着越来越多重要文献的英译本开始出现，英格兰人对中世纪斯堪的纳维亚历史与文学的兴趣也迅速攀升。乔治·韦布·达森特爵士（Sir George Webbe Dasent，1817—1896）就是其中举足轻重的译者之一，他于 1842 年将斯诺里的《散文埃达》翻译成了英文。达森特曾作为英国公使的秘书在瑞典斯德哥尔摩生活过四年。他是诗人马修·阿诺德（Matthew Arnold，1822—1888）的朋友，与托马斯·卡莱尔也是好友；实际上，他的翻译就是献给托马斯·卡莱尔的，后者在 1840 年举办了讲座《论历史上的英雄、英雄崇拜和英雄业绩》，同名书在 1839 年发表（见第 3 章）。达森特在翻译完《散文埃达》后，便开始着手翻译冰岛名著《尼亚尔萨迦》（*Brennu-Njáls saga*，1861）。达森特广博的知识使得他翻译的彼得·C. 阿斯比约恩森（Peter C. Asbjørnsen）和约尔延·E. 穆厄（Jørgen E. Moe）收集的挪威民间故事颇具权威性，后来他又翻译了《吉斯利萨迦》（*Gísla saga*），为北欧故事的传播做出了极大的贡献。他晚年还有一本重要译作，是一本关于中世纪奥克尼群岛[①]的巨著，发表于1887至1894年间，译本取名为《冰岛萨迦和关于不列颠群岛北欧住民及其后裔的其他史料》（*Icelandic Sagas and Other Historical Documents Relating to the Settlements and Descents of the Northmen of the British Isles*）。到今天大家已经公认斯堪的纳维亚住民是英国国家历史上不可或缺的一部分。达森特在 1862 年《尼亚尔萨迦》译本出版之后访问冰岛时，毫无意外受到了当地的热情款待，冰岛人为了欢迎他还在雷克雅未克举办了公共宴会。

达森特当然不是唯一横渡北方海域到达冰与火之地的英国旅

① 苏格兰东北部群岛。——编者注

者。在 19 世纪，随着人们对斯堪的纳维亚文学和历史的热情高涨，英国掀起了一股冰岛旅游热。著名医生亨利·霍兰爵士（Sir Henry Holland）早在 1810 年就去冰岛探险过，之后在 1871 年，已经 83 岁高龄的他竟然又去了一回。威廉·莫里斯也分别在 1871 年和 1873 年访问过冰岛，陪同的是他的翻译搭档、冰岛学者埃里库尔·马格努松。莫里斯看过间歇泉地热场后，在游记中讽刺地写道，对“曼格诺尔的问题[①]以及根本没有听说过西格鲁德、布伦希尔德、尼亚尔、古纳尔、格雷提、吉斯利和古德伦（Gudrun）的人”来说，出名的不是冰岛的文学遗产，而是这里的地理奇观。之后的许多年里，莫里斯和马格努松继续致力于翻译古代北欧文学，两人还创建了一个萨迦图书馆，对达森特的作品进行增补。有关莫里斯对西格鲁德和布伦希尔德的兴趣我们在第 7 章还会讲到。

在 19 世纪，最受推崇的维京故事就是《弗里肖夫萨迦》（*Friðþjófs saga*），一部由瑞典主教埃萨亚斯·泰格纳尔（Esaias Tegnér，1782—1846）改编的浪漫史诗，于 1825 年用泰格纳尔的母语出版，书名就是《弗里肖夫萨迦》（*Frithjofs saga*）。这部晚期萨迦以激荡的爱情故事为主题，刻画了一个忠心信奉旧神的反面人物，表达了一些对“自然宗教”的看法，并在诗歌最后预测了基督教的出现。泰格纳尔的诗歌大获成功，还被翻译成了多种语言，在德国和英国尤其受欢迎，对挪威旅游业的发展起到了至关重要的作用。《弗里肖夫萨迦》的故事背景设定在风景秀美的松恩峡湾（Sognefjord），德国皇帝威廉二世（Wilhelm II）极爱此书，经常到挪威西部巴勒斯特兰[②]的小村庄度假。威廉二世下令建造了故事的女主人公英格博格（Ingebjörg）的父亲贝莱国王（King Bele）以及弗里肖夫的巨型雕像。

① 曼格诺尔的问题（Mangnall's Questions）原名为《供年轻人使用的历史与其他各种问题》，是 19 世纪前半期英国一本重要的教科书，因由女教师里奇马尔·曼格诺尔编著，而渐渐以“曼格诺尔的问题”而闻名，用来教育年轻女孩。——译者注

② 巴勒斯特兰（Balestrand），是挪威已不存在的市镇，存在于1850年到2020年间，位于松恩境内松恩峡湾的北岸。——编者注

两座雕像都于 1913 年在松恩峡湾建成，但当地人却有些惶惑，不知道德国皇帝是想用他们挪威和冰岛的这个文化故事遗产来暗示什么。《弗里肖夫萨迦》在 20 世纪已不再受欢迎；人们觉得和经典冰岛萨迦中永不过时的壮美悲剧相比，它的爱情主题和主人公的历险传奇似乎落于俗套了。

《弗里肖夫》，马克斯·昂格尔（Max Unger）作（1913）

《弗里肖夫萨迦》的流行激励了19世纪晚期的英国小说家不断创作以虚构的维京时代英雄为主角的原创小说。这些小说通常宣扬的是主人公正义的道德观，对于那些想要横渡海洋报效国家的年轻人来说，这些主人公就是光辉的典范。如R. M. 巴兰坦（R. M. Ballantyne）在《尔林的海上历险》（*Erling the Bold*，1869）里呼吁的：他们可能需要在某天“从船上跳下高高的舷墙去拯救某个女孩、母亲或者孩子，他们不会去想自身的安危，就像你跳下沙发一样”。H. 赖德·哈格德（H. Rider Haggard）写过很多激动人心的冒险小说如《所罗门王的宝藏》（*King Solomon's Mines*）和《她》（*She*），他在1889年写了一本以冰岛为背景的萨迦体小说《埃司兰情侠传》（*Eric Brighteyes*），并将它献给了维多利亚女王的女儿、新近丧偶的德国皇后。埃司兰的人生故事和许多传奇中的英雄一模一样：他生于冰岛，死于冰岛，但在外流放了三年，这三年里他参与了很多维京冒险，也曾被手下不服他的船员背叛，最终他成为让大家心服口服的维京首领。

> 若要将埃司兰和他手下的事迹一一道来，那真是三天三夜也说不完。只看他身上的伤疤，便知从古至今再没有一位维京战士像他一样勇猛善战、无所畏惧……只要埃司兰上阵，就战无不胜。他打了无数场战役，到最后敌人只要听见他的名字便闻风丧胆，各方国王和伯爵不远万里也要来请他助自己一臂之力。但平日里他是个极好的男子，再没有比他更绅士的。据传，在埃司兰有生之年里，他不曾做过一桩小人之行，也不曾伤害过弱小；有人求和，他绝不会拒绝，也绝不会朝俘虏或受伤的敌人拔剑。

除巴兰坦和哈格德外，查尔斯·金斯利（Charles Kingsley）和萨宾·巴林－古尔德（Sabine Baring-Gould）也在19世纪后半期写出了动人心魄的古代北欧题材的小说。这些故事共有的特点是都有惊心动魄的肉搏战场面、惊涛骇浪中的航海之旅、突如其来的船毁人亡（可能是战船着火也可能不是）以及在家等待英雄归来的温柔少女。这些英雄遵循的大部分是埃司兰的道德观，并且它成为英国男性追求的模范：集探险者的勇气、航海人的无畏以及绅士的完美品质于一身。

兰斯洛特·斯皮德（Lancelot Speed）为 H. 赖德·哈格德的《埃司兰情侠传》（1908）设计的封面

写给一代代孩子的道德指引

改编中世纪英雄故事的潮流从维多利亚时期一直延续到了 20 世纪和 21 世纪，成为一代代孩子的道德指引。一些童话如奥利弗·波斯特盖特（Oliver Postgate）的“诺格王诺金”系列（*Noggin the Nog*，1965—1977 年出版）和英国系列电视剧《诺格王诺金传奇》（*The Saga of Noggin the Nog*，1959—1965 年播出）就带读者领略了北境之国的美好。北境最开始的统治者是北欧人克努特国王（King Knut），结果克努特去世了，他的儿子诺金（Noggin）必须在六个星期内找到王后才能继承王位；如果失败，王位就会落到他长着大鬈曲八字胡的叔叔恶人诺格巴德（Nogbad the Bad）手里。一只会说话的绿鸬鹚格拉库鲁斯（Graculus）给了诺金一把象牙匕首，匕首上刻着努克斯国努卡公主（Nooka of the Nooks）的画像，她是来自永昼之地的因纽特人。在以英勇的托尔·诺格森（Thor Nogson）为首的一群忠诚伙伴的帮助下，诺金刚好在规定时间内成功赢得了努卡的芳心。诺金和努卡生了一个儿子，并按照传奇的优良传统，用他祖父的名字给他取名为克努特。剧里几乎每集片首都会响起的脍炙人口的开场诗，在点燃小观众对维京冒险的热情上功不可没：“北国之地，黑岩矗立，海水刺骨，漫漫黑夜里，北地之人坐在高高的篝火旁，讲述着这样一个故事……诺格王诺金的传奇。”

以大龄儿童为目标读者的经典冒险故事包括亨利·特里斯（Henry Treece）深受读者喜爱的《维京三部曲》（*Viking Trilogy*，1955—1960）以及罗斯玛丽·萨克利夫（Rosemary Sutcliff）的《血仇》（*Bloodfeud*，1976）。这些历史小说利用维京人物来探索青春期、成长、自我认同等普世主题。《血仇》讲的是杰斯廷（Jestyn）的一生。杰斯廷在小的时候遭维京人绑架，被卖到了都柏林做奴隶。后来他的维京人主人托尔莫德（Thormod）解救了他，杰斯廷就跟着他一起乘船去了丹麦。在那里，托尔莫德发现自己的父亲被谋杀，于是立誓要报仇，这里呼应了小说的名字。他们追查到凶手沿着俄罗斯河流而下，逃到了弗拉基米尔大公（Grand Prince Vladimir）在基辅的王宫。杰斯廷则陷入了不同的世界观和价值体系的抉择危机：在幼时信仰的英国基督教、朋友信奉的异教价值观和君士坦丁堡的希腊信仰当中，他最终选择了最后一个。萨克利夫依据现代历史研究扩展了维京世界的画卷，强调了斯堪的纳维亚人向东方拓展所带来的影响，即维京罗斯人在建立俄罗斯的雏形中所扮演的重要角色。

凯文·克罗斯利·霍兰（Kevin Crossley-Holland）文辞优美的新作《骨头手镯》（*Bracelet of Bones*，2011）和《古匕首》（*Scramasax*，2013）中的主人公与萨克利夫书中的主角经历非常相似。《骨头手镯》设定在11世纪早期，那时挪威人还相信北欧诸神的存在，故事讲的是年轻的主人公佐尔法伊格（Solveig）找寻父亲的经历。她的父亲从自家一个位于挪威隐蔽峡湾的农场偷偷溜走，前去投靠了远在拜占庭的未来国王哈拉尔·西居尔松（Harald Sigurdsson），他曾答应过佐尔法伊格会带她一起走，却没有遵守诺言。克罗斯利·霍兰选择十四岁少女作主角，也就避免了其他维京小说里没完没了的战斗和暴力情节，不过佐尔法伊格的旅途另有重重危机。

小说生动还原了瑞典的比尔卡和今俄罗斯的斯塔拉拉多加（Stara Ladoga）这些贸易小镇上的紧张氛围，商人们带着各色商品来这里交易：堆叠成山、闪耀光泽的毛皮，“大块的蜡烛，各种棋子和棋盘，成箱的盐，从木桶中舀到两块木盘上的闪闪发亮的蜂蜜”，还有佐尔法伊格凭借自己高超的雕刻技艺用海象牙和其他骨头做出来的装饰品。佐尔法伊格顺着俄罗斯的大河而下，跨过黑海，一路上艰险万分，危机四伏，最终她来到了拜占庭这座闪闪发光的城市，她还和船员组建了新的家庭，虽然里面有敌人也有盟友。在后记中，克罗斯利·霍兰说自己的写作灵感来自刻在阿亚索菲亚大教堂高处的如尼文：而他给主人公的父亲起的名字正是“哈夫丹”。《古匕首》则继续讲述了佐尔法伊格在君士坦丁堡的冒险之旅。凭借哈拉尔和包括哈夫丹在内的勇猛雇佣兵的支持，残暴的佐伊女皇（Empress Zoe）统治了君士坦丁堡。在这个熔炉一样的城市里，基督教徒、异教徒和撒拉森人混杂在一起，佐尔法伊格必须学会自己辨别谁是朋友，谁是敌人。

对维京历史的批判

佐尔法伊格对维京人的生活方式是否道德是持怀疑态度的，同样持这个观点的还有冰岛作家、诺贝尔文学奖得主哈尔多尔·拉克斯内斯（Halldór Laxness）的维京时代小说《杰尔普拉》（*Gerpla*，1952），这本小说在前几年被菲利普·拉夫顿（Philip Roughton）翻译成了英文，译名为《率性英雄》（*Wayward Heroes*，2016）。拉克斯内斯的《杰尔普拉》改编自《结拜兄弟传奇》（*Fóstbrœðra saga*），但其内容多了几处自创和润色。整个故事时而有意思，时而又很可怕，作者用表面正经的语气讲述了一对结拜兄弟、两位性格极端且截然不同的英雄的故事。托尔吉尔·哈瓦尔森（Þorgeir Hávarsson）由母亲抚养长大，是个精神变态，心中唯有荣誉，为了获得荣誉他可以杀掉一切敌人，绝不放过一个。另一位英雄名叫托尔莫祖尔·贝萨松（Þormóður Bessason），是一位诗人，女人缘极好。这对结拜兄弟发誓要做一辈子好朋友，但托尔吉尔的暴虐却让二人在小说一开始就分道扬镳了。然而，在托尔吉尔被杀后，虽然托尔莫祖尔和自己的妻子托尔蒂斯（Þordís）还有女儿们过着神仙般的快乐日子，他却没有逃避为朋友报仇的责任。属于他的冒险又一次开始，作者在原传奇基础上对他在格陵兰岛和挪威的经历加以了创新与更详尽的描述。拉克斯内斯在讽刺主角大男子主义的愚蠢时丝毫不留情面，虽然偶有的同情之语能稍加中和一下作者的尖酸。过时的英雄主义的疯狂追求并不是他抨击的唯一对象。投机主义的神父和主教、迷信至极的爱尔兰僧侣、甚至连强壮的奥拉夫（Óláfur the Stout，后来的圣奥拉夫，挪威的主保圣人）都是一开口就背叛自己超凡脱俗信仰的人。理智又热爱和平的冰岛农民完全同意这位愤世嫉俗的作者所表达的批判。“当杀手和诗人走到了一起，带来的只有伤害和不幸。没有土地的平民百姓更应该关注自身，磨炼自己钓鱼和猎海豹的能力，而不是舞刀弄枪。”有人建议道。让拉克斯内斯持怀疑态度的不仅是维京历史的价值、无谓的暴力和对荣誉的狭隘的崇拜，还有那个时代的冰岛因为中世纪萨迦而膨胀的民族自信，以及认为中世纪萨迦是冰岛最值得骄傲的文化成就的想法。

电影中的维京战士与《权力的游戏》

好莱坞心目中的维京就是海盗战队和一群身上有着特别男子气概和男性群体认同感的维京战士。这一传统可以说是始于《海盗》(*The Vikings*，1958)。这部电影由柯克·道格拉斯（Kirk Douglas）和托尼·柯蒂斯（Tony Curtis）主演，以炫酷的特技出名。其中的名场面就是战船沿挪威峡湾行驶，柯克·道格拉斯饰演的埃纳在长船平行的船桨间奔跑，从一根桨跳到另一根，如履平地。导演理查德·弗莱彻（Richard Fleischer）惊叹道："千年都不曾有人见过的这样的奇景。"在电影里，托尼·柯蒂斯饰演的埃里克最终发现自己的真实身份是英国国王的儿子，他必须改正维京人的野蛮行径，重新唤起文明的天性——即使那需要杀掉他的养父和哥哥。我们在第 8 章会讨论更多有关《海盗》的剧情。

约翰·麦克蒂尔南（John McTiernan）导演的电影《终极奇兵》(*The 13th Warrior*，1999) 中，安东尼奥·班德拉斯（Antonio Banderas）饰演的伊本·法德兰（Ibn Fahdlan 或者是 Fadlan）是个真实存在的历史人物。现实中的伊本·法德兰是 10 世纪的阿拉伯人，他详细记录下了自己遇见一群斯堪的纳维亚战士的经历，这些战士当时正在今俄罗斯的伏尔加河边为去世的酋长举行葬礼。影片中的伊本·法德兰是高度文明的产物却对文明世界大失所望，他遇见了一群维京海盗，并被迫加入了其中。他跟随新同伴回到了他们遥远的家乡，去拯救被可怖的"食尸人"攻击的村落。这些"食尸人"会吃人，是比北欧海盗更野蛮的存在。经过此次冒险，他开始珍视自己的维京伙伴，敬佩起他们的勇气、忠诚和对生活的热情，最重要的是他懂得了何为真正的男子气概以及真正该施展男子气概的地方。在电影的收场白中，有画外音祈求真主阿拉"保佑这些北欧异教徒，他们做到了有福同享、有难同当，他们让伊本·法德兰成为真正的男人"。正如一位评论家所写的，《终极奇兵》讲的是"真男人用真男人的方法做真男人该做的事"：这也是许多维京电影想隐晦传达的思想。

特里・琼斯（Terry Jones）的科幻动画片《维京海盗埃里克》（*Erik the Viking*，1989）继承了维京电影里的“真男人”思想和许多观众熟悉的表现手法，我们下面会讨论。这部影片里的狂战士宴会集结了不少维京电影的套路：大喊大叫的醉汉；朝被绑住的亚麻色头发的少女扔斧子，这个在电影《海盗》中有十分类似的场景；还有相当多的为个人荣誉而起的争执。维京电影还有一个传统，就是女人通常会生气地批评男人的装腔作势；这个时候大家都知道，她脸上要挨一拳了，而打人的通常是男二号。

约翰・麦克蒂尔南导演的电影《终极奇兵》剧照

我们在第2章讲过的以及第8章会提到的历史频道电视剧《维京传奇》，虽然表现的是现代观点里的维京形象，但它体现的同样也是中世纪后期对维京人的刻板印象和现代研究之间碰撞的结果。罗伯特・艾格斯（Robert Eggers）2022年导演的电影《北欧人》（*The Northman*），剧本由艾格斯和冰岛作家秀恩（Sjón）共同创作，改编自哈姆雷特的故事（原故事作者为丹麦作家萨克索・格拉玛提库斯）。艾格斯在接受采访时说，“这部电影有最好的维京历史学家和考古学家顾问”；所以电影从维京打斗技巧到服装和妆造，依据的都是最新研究。其中最为特别的一个妆造就是复刻了某些维京战士会在牙齿上开槽，然后涂上颜料的细节。影片遵循维京电影的惯例，用了不少著名演员，亚历山大·斯卡斯加德饰演主人公阿姆雷斯（Amleth），安雅·泰勒－乔伊（Anya Taylor-Joy）饰演被俘的斯拉夫人奥尔加（Olga），妮可·基德曼饰演阿姆雷斯的母亲古德伦，比约克（Björk）则饰演了一名盲眼女预言家。影片开场是一场气氛低迷的维京宴会，阿姆雷斯就是我们在下一节会讲到的身材健硕、“身披狼皮”的狂战士。电影里不止一次出现了瓦格纳恢宏的乐曲所描绘的骑在马上的女武神背负着倒下的战士前去瓦尔哈拉的幻象，以及乌普萨拉祭祀大树的神话原型的幻象。艾格斯碍于现代的性别敏感问题，虽然电影里有暗示性暴力，却没有明显地表现出来。掌握了超自然力量的女性往往拥有相当大的权力。极端的大男子主义暴力和在荣誉与复仇面前绝不妥协的信念遭到了质疑：比为获得金银财宝而出海冒险和劫掠这些常常被美化的行为更为卑劣的是，将同为人类的俘虏当作奴隶残忍卖掉。当阿姆雷斯长大到可以去复仇的时候，对于自己使命的正当性，他刚开始是没有丝毫怀疑的。但和莎士比亚笔下的哈姆雷特一样，是人道甚至妇人之仁，还是玉石俱焚的惨烈结局，阿姆雷斯最后不得不做出选择。《北欧人》对中世纪早期历史的重现非常与众不同，许多为观众所熟悉的维京电影的套路在这里都被推翻或抛弃了；然而，电影的审美致敬的依旧是白人主义、有毒的男性气概和极端暴力这些故事本身在隐晦批判的意识形态。

如果说好莱坞电影是在延续和夸大大众对维京人的普遍看法，那中世纪学者的幻想作品则是异曲同工，例如乔治·R. R. 马丁书里以及火爆全球的电视剧《权力的游戏》中的铁民[①]。他们引以为豪的族语“强取胜于苦耕”（We do not sow）将他们困在了单一的社会系

① 铁民（Ironborn）：生活在维斯特洛大陆西海岸日落之海中铁群岛原住民的自称，尤指那些以劫掠和海盗为生的人。——编者注

统中，困在了“古道”[①]里，他们的想法与中世纪人们对于维京人的传统看法一模一样：他们的经济基础就是出海劫掠，而非贸易（除抓俘虏做奴隶买卖以外）。

罗伯特·艾格斯电影《北欧人》（2022）剧照，菲约尼尔（Fjölnir）国王回到赫拉夫西（Hrafnsey）家中

所以，当从小在北境长大的席恩·葛雷乔伊（Theon Greyjoy）身着北境流行的装束，穿着天鹅绒和丝绸做成的衣服，戴着金链回到铁群岛时，他的老顽固父亲、铁群岛之王巴隆（King Balon）朝他吼道：“你脖子上的小玩意儿是用金子还是用铁换来的？”席恩这才想起来，依照古道，“女人可以花钱买装饰品打扮自己，然而战士所穿戴的饰品，必得从自己杀死的敌人身上夺来”。“席恩，你脸红得跟闺女一样。我再问你一遍：你付的是金子，还是铁钱？”虽这么问，但巴隆心里早有了答案；他一把将项链从儿子脖子上扯了下来，扔进了

① 古道（Old Way）：铁民称呼自己劫掠传统所用的术语。通过战争掠夺财物替代购买，即是他们所谓的“付铁钱”。——编者注

火盆里。巴隆并没能在七国之乱里活太久；他被自己长相英俊但手段残忍的弟弟攸伦（Euron）暗杀后，攸伦继任为铁群岛之王。但铁民的生活也迎来了变化：在电视剧结尾，巴隆的女儿亚拉（Yara）成为铁民的领袖。她答应了丹妮莉丝·坦格利安（Daenerys Targaryen）他们会弃绝“烧杀劫掠、奸淫抢虐”的古道，就像11世纪的斯堪的纳维亚人一样，改行做商人、农民或者小贩。在维斯特洛大陆冉冉升起的新世界里，维京人的生活方式似是难以为继了。

异常凶猛无畏的狂战士

狂战士就是那些异常凶猛无畏的战士。根据有限的史料记载，我们可以推测狂战士是一群精英战士，履行着仪式性的角色，如教导年轻战士等。他们或许会穿熊皮或者狼皮，作为自家首领的私人保镖，冲在战争最前线组成盾墙，并吼出让敌人胆战心惊的战争号子。中世纪的文学作品中描绘了各种各样的狂战士。在冰岛萨迦里，狂战士被描述成了处于社会边缘的人；他们通常独来独往或者组成小团体游荡，做一些保镖类的工作。多数情况下，他们会去权贵人家殿中，被分派给主家的妻子或者女儿；凡拒绝者必须参与决斗。狂战士一旦受到挑衅或者在打斗开始前，就会变得狂怒：他们会啃咬盾牌的边缘、嚎叫、咆哮，企图用这些动作吓住敌人。大约在19世纪早期从外赫布里底的刘易斯岛（Outer Hebridean island of Lewis）出土的著名棋子验证了这一观点：其中四枚棋子被雕刻成了带盾守卫的形象，一排明晃晃的牙齿咬住了盾牌的上缘。

文学作品里的狂战士有时还有免疫火和剑的伤害的能力，以及偶尔会口吐白沫，不过这些通常都是后来比较玄幻向的萨迦里写的。人们对狂战士（Berserkers）一词的意思颇有争议：也许是bear-shirts，意为熊皮衣服；或者是bare-shirts，指不穿衣服战斗，虽然，和大众认知不符的是，狂战士并不会裸着身子战斗。有些证据表明狂战士小队也会被称为“狼皮”（úlfheðnar，英文为 wolf-coats），这进一步证实了狂战士一词可能与动物皮毛有关的猜想。

即使在萨迦里，狂战士也不总是能被当回事儿。在《杀手格卢姆尔萨迦》（*Víga-Glúms saga*）中，狂战士比约恩（Björn）前去拜访冰岛人格卢姆尔（Glúmr）及其年迈的祖父在挪威的殿堂，他挑战了在座的每个男人，就为了让他们承认自己不如比约恩勇猛。格卢姆尔评价说：“回家吧，我们把你这样的人叫作傻子。”他跳起来，一手薅下比约恩的头盔，另一只手从火堆里抓起一根燃烧着的木块就往狂战士身上招呼，直将他打出了殿内。还有一位名叫格雷提（Grettir）的冰岛人对上了一个狂战士的头头，这位头领端着架子骑在马上，嘴里咬住盾牌往上一击，打断了对手的下巴。格雷提将他拽下了马，扯掉了他的头盔，一招轻松取下了他的首级。

刘易斯棋子，出土自外赫布里底的刘易斯岛 (1150—1200)

冰岛斯奈山半岛的狂战士熔岩原

在另一首萨迦里，一位名叫斯滕尔（Stýrr）的冰岛酋长在挪威遇见了一对狂战士，于是雇他们回家做打手，大大巩固了自己的地位。但当其中一位狂战士求娶酋长的女儿时，酋长毫不犹豫打算清除掉这个隐患。他先是派他们去熔岩原开路。好在两个狂战士力气大，在规定时间内完成了这项艰巨任务。作为奖励，酋长邀请他们去自己在半地下室的浴室蒸桑拿，并把里面加热到了让人难以忍受的温度。当虚脱的两人挣扎着走出门时，斯滕尔把两人都杀了，尸体就埋在了他们自己修的路边——直至今日我们还能在斯奈山半岛佩宁苏拉（Snæfellsnes Peninsula）看到这条路。

狂战士作战时状态癫狂、半身裸露且对疼痛毫无感觉，这种或许并不正确的观点却引发了众多猜测，到底为何会出现这类文字记录。对此人们众说纷纭，有人说是狂战士吃了毒蝇蕈，一种萨米人在萨满仪式上用的蘑菇；有人说是喝了大量的酒；还有人猜测他们有心理变态倾向或者各种身体疾病。然而，在中世纪资料里并没有提到用蘑菇或酒精来刺激狂战士的行为：在某首萨迦里，一群狂战士喝醉了，结果被主人公单枪匹马灭了大部分人；已知的病理里也没有能与狂战士的症状对得上的。最有可能的就是狂战士原本是一支训练有素的精英战队，如果没有他们敬重的首领约束他们，就会变得极端反社会。然而，在现代作品中仍有沿用狂战士的战斗力是靠药物加强的观点。

现代狂战士不再是刘易斯出土的棋子刻画的咬盾护卫的形象，而是摇身一变成了幻想人物：胸膛赤裸、没有痛觉的狂暴战士。在沃尔特·司各特爵士的小说《海盗》（1822）中，他就是明确用这些词语来形容“狂战士”的，在他的影响下，维多利亚时代人们想象中的狂战士就成了这种形象。此后“狂暴”（berserk）一词更多的是用作形容词，与维京时代的背景可以说是少有关系或者没有直接关系了。狂战士在流行小说中并不常见，倒是在历史小说里有出现，例如埃里克·林克莱特（Eric Linklater）的《海边的人》（*The Men of Ness*，1959）以及探险家蒂姆·塞弗林（Tim Severin）的《维京人：奥丁之子》（*Viking: Odinn's Child*）和《维京人：结拜兄弟》（*Viking: Sworn Brother*，2005）。《结拜兄弟》里面讲到了一位女性狂战士，名叫弗雷迪丝·埃里克斯多蒂尔（Freydís Eiríksdóttir），我们在第 9 章会讲到她的故事。这些故事遵循的都是司各特开创的传统，不过小说的作者也涉猎了大量通俗历史读物，因此在故事中整合了裸体、嚎叫、发狂的元素，并加入了摄取麻醉剂的情节来解释狂战士失控的原因。

对描写狂战士有兴趣的都是相对比较近期的电影。上述讨论的主流维京电影如《海盗》和《终极奇兵》中并没有狂战士的角色，就连罗杰·科曼（Roger Corman）1958 年导演的不入流的、磨坊影院[①]的电影《维京出逃记》（*The Saga of the Viking Women and Their Voyage to the Waters of the Great Sea Serpent*）里也没有他们的身影。不过，特里·琼斯作为中世纪历史爱好者兼学者，在他的《维京海盗埃里克》里出现一对狂战士父子“狂暴的沉静者”乌尔夫（Ulf the

① 磨坊影院：美国的一种长期放映低成本恐怖及剥削电影的戏院。——编者注

Maddeningly Calm）和狂暴者斯文（Sven the Berserk）也就不让人意外了。乌尔夫教导儿子狂战士的传统："我每回奉君命（金发哈拉尔国王）上战场就会化身狂暴状态。这是作为一个狂战士的责任；只有在战争最激烈的时候，你才能让血色狂暴控制住你的身体。"这些话斯文听了无数遍，他希望父亲能说点别的话，但老人总是不厌其烦地重复，直到他的喋喋不休惹得斯文狂躁不已，但这是他最不应该变身狂暴的场合。他一头撞向最近的墙壁，将它砸了个粉碎，把身边能毁的东西全毁了。这个举动引来了一众围观女子的批评（"这太危险了！"）。他的父亲警告他，如果他现在把自己所有的怒气外放，那就无法积攒到足够的狂暴之气在他需要的时候用到战场上。最后在他的朋友托尔芬的生死关头，斯文成功在战斗中恰如其分地释放出了怒气。斯文口吐白沫，找到了内在的狂暴之气，打败了海中巨蟒，让他的父亲感到十分骄傲。琼斯对斯文一步步成长找到真我的描写既幽默又感人。这部电影用了蒙提·派森式的喜剧反转，比如无法在战场进入狂暴状态的狂战士，以及喜剧式的名字，比如乌尔夫自相矛盾的绰号。斯文的祖父一定是个非常谨慎的狂战士，因为他是寿终正寝的，他是否能够进入瓦尔哈拉成为电影争论的焦点。这个谜底在大家一起去往众神家园的时候揭晓了，因为他们在那里见到了祖父。显然，自瓦格纳时代起，荣耀殿堂的录取标准就放宽了。

狂战士这个角色简直就是为以维京时代为背景的电脑游戏量身定制的。《刺客信条》最新一部《英灵殿》发布了一款独立游戏《狂战士之道》(*The Way of the Berserker*，2020)。游戏的主人公埃沃尔·瓦兰斯多蒂尔（Eivor Varinsdottir）是奥丁的化身，他得知一位名叫血牙比约恩（Björn Bloodtooth）的传奇狂战士将现身东盎格利亚（East Anglia），于是漂洋过海前去调查。比约恩已经退休，他和妻子阿尔芙希尔德（Alfhild）想在英国安度晚年。不可思议的是，两人收养了一只白色母熊崽，并给她取名恩吉奥（Njal，常为男子名）。可是阿尔芙希尔德被一位麦西亚领主暗杀，比约恩要去为她报仇。埃沃尔提出要帮比约恩报仇，他先是为比约恩找到了制作"狂战士药剂"需要的最后一味材料龙葵，喝下这种药剂的狂战士能达到力量与怒气值的巅峰。两位战士一起喝下了药剂，比约恩吟诵了一段狂战士咒文：“何以称呼汝，汝是披熊皮者，披狼皮者，还是啖肉饮血者？我等是咬盾者，破墙者，生于战争洪流者！”埃沃尔应和：“身为咬盾者，当为荣誉战！”在药剂的作用下，比约恩变成了一头熊，不过两人在攻击并击杀敌人时仍保持人类形态。小熊恩吉奥死后，比约恩和埃沃尔为她举行了感人至深的哀悼，比约恩还让埃沃尔去采她生前最爱的花放在她的遗体上，没想到两人还有如此柔情的一面。恩吉奥在葬礼上去了瓦尔哈拉，并在那里与阿尔芙希尔德重聚，而比约恩加入了埃沃尔的乌鸦团开始了新的冒险。游戏创作者显然熟知狂战士的传统特征，如萨迦中提到的身穿狼皮、咬盾的狂战士，用药物引发的狂暴状态以及狂战士与熊之间萨满式的联系（Björn 意为“熊”，是萨迦中常见的狂战士的名字）。

ᛉ

现代流行作品中的维京人及其近亲狂战士经历了无数变形。维京人从冷酷无情的海盗、古英文诗歌里的“异教杀人狼”演变成了与历史有细微差别的人物：他们既劫掠也做生意，还会写诗、刻如尼文，娶妻生子。19 世纪时，重视维京遗产的呼声高涨，人们爱冒险、爱自由的情绪也高涨起来；而同时一群白人至上主义者制定出了雅利安白色人种优势论，我们在第 9 章会讨论。现在人们普遍认为维京人里也有女子，她们曾横渡大海在大西洋群岛寻找新的家园，甚至穿上男装像勇敢的赫尔薇尔一样战斗。在药物刺激下激发狂暴属性的狂战士已经成为不受欢迎的代表。他们不仅伤害敌人，也伤害友方，甚至伤到自己，可怕的狂战士如同是绅士型维京英雄的滑稽仿版。我们在下一章会看到，即使对北欧传奇中最伟大的英雄西格鲁德来说，平衡英雄气概、个人荣誉、勇气与对浪漫爱情坦诚以待也是一大挑战。

第7章 屠龙勇士

勇气与智慧的试炼

在过去的150年里，龙与屠龙勇士被赋予了一系列新的含义。龙成了对人类生命产生可怕威胁的技术的象征；但龙也象征着永生者的智慧。它知道如何用自己的能言善辩操纵人类：它会利用自己的能力让对方生出恐惧，还会揭示未知的未来或传授重要的知识。只有极少数人拥有驾驭或暂时操控龙的能力：这不仅需要学习和不断练习，还需要智慧、勇气和决心。最古老的印欧神话模板与现代主题间产生了强有力的共鸣：我们都以为真正可怕的从来不是神话传说里的怪物，而是人类蓄意为之、相互背叛的无数种方式。

有了龙，有了一大堆宝藏，那必然要有一位英雄出现。这类故事都是围绕贪婪展开的：故事里的龙是贪婪的化身，对自己的宝库里每一件东西都了如指掌；那些内心贪婪之人，想要获得宝藏，却缺少勇气和能力；最后就是我们视钱财如粪土但视荣誉为一切的英雄，他会战胜恶龙，成为屠龙勇士。

第 7 章
屠龙勇士　勇气与智慧的试炼

恶龙与勇士的故事模型

恶龙（或其他危险且皮糙肉厚的怪物）与勇士的神话是印欧神话体系中最古老、最广为流传的故事：带有特殊武器或具备特别技能的年轻人，成功杀死了无人能杀得了的凶猛生物，将被怪物占据的土地重新还给了人类。在北欧英雄传说中，杀死强大巨龙法夫尼尔，赢得巨额宝藏的英雄就是大英雄西格蒙德的遗腹子、奥丁的直系后人西格鲁德。

在第 2 章我们简单提到过法夫尼尔，在瓦格纳的歌剧里它叫作法夫纳，是沃坦请来建造瓦尔哈拉的两位建筑大师之一。但这并非他在北欧神话里原本的角色。根据《诗体埃达》及《沃尔松格萨迦》记载，法夫尼尔有两个兄弟，分别叫雷金（Reginn）和欧特（Otr）。欧特是个变形人，会变形成水獭。有一天，洛基和奥丁还有另一位神海尼尔从水獭身边走过，洛基拿起块石头砸向它。欧特被砸死，洛基剥下它的皮做成一只袋子。偏偏那晚三位神到了欧特的父亲赫瑞德玛（Hreiðmarr）家中过夜。洛基讲起了这段经历，还将那只袋子展示给众人看，赫瑞德玛和儿子怒不可遏。几人将三位神抓起来，要他们用金子来赎自己。洛基想了个办法来解决；他知道另一个变形人，一个名叫安德瓦利（Andvari）的矮人，他住在状似长矛的瀑布附近，拥有巨额财宝。洛基抓了安德瓦利，让他交出所有财宝，包括安德瓦利想要留给自己的那枚指环。愤怒之下，安德瓦利给指环下了诅咒。三位神回到赫瑞德玛家中，堆起来的金子几乎盖住了水獭皮做的袋子。为了盖住水獭的最后一根胡须，奥丁不情不愿地将安德瓦利的指环也放了上去。三位神离开后，雷金和法夫尼尔要父亲分一部分赎金给他们，赫瑞德玛拒绝了。于是法夫尼尔杀了自己的父亲，带着财宝去了格尼塔荒原（Gnita-heath），以巨龙的形态趴在宝藏上。这个故事是瓦格纳《莱茵的黄金》剧情的原核，不同的是瓦格纳在其中整合了“建筑大师的故事”，且在歌剧中宝藏和被诅咒的指环来自莱茵仙女守护的黄金。

有了龙，有了一大堆宝藏，那必然要有一位英雄出现。这类故事都是围绕贪婪展开的：故事里的龙是贪婪的化身，对自己的宝库里的每一件东西，小到一只高脚杯都了如指掌；那些内心贪婪之人，想要获得宝藏，却缺少勇气和能力；最后就是我们视钱财如粪土但视荣誉为一切的英雄，他会战胜恶龙，成为屠龙勇士。然而，在下一章我们会看到，在太过年轻的时候就成为屠龙勇士意味着你的人生巅峰来得太早。再没有任何事能超过这项非凡壮举，而通常屠龙勇士的生活在此之后会急转而下。西格鲁德在战胜巨龙后紧接着就遇到了一系列的道德挑战，不单是他和女武神布伦希尔德的爱情，还有种种境况最终导致他悲惨地英年早逝。

西格鲁德是由他的养父雷金抚养长大的，雷金是一位老铁匠，也是法夫尼尔的兄弟。自从法夫尼尔抢走父亲和他那部分赎金后，雷金就为了报仇而活，他一直敦促年轻的英雄为他杀了恶龙。雷金用西格鲁德生父西格蒙德武器的碎片为他铸造了一把名剑，这把剑就是我们在第 1 章里讲到的西格蒙德从巴恩斯托克树干中抽出的那把剑。雷金铸造的剑刃刚好能最大程度发挥西格鲁德的非凡神力，西格鲁德已经准备好替父复仇了。两人赶到格尼塔荒原，顺着爪印他们发现巨龙爬到山底去河中饮水去了。雷金退到了一边，这时一位神秘老人出现了，他让西格鲁德挖一串深坑，然后躺进最大的坑里从下方刺向巨龙。剩下的坑则用来接住濒死巨龙的血和毒液。西格鲁德接受了好心人的建议，因为很显然他就是奥丁假扮的。最终西格鲁德给了巨龙致命一击。巨龙在临死前警告西格鲁德不要相信雷金，还向他传授了一些其他知识。

雷金吩咐西格鲁德将巨龙的心脏烤了给他，然后就去小憩了。雷金还是像之前使唤学徒一样随意使唤这位屠龙勇士的行为显然很不合时宜，但西格鲁德还是照做了。他在检查心脏有没有烤熟的时候用拇指戳了进去，结果被烫到。西格鲁德将烫伤的拇指塞进嘴里，发现自己可以听懂鸟语了。在他头顶的树上坐着几只非常固执己见的鸸，鸟儿们警告他雷金醒来之后就会杀了他；他最好先发制人杀了自己的养父，然后带着财宝到附近的辛达尔山（Hindarfjall）上去，在山顶他会见到一位在火墙后沉睡的女武神。

西格鲁德照做了，他砍掉了雷金的头，把财宝摞到他忠实的马格拉尼（Grani）身上。很快他就来到了辛达尔山，唤醒了女武神，请她教自己知识。在《诗体埃达》中，女武神的名字叫西格德里弗（Sigrdrífa，意为带来胜利者），她教会了年轻的英雄如尼文和咒语，还给了他一些实用的建议。但到这里《诗体埃达》的手稿就缺失了，往后的诗里西格鲁德已经离开了此处。好在我们还有《散文埃达》，其中《沃尔松格萨迦》中就有讲到缺失部分的故事。不过，为了洽合一些相互矛盾的版本，萨迦中的剧情也并非前后一致。根据萨迦记载，女武神名为布伦希尔德，奥丁罚她陷入沉睡并要求她嫁给唤醒她的那个男人。她就是瓦格纳剧中布伦希尔德的原型，我们在第 2 章讲过她的故事。布伦希尔德违抗奥丁的命令，没有将战争的胜利授予众神之父属意的人，而是给了一位更年轻、英俊的英雄。

萨迦中的布伦希尔德有着复杂的背景故事。她不仅失去了奥丁的宠爱，连她的哥哥阿特利（Atli，一个以大迁徙时代匈人领袖阿特利为原型的传奇人物）都一心认为她应该为了家族与一个强大的王朝联姻。布伦希尔德发过誓自己只嫁给最伟大的英雄，也就是能穿过环绕在她宫殿四周火焰的那个人。布伦希尔德与西格鲁德一起发誓非对方不嫁（娶），接着西格鲁德继续前行，来到一座位于莱茵河岸沃尔姆斯的宫殿。在那里他遇见了古纳尔，古纳尔的兄弟霍格尼（Högni），他们的妹妹古德伦（Guðrún）以及他们的母亲格莉希尔德（Grímhildr）。格莉希尔德为西格鲁德备上了一剂"遗忘药水"。很快西格鲁德就将布伦希尔德忘得一干二净，转头和古德伦订了婚，众人皆大欢喜。古纳尔请西格鲁德帮他赢得传说中的女武神布伦希尔德，两人向着她的宫殿出发。古纳尔的马不肯穿过火焰。西格鲁德的马格拉尼可以穿过火焰，但前提是骑在马背上的人是西格鲁德。那怎么办呢？这对姻亲兄弟用魔法互换了外表，假扮成古纳尔的西格鲁德为古纳尔赢得了布伦希尔德。布伦希尔德既惊且疑：不是只有西格鲁德才能够跨越火焰吗？但她又不能背弃自己发过的誓言，能穿过火焰的人就是她未来的丈夫。

两场婚礼同时举行，但宴会进行到一半时，遗忘药水的药力消退，西格鲁德记起了他对布伦希尔德的感情。思及为时已晚，西格鲁德决定做一个对大家都好的选择。日子就这样过去，直到有天布伦希尔德和古纳尔之间爆发了激烈的争吵，古纳尔说出了互换外表之事。布伦希尔德倍感羞辱，她无法忍受这件事。西格鲁德假扮成古纳尔闯过火墙后，曾与布伦希尔德共度过三晚，但他们之间什么也没有发生，因为西格鲁德将拔出的剑放在了两人中间。但布伦希尔德告诉古纳尔，说西格鲁德背叛了他，其实西格鲁德才是她的"第一个男人"。这话也不全是假的，因为早在西格鲁德来到古纳尔的宫殿之前，她与西格鲁德在山顶初次见面之时就已经成为恋人。现在，布伦希尔德要求，西格鲁德必须付出代价。于是古纳尔设计杀害了西格鲁德。关于西格鲁德的死法有很多不同版本：在床上被一位没有与他歃血为盟过的内兄袭击；参加政法会议回程路上被埋伏杀死；狩猎时从背后被捅刀（瓦格纳所用的版本）。在布伦希尔德的建议下，西格鲁德与古德伦尚在襁褓之中的儿子也被杀了，以免他长大之后来寻仇。

西格鲁德的冤死让所有人都遭受了强烈的反噬。布伦希尔德自杀，遗体与西格鲁德一同火化。古德伦被流放丹麦，直到她的哥哥和母亲将她接回家，把她嫁给了布伦希尔德的哥哥阿特利。这场婚姻也并没有好结局。阿特利想要巨龙的宝藏，但古德伦的两个哥哥不肯将宝藏所在告诉他，于是阿特利将他们都杀了。狡猾的古纳尔早已将财宝沉到了莱茵河底，阿特利永远也不可能得到它。为了报复，古德伦杀了阿特利以及她和阿特利所生的两个儿子。

德国还有另一版本的西格鲁德传说，记载于《尼伯龙根之歌》（*Das Nibelungenlied*）中，这首史诗的创作时间大约是在 1200 年。在这个故事里，西格鲁德的名字叫齐格弗里德，而他命中的劫数名叫勃吕恩希尔特；他的妻子也不叫古德伦，而是叫克里姆希尔特（Kriemhilt），她从一个满怀爱意的妻子变成了一心只想为夫报仇的可怕之人。

左：西格鲁德在烤龙心，位于马恩岛的柯克·安德烈亚斯十字架（Kirk Andreas Cross，马恩十字架 121，10 世纪晚期）；右：西格鲁德与巨龙，挪威海勒斯塔德教堂雕刻门细节（约 12 世纪）

在诗歌最后，克里姆希尔特的所有兄弟以及杀死齐格弗里德的主谋哈根（Hagen）全都死了，克里姆希尔特还亲自砍下了哈根的头颅。著名老战士希尔德勃兰特（Hildebrand）将这个满心仇恨的“女恶魔”砍成了几段。瓦格纳选择了改编斯堪的纳维亚版本的故事，而不是这首中世纪的德国诗歌，并增添了这位无所畏惧的年轻勇士在民间故事里的一些细节，同时也借鉴了其他的德国民谣材料。

屠龙勇士西格鲁德就这样陨落了，但他的光芒如此耀眼，正如萨迦中所述，再无后来者可以与之匹敌；凡是说德语的地方，他的名字就不会被忘记；只要世界永存，他的名字就会在北地永生。西格鲁德、古纳尔、布伦希尔德和古德伦一直存在于北方人民的记忆里，他们的故事也被讲述了一遍又一遍。西格鲁德传说中的场景被雕刻在马恩岛（Isle of Man）的石头十字架上、瑞典的如尼石碑上，以及挪威海勒斯塔德（Hylestad）著名教堂的门上。海勒斯塔德教堂门上所刻的是完整的故事，从雷金与西格鲁德密谋复仇一直画到了阿特利用蛇坑困住古纳尔将他杀害。这个故事的民谣版本在丹麦非常流行，但被记录下来的时间比较晚，故事细节也不够完整。在法罗群岛上西格鲁德（或叫西格德，Sjúrðr）的民谣也是广为传唱，时间可以追溯到中世纪起，不过一直到 18 世纪这些民谣才被记录下来。

瓦格纳歌剧中的齐格弗里德

最初激发瓦格纳想象力的是齐格弗里德的枉死，所以《尼伯龙根的指环》歌剧剧本最早一版的名字叫《齐格弗里德之死》（*Siegfrieds Tod*）。当这部史诗级歌剧慢慢成形之时，瓦格纳开始从齐格弗里德之死回溯，讲述这位英雄是如何走向死亡的、他父母的故事以及宝藏的来源。歌剧的第三部《齐格弗里德》是基调最为明亮的一部。歌剧开场是米梅在铸剑。米梅是歌剧版的雷金，也是阿尔贝里希的兄弟。在《莱茵的黄金》中，阿尔贝里希发誓断情绝爱并由此获得了宝藏。

位于瑞典拉姆松德（Ramsund）的刻有西格鲁德传说的石碑（约 1030 年）

自从齐格弗里德的父母在《女武神》里去世后，他就一直由米梅抚养。米梅心心念念想得到法夫纳的金子，而男孩已经有能力去完成这项任务了，只要米梅能为他锻造一把适合的利剑。齐格弗里德是个顽皮的少年，总是戏弄打趣他的监护人：在第一次出场时，齐格弗里德身边跟着一只熊，是他从森林里捉来的。当米梅锻造的剑再一次断在他手里时，米梅又开始絮絮叨叨宝藏的故事，齐格弗里德气呼呼地跑开了。米梅从（沃坦伪装的）流浪者那里得知只有"无所畏惧之人"才能成功铸造出宝剑，并且这个无畏者将会取走米梅的首级。这让矮人陷入了困境：他必须在剑铸好后，试着把恐惧灌输给齐格弗里德。《无所畏惧的男孩》（*The Boy who Knew no Fear*）是格林兄弟所写的一个民间喜剧故事，瓦格纳说他在男孩身上见到了年轻的齐格弗里德的影子，所以就有了剧里齐格弗里德和熊在一起的那些滑稽动作，还有他在欺负自己养父和面对沃坦伪装成的流浪者时展现出的从容与自信。

将父亲魔法武器的碎片铸成诺统神剑后，齐格弗里德就准备好去杀法夫纳了。他还听从一只啄木鸟的意见杀了米梅，因为米梅在得到宝藏后意欲卸磨杀驴，给齐格弗里德煮了毒药想让男孩喝下。在第三幕，齐格弗里德出发去寻找自己被火墙包围的未来新娘。齐格弗里德之前从未见过女人，虽然啄木鸟告诉过他一些他可能会见到的东西，但当他砍断沉睡之人的锁子甲时，他意识到有些地方不一样。齐格弗里德的惊叹“Das ist kein Mann!”（这不是男人！）常常引得观众发笑。不过至少现在他知道害怕了；他不敢唤醒这个美妙的存在，但内心的渴望又驱使他上前。齐格弗里德鼓起勇气吻了布伦希尔德，布伦希尔德醒过来，欣喜万分，感谢着众神的恩赐；欢笑声消散在整部歌剧里最为壮美的乐声中。两人互相起誓，布伦希尔德唱道：“他永远是我的，始终是我的，他是我的财富；沐浴爱河，无惧死亡。”在齐格弗里德复述她的话时，幕布缓缓落下。

在第 10 章我们会细讲瓦格纳在第四部《诸神的黄昏》中是如何处理齐格弗里德之死的，正是齐格弗里德的死最后终结了沃坦的统治。他的死亡也标志着全体英雄男子的末日。和他的父亲齐格蒙德之前一样，齐格弗里德一直在沃坦的监视下；他的使命就是作为一个“自由者”去取得指环，恢复世界秩序。齐格蒙德的英雄主义不仅败给了他与妹妹的不伦之恋，败在了这段恋情给他招致的敌人弗丽卡手上，还败在了沃坦在他妹妹家留给他的诺统神剑上，因为这让他的胜利有了神力相助。齐格弗里德是在无知中长大的，他不知道自己的出身，不知道沃坦对他的期待，也不知道人类世界运行的法则。唯有“自由者”才能穿过火焰找到布伦希尔德，但到了故事最后，只做一个“自由者”是不够的。齐格弗里德坦荡的英雄主义既不能帮他躲过哈根的阴谋诡计，也不能帮他躲过布伦希尔德的报复。当他与布伦希尔德双双殒命，指环回归莱茵河中，在巩特尔（Gunther）殿堂废墟中，人们“怀着前所未有的激荡情绪”（根据瓦格纳的台本）抬头望天，只见火焰吞噬掉了聚集在瓦尔哈拉的众神与众英雄，与他们一同被抹去的是英雄可以拯救世界的想法。现在应该创造一个怎样的世界呢？

第 7 章
屠龙勇士 勇气与智慧的试炼

《齐格弗里德》(*Siegfried*)，奥伯利·比亚兹莱（Aubery Beardsley）绘（约 1892—1893）

虽然瓦格纳在 1857 年写《齐格弗里德》时乐观地认为这部歌剧一定会红极一时，并为其他几部铺好路，但奇怪的是，尽管其配乐十分恢宏，这一部却一直是四部里最不受观众喜爱的一部。虽然矮人一直在哄骗齐格弗里德，但齐格弗里德欺负他的行为实在难看，给人的观感并不好；年轻人的自吹自擂听起来也很刺耳，好在第二幕里他在与鸟儿的对话中，用抒情诗般的自述感叹了自己的孤独，挽回了形象。托尔斯泰在拜罗伊特看完《齐格弗里德》后表示自己并不享受："整部剧又假又蠢，要我坚持看完实在是为难我。"作家、艺术家兼设计师威廉·莫里斯有位友人"刚从拜罗伊特"回来，激动万分地为他重现当时的场景，但他不喜欢友人所描述的舞台效果："法夫尼尔这个野蛮传说中人变的野兽竟然用现代舞台设计来展现，竟然成了一条'以实用为主的哑龙，像火车引擎一样喷着蒸汽，亮着红色的危险指示灯'，父亲对此嗤之以鼻。"他的女儿梅这样说。这部歌剧确实含有大量的喜剧场景，除了熊之外，还有在第二幕里，龙心的魔法迷惑住米梅，逼迫他说出了自己想要对齐格弗里德下毒的真实意图，并为自己接下来的谋杀辩解。不过，这部剧风格的变化以及其喜剧的对比和壮美的爱情让观众得以在前传《女武神》带来的强烈冲击和后传《诸神的黄昏》带来的惊惧之间有了喘息的空间。

莫里斯史诗中的西格德

瓦格纳的《尼伯龙根的指环》第一次完整上演是在 1876 年。与此同时威廉·莫里斯正忙着写他的史诗《沃尔松格族的西格德》(*Sigurd the Volsung*，西格德即西格鲁德)，并于次年发表。莫里斯并不在意瓦格纳。莫里斯实在受不了"长着沙褐色头发的德国男高音含混其词地唱着西格德难以言说的悲痛"，他写道，在他看来这个歌剧就是"所有艺术形式中最洛可可式的、最低俗的"。莫里斯和他的合著者，也就是在 1871 年和 1873 年两次陪他去冰岛旅行的冰岛人埃里库尔·马格努松，两人已经在 1870 年出版过《沃尔松格萨迦》的散文版译本。对他来说，沃尔松格族的故事是英格兰先祖留下的遗产，并宣称："它是北方人民的伟大故事，它之于我们民族应当像特洛伊的故事之于希腊人一样。"

不管莫里斯有多不喜欢《尼伯龙根的指环》的唱腔，他的有些根本观点却与瓦格纳不谋而合。布伦希尔德在与西格德第一次见面时就告诫他，众神不可信，他不是生来就为了给众神效力的，而是来成为"他们的好朋友"的。莫里斯笔下的雷金对金子也有狂热的执念，与阿尔贝里希一样，他对黄金的欲望就是对权力的欲望。当雷金把金子据为己有后，他自夸说他将集所有神的力量为一身："世上再不会有死亡，大海将成大陆，/ 世界将于我手中青春永驻。"临死之际，法夫尼尔讲到了众神也受命运的束缚，在瓦格纳歌剧中的埃尔达也说过同样的话，这位女先知曾数次对沃坦讲过他神力的局限性：

我见过天上的诸神，
他们的命运我皆了然：
他们有爱却不施援手，
他们有恨却隐忍不言；
他们诅咒但不可以破坏，
他们祝福但不可以成全；
他们塑造了善与恶；
他们遵守着变化与终焉。

莫里斯在原史诗上做了大量改编，他与马格努松的译本着重突出女性角色，放大了她们的远见、智慧这些通常被她们周围的男子所忽视的优点；在他的译本中还删除了一些虐待儿童的情节，这样的情节在原本中有很多。此外，他还完全改写了原诗的最后一卷。在古代北欧萨迦中，见哥哥们全都死在了她现任丈夫阿特利手里，古德伦悲痛欲绝，怒上心来，立刻向阿特利展开了复仇；但莫里斯却借鉴了一部分《尼伯龙根之歌》的情节，让设计报复哥哥们的人变成了女主人公本人。古德伦利用阿特利对宝藏的贪婪操纵了他，让他将哥哥们都请到自己殿中，然后对他们发动袭击。两位哥哥带着一众战士应邀而来（在北欧萨迦中他们并没有带多少人，差不多算是只身前来），紧接着就是匈人（阿特利的部落）和尼伯龙人（莫里斯笔下古纳尔的部族）之间的一场大战。面对古纳尔和霍格尼的死，古德伦几乎没有反应。但到了第二天晚上，她就将失去利用价值的丈夫捅死，并将喝得醉醺醺的战士烧死在了殿内，然后冷静地走到悬崖边，俯瞰大海，怀想起她深爱的西格德，“难以忘怀的光”，她让大海带走了自己的生命：

她呼唤着张开了双臂，
从地面一跃而起，
切断了回头的可能；
因为海浪已将她淹没，
从今以后海的意愿就是她的意愿；
谁知道海有多深，
古德伦的长眠之地有多广，
今后的日子会怎样？

最初莫里斯的史诗得到的评价褒贬不一。评论家埃德蒙·葛斯（Edmund Gosse）认为莫里斯是“极端欲望与古老英雄希望的阐释者，像世界的黎明一样清新和重要。这首诗的氛围冰冷而锋利……（充满了）肃穆与古典的气息”。当然也不乏对他的批评，莫里斯的朋友兼诗人 A. C. 斯温伯恩（A. C. Swinburne）1882 年在给两人共同的友人西奥多·邓顿（Theodore Dunton）的信中写道：“我认为是你促成了这个仓促而又空洞的沃尔松格故事，它只会最终耗尽伟大的著作，虽然其上早已杂草蔓生，覆满冰岛的青苔。”到了 1905 年，西格德战胜诡计多端的养父和巨龙的故事，他被内兄背叛身亡的故事以及他与布伦希尔德和古德伦之间复杂而凄美的爱情故事都被纳入了教科书中。不过在书中，散文式的摘要取代了莫里斯洋洋洒洒、读来让人昏昏欲睡的长篇诗歌，而故事到西格德和布伦希尔德一起被火葬就戛然而止。

电影中的齐格弗里德

1924 年，首部由《尼伯龙根之歌》改编的著名电影《尼伯龙根》（*Die Nibelungen*）上映，导演为弗里茨·朗（Fritz Lang）。该影片分为两部：《齐格弗里德》（*Siegfried*）和《克里姆希尔德的复仇》（*Kriemhilds Rache*），两部影片加起来时长将近五小时。这部电影是一部旷世杰作，非常贴近弗里茨·朗的妻子特娅·冯·哈堡（Thea von Harbou）改编的中世纪的原诗。《尼伯龙根》是表现主义派的典范，影片有着华丽的布景、壮观的场面，以及与此形成鲜明对比的陡峭山岩与阴暗景色。扮演尼伯龙王室的演员们画着浓艳的眼妆，身着几何纹案、古色古香的戏服，经常聚在精美的舞台上，形成神圣、壮观的舞台造型。沃尔姆斯城堡的内景是明亮、对称而有序的：游方艺人在演奏，香甜的气息弥漫在空气中，可爱的克里姆希尔德在坐着缝纫。这些内场景色与剧组建造的迷雾笼罩、岩石嶙峋、树干粗壮的森林，以及原始的铁匠铺、阿尔贝里希的地下洞穴还有布伦希尔德被焰火包围的阴森城堡这些外景形成了鲜明的对比。在电影一开始，西格德在铁匠铺里做学徒，他穿着松松垮垮的衣服，英俊的面容带着自然野性的气息。影片里还有一些出人意料的反自然特效，比如一系列印象主义的梦境以及死者头上突然绽放的、预示着齐格弗里德结局的白色玫瑰。弗里茨·朗还在里面应用了先进技术：电影里那条长 20 米令人印象深刻的龙，由埃里克·克特尔胡特（Erich Kettelhut）设计，需要一个多人团队来操控它的眼睛、舌头、腿还有呼吸装置。弗里茨·朗的目的是颂扬《尼伯龙根之歌》，通过重现中世纪史诗中的宏大场面、华丽宫廷和华美服饰，让其成为“民族的圣典与精神”，以重塑人们对“日耳曼”文明的认知。

弗里茨·朗和冯·哈堡自然知道瓦格纳的作品，他们有意偏离作曲家改写的北欧故事，让电影回归《尼伯龙根之歌》。德国于1871年统一，而诗歌中的主人公齐格弗里德是这个国家强有力的象征，他被通过各种形式与俾斯麦和德皇威廉二世联系在一起。随着第一次世界大战结束，《尼伯龙根之歌》版的齐格弗里德之死，即在一次外出狩猎时被哈根从背后捅刀身亡，被解读为是左翼派和社会民主党人对德军的背叛。他们没有支持，甚至发起运动反对德意志帝国的战争目标，真正算是在德军的背后捅刀子，至少德国将军保罗·冯·兴登堡（Paul von Hindenburg）后来是这样声明的。“尼伯龙根”系列电影首映之时绝非“纳粹电影”；相反，其反映的是魏玛共和国的希望与忧患。在1933年，影片的第一部《齐格弗里德》重映时加上了瓦格纳的配乐，又得了戈培尔和希特勒的首肯，于是影片获得了纳粹各宣传组织的认可，并广为宣传：齐格弗里德这位金发健壮的雅利安人英雄可以被延伸解读为希特勒，而齐格弗里德赢得的女武神则象征着臣服于他高贵出身与英勇品格的德国。

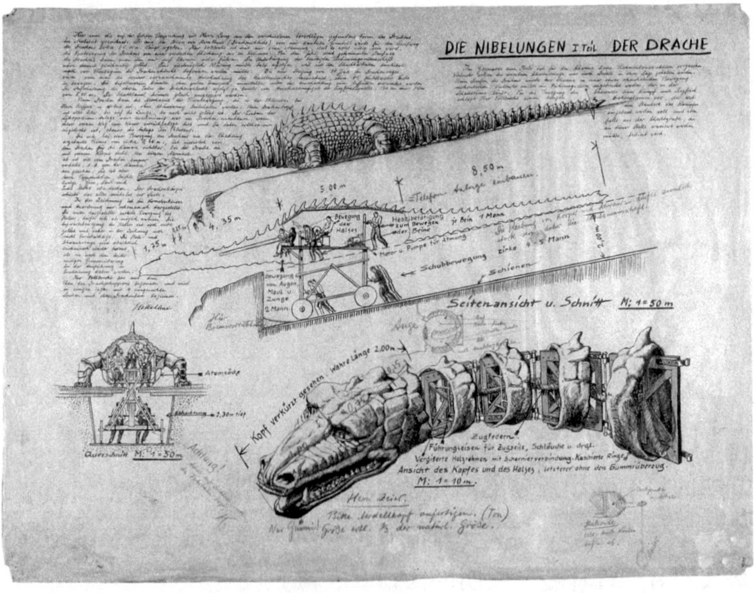

埃里克·克特尔胡特为电影《尼伯龙根：齐格弗里德》中的龙所绘的设计图（1923）

这个解读当然存在一个问题：那就是谋杀这位英雄的正是那些有教养的、彬彬有礼的沃尔姆斯贵族，即象征着德国人的尼伯龙人。德国对自身中世纪史的重新释义从始至终都是自相矛盾的。

令人意外的是，自此之后鲜有关于西格鲁德或齐格弗里德故事的作品问世。2004 年的电视电影《尼伯龙根的指环》（*Curse of the Ring*），又名《克桑滕之剑》（*Sword of Xanten*），由乌利 · 艾德（Uli Edel）导演，集结了众多著名英国演员，是一部关于爱与战争，涉及剑道与巫术的影片。或许更令你惊讶的是，昆汀 · 塔伦蒂诺（Quentin Tarantino）导演的《被解救的姜戈》（*Django Unchained*，2012）某些灵感就来源于齐格弗里德与布伦希尔德的故事，电影中也有间接提到两人。舒尔茨医生（奥地利演员克里斯托弗 · 瓦尔兹饰）是一位德国赏金猎人，他买下了非裔美国奴隶姜戈（杰米 · 福克斯饰）并解放了他，让他帮自己追踪几个残暴的奴隶管家。

死去的齐格弗里德，弗里茨 · 朗《尼伯龙根：齐格弗里德》（1924）剧照

姜戈想要找到并解救自己的妻子布鲁姆希尔达（凯丽·华盛顿饰）。这对夫妻在一次奴隶交易中被迫分开，布鲁姆希尔达现在是禽兽种植园主卡尔文·坎迪（莱昂纳多·迪·卡普里奥饰）的财产。舒尔茨知道布鲁姆希尔达的名字后，讲了一段齐格弗里德的故事，不过情节有做修改。舒尔茨说，布伦希尔德是一位公主，她是沃坦的女儿，因为违背父命被驱逐到了一座山顶。在山顶，有一条喷火的龙守卫着她，四周环绕着地狱之火。“布伦希尔德将永远被困其中，除非有个万分勇敢的英雄出现将她拯救出来。”舒尔茨最后说。姜戈期待地问：“那个英雄出现了吗？”他确信齐格弗里德有足够的勇气爬上山顶，打败恶龙，当然事实也是如此：“他穿过了地狱之火，因为布伦希尔德值得。”舒尔茨和姜戈到了坎迪的种植园糖果农场，发现布鲁姆希尔达被困在“火箱”里。“火箱”是一个埋在地里，长得像棺材一样的铁盒，这个虐待的场景呼应着她的神话原型布伦希尔德四周的火焰。姜戈最终救出了布鲁姆希尔达，杀了坎迪的糖果农场里剩下的亲信，解放了奴隶，炸了庄园，暗示毫无人性的奴隶制度走到了“诸神的黄昏”。最后，姜戈和妻子骑马并肩离去。虽然塔伦蒂诺和瓦尔兹在接受采访时说，是瓦尔兹这位奥地利演员将瓦格纳的歌剧介绍给了导演，但实际塔伦蒂诺不仅熟悉《尼伯龙根的指环》，鉴于他对电影的涉猎之广，他对弗里茨·朗的《尼伯龙根》恐怕也不陌生。当舒尔茨向姜戈讲述齐格弗里德的故事时，电影中出现的前情画面与齐格弗里德的神话高度对应。

托尔金、西格鲁德与龙

J. R. R. 托尔金曾出言澄清说他的史诗式三部曲《指环王》和瓦格纳的歌剧《尼伯龙根的指环》唯一的共同点就是：“两个指环都是圆的，除此之外再无相似之处。”但 C. S. 刘易斯（C. S. Lewis）的哥哥沃恩涅（Warnie）在日记中记录了，托尔金和 C. S. 刘易斯在 1934 年为看歌剧做准备，两人花了一晚上时间诵读瓦格纳的原版德语剧本，一直读到了《女武神》；沃恩涅读的则是英文版。托尔金对指环的设定是能赋予戴上指环之人非凡的力量，但同时也会腐化其持有者，这个设定比起《沃尔松格萨迦》中的吸金指环更像是瓦格纳歌剧里的指环。在古代北欧记载中，被诅咒的是整个宝藏；指环的作用更像是识别用的信物，让它现今的主人古德伦向指环前主人布伦希尔德证明，穿过火墙之人确是西格鲁德。和莫里斯所写的关于宝藏的记载一样，瓦格纳的指环拥有巨大的力量，所以阿尔贝里希、沃坦和法夫纳都想得到它：他们希望用指环的力量统治自己所在的这个世界，控制神族与人类。相比而言，托尔金的指环能唤醒持有者心中的嗜血与执念，它的作用主要是象征意义上的，它代表了索隆（Sauron）的至恶之念：它的拥有者并没有具体的计划说要如何利用指环获取社会地位。

托尔金在其早年所写的未完成作品《胡林的子女》（*The Children of Hurin*）中就用过很多古代北欧英雄传奇的情节，尤其是《沃尔松格萨迦》。《胡林的子女》是托尔金在第一次世界大战期间开始动笔的，他原本的设想是将故事写成一部史诗。最后这个故事由克里斯托弗·托尔金续写，于2007年发表。在故事里，托尔金创造了一头叫格劳龙（Glaurung）的龙，它和法夫尼尔一样狡诈，与黑魔王魔苟斯（Morgoth）是关系极好的盟友。书中还有一个叫密姆（Mîm）的邪恶侏儒，他背叛了主人公图林(Túrin)。托尔金还借用了萨迦中兄妹乱伦以及重塑先人之剑的情节。和西格鲁德一样，图林也是靠从下方捅剑成功杀死了格劳龙。在临死之际，格劳龙告诉图林他所娶的、正怀着他孩子的涅诺尔（Niënor）实际上是他的亲妹妹。最终胡林的两个孩子都自杀了。

托尔金作品中最出名的龙是《霍比特人》里的史矛革（Smaug）。托尔金称自己写《指环王》和《精灵宝钻》（*The Silmarillion*）最初的动力“就是语言”，他在命名书中角色时的巧思体现了他对语言的热爱，比如史矛革的名字源于古代北欧动词smjúga的过去式，意为

“悄悄爬过”。除了有北方龙共有的对金子的贪婪外，史矛革还从古英语史诗《贝奥武甫》(Beowulf) 里的龙那里继承了暴躁的性格、飞行的能力，以及喜欢喷火烧毁人类居所的习性。而他会说话，且尤其爱用隐晦的比喻复合辞和谜语式隐喻的习性，则源自北欧神话里的先祖法夫尼尔。西格鲁德在给了法夫尼尔致命一击后，与龙进行了很长一段对话，他最开始将自己的名字和家世藏在了隐晦暗示中。法夫尼尔也以晦涩的知识回敬，还预言了西格鲁德的命运。同样，在比尔博查探史矛革的洞穴时，史矛革想要诱他近前好发动攻击。比尔博奉承巨龙说：“啊，万恶之首的史矛革大人。”和西格鲁德一样，他也将自己的身份藏在了比喻复合辞中：“我是寻觅线索之人，是斩断蛛丝之人，是叮人的苍蝇。我是被选中的幸运儿。”正如托尔金所说：“这……就是和龙对话的方式，没有龙能拒绝谜语的诱惑。”聪明的比尔博极尽夸张地奉承史矛革的无懈可击，史矛革因此卸下了防备，觉得自己十分安全；他躺倒在自己堆叠成山的财宝上，露出了一大块软肋，“像脱了壳的蜗牛一样脆弱”。于是弓箭手巴德，在一只画眉鸟（托尔金版的鸲与啄木鸟）的帮助下，知道了目标的位置。他将喷着火的巨兽射出了天外，将河谷城救出了魔手。

从《指环王》到《冰与火之歌》的龙

史矛革可以说是现代幻想作品中一众龙的始祖，因为混合了古代英国与北欧的血统，所以拥有众多技能。如托尔金描述的那样，20 世纪真的出现了会飞的喷火的龙，能从空中发动猛烈的袭击：它们是装满炸弹的飞机，目标导弹，甚至核弹头。厄休拉·K. 勒古恩（Ursula K. Le Guin）的《地海传奇》(*Earthsea*，1964—2018）系列作品中的龙也会说话，只不过说的是古语。就像西格鲁德一开始本能地对法夫尼尔隐瞒了自己的身份一样，在《地海传奇》里，如果一位巫师知晓了龙的真名，就能获得支配它的力量。《地海传奇》里的龙接近于无敌，而且拥有漫长的寿命。因此他们和日耳曼传说里的龙一样，拥有远高于人类的智慧，且表现得十分狡诈。年轻的巫师格得（Ged）被派去调查蟠多岛的巨龙引发的骚乱。巨龙的八个孩子都已经接近成年，所以开始四处飞行，对周边的岛屿虎视眈眈，因为“龙的欲望虽然觉醒得慢，但很难得到满足”。蟠多岛这个“毁于龙爪的岛”已经成为海盗与奴隶贩子的聚居地有数代了，岛上藏有数额庞大的金子。这当然吸引了老龙的注意力，老龙早年袭击过蟠多岛领主，并将他烧死了，随后占据了海上领主的荒塔作为自己的老巢。格得用咒语杀了几只幼龙，然后将自己变成了一条龙，准备在空中发起另一场搏斗。不过，要战胜老龙所需的可不仅是普通的魔法。格得回想着在巫师学校所学的古老传说和有关龙的知识，猜到了老龙的名字是耶瓦德（Yevaud）：

> 他讲出龙的名字时，宛如用一条精致的细皮带绑住这巨大的活物，勒紧它的喉咙。从那条龙的凝视里，格得可以感觉到人类由来已久的恶毒和世故。他看得到他钢铁般的爪，每根均长如人类的前臂。他也看得见他石头般坚硬的兽皮，还有进出他喉咙的火焰。可是，格得仍旧勒紧那条皮带。[①]

耶瓦德迫不得已保证自己和幸存的几个儿子绝不会再飞过蟠多岛以东——而实际上，人们再也没有在群岛见过他们。在系列的后几部中，为了消除黑巫师喀布（Cob）造成的恶果，让世界重回正轨，格得与世界上最强大的龙奥姆安霸（Orm Embar）结成了联盟。奥姆之名源自古代北欧语 ormr，意为“龙”；他是强大的古龙奥姆的后代，古龙奥姆杀了地海历史上最为重要的一位英雄——龙之主厄瑞亚拜（Erreth-Akbe）。奥姆自己也死于这场战斗，他与敌人同归于尽的结局让人想起了托尔和尘世巨蟒（古北欧语写作 Miðgarðsormr）的命运。

---

① 厄体拉·勒古恩：《地海传奇：地海巫师》，蔡美玲译，江苏文艺出版社，2013。——译者注

在乔治·R. R. 马丁的“冰与火之歌”系列（1996—）小说中也有三条会飞会喷火的龙，他们的母亲丹妮莉丝分别为他们取名叫卓耿（Drogon）、雷哥（Rhaegal）和韦赛利昂（Viserion），以纪念她生命中最爱的三个男人，但这三条龙不会说话。泰温·兰尼斯特（Tywin Lannister）的侏儒儿子提利昂（Tyrion）对这三只龙特别感兴趣，和格得一样，他也知道很多有关龙的知识：“据有些学士（七国中的知识分子阶层）说，龙非常聪明，比人类要聪明得多。他们对朋友抱有感情，对敌人怀有愤怒。”

在书中，提利昂见证了一场徒劳的屠龙之战，弩箭这种武器对于龙这种全副武装的生物完全没有用：“龙是不可能这么轻易被杀的。你们这样给他挠痒痒只会惹他发怒。眼睛才是龙身上最脆弱的地方。眼睛，还有眼睛后面的脑袋。而不是那些古老传说里所说的下腹部。”马丁和提利昂自然知道那些龙的传说：他们故意提到了脆弱的腹部暗指的就是史矛革和法夫尼尔；而讲到眼睛，就让人想起了在弗里茨·朗的《尼伯龙根》里齐格弗里德最后给龙致命一剑的地方。

书版《冰与火之歌》里的三只龙到目前为止都活得好好的。但在由书改编的HBO电视剧《权力的游戏》中就并非如此了。在剧中，夜王（Night King）用冰矛射中了韦赛利昂，并将他变为冰龙，他成了唯一能推倒绝境长城之兽，一直保护着七国，不让异鬼和他们的尸鬼军团南渡的绝境长城被其攻塌。

雷哥则死得很丢人，他中了攸伦·葛雷乔伊从底下射出的两支能刺穿铠甲的蝎毒巨弩而亡：一支刺中了肚子，另一支刺穿了脖子（这应该刷新了提利昂对龙的弱点部位的战略性认知）。攸伦这个两面三刀的海王简直是七国中最配不上屠龙勇士这一光荣称号的人；在我看来，这段改写是对最伟大英雄事迹可耻的颠覆。

科幻作品里的巨龙

作家迈尔文·伯格斯擅写青少年小说，且选择的通常都是有挑战性、有争议的主题，比如性、吸毒和暴力。他对古代北欧神话传说一直很感兴趣，感兴趣到写了两本小说重塑《沃尔松格萨迦》的故事：一本是《血潮》(1999)，我们在第 1 章讨论过本书开篇的剧情，另一本是《血歌》(2005)。第一本《血潮》讲的是萨迦第一部分的主要情节：即西格鲁德的父亲西格蒙德的故事、西格蒙德的父兄死于妹夫西格尔阴谋之下的故事，以及西格蒙德、其妹希格妮还有两人乱伦生下的孩子辛菲特利的旷日持久的复仇之路。伯格斯将故事背景改到了未来世界的伦敦，此时的伦敦被互相竞争的军阀占领，而在远方一个叫拉格诺（Ragnor）的城市里，正在兴起一种基因技术，让人与奇怪的动物杂交，生出"杂交人"，再对其身体加以可怕的改造。这种科技很大程度上代替了原萨迦中的超自然魔法元素。在《血潮》最后，大仇最终得报：康纳（即西格尔）和希格妮都死了。希格妮与双胞胎哥哥西格伊乱伦生出的孩子斯蒂尔（即辛菲特利）在其复仇和死亡中扮演了重要角色。斯蒂尔是被克隆出来的，他有被加强的基因和一个由他的母亲设计的一心只想复仇的大脑，在最后的屠杀中，他杀死了自己的哥哥和母亲。

第二本《血歌》的故事设定在一百年后的未来。西格伊已经死了，但是他的儿子西格德还活着，并与他的母亲约迪丝（Hjordis）一起住在威尔士。这里的每个人都带有非人类基因：西格德一半是狮子，他的养父雷金一半是猪。雷金要西格德杀了占据汉普斯特德荒野的可怕巨龙法夫尼尔。法夫尼尔以"神之机器"的形式存在，拥有非凡的技术力量，可以控制情绪，雷金非常想得到它。在改编的故事里，法夫尼尔并非雷金的哥哥，而是西格德的哥哥，因为他实际上是前一部小说里的斯蒂尔。所以小说主人公和恶龙是同一个父亲，斯蒂尔，即法夫尼尔已经差不多完全是基因工程的产物了，在这一百年的时间里，他一直在不断改写自己的基因以加强自己的能力。世上没有东西可以刺穿法夫尼尔的外皮，除了西格德从父亲那里继承的那把刀，也就是很久之前奥丁给西格伊的礼物（见第 1 章）。和在萨迦中一样，书中的西格德为了杀死这个怪物，听从奥丁的指示挖了个坑，躺在里面等了三个晚上，奥丁一直陪他待在这个奇怪的地下世界里。和在古代北欧故事里一样，法夫尼尔也和这个来杀他的人聊了很久，只不过他的目的是想转移主人公的注意力，不让他注意到“这杂种有两个心脏”，而且正在暗中修复，准备再次发动攻击。尽管如此西格德还是赢了，他发现法夫尼尔真的藏着金子，而且就藏在“命运公司庞大的绿色机器后面”。他将金子堆到他的科技马斯雷普（Slipper，是奥丁的马斯雷普尼尔的双关）身上，为了自卫他还杀了雷金，炸了法夫尼尔的老巢，包括那个命运机器。

伦敦被核武器夷平了，但在城市的下方，是寄生于伦敦的反乌托邦城市克雷利（Crayley，是伯格斯的出生地、一个单调的新兴城镇克劳利的双关）。奥丁的女儿布里欧妮（Bryony），也就是布伦希尔德，就被困在那里，在火墙和有毒的后工业时代废弃物后面。为了躲过法夫尼尔城堡爆炸造成的冲击波，西格德向下一个猛冲掉进了城市中心，幸好他的身体因为沐浴过法夫尼尔的血而变得坚不可摧，这才活了下来。在那里他遇见了布里欧妮并爱上了她。布里欧妮很快就怀了他的孩子，但她无法离开克雷利，除非能有可以防御火和毒素的保护衣。于是西格德离开了她准备去拿一些法夫尼尔的龙皮给她做防火衣。到了地面上之后，他就被卷进了尼伯林（Niberlin）家族的命运之河中。尼伯林家是非常有权势的军阀，家族中混了大量狗的基因。但书里的西格德并没有喝遗忘药水，尼伯林家族的女族长格里姆希尔德（Grimhild）克隆了一个西格德出来，消除了他脑中与布里欧妮有关的记忆，并将真的西格德杀了。克隆人回到了布里欧妮身边，摧毁了克雷利，因为这个城市正在吞噬着一切，对地面上的世界来说，它变成了一个可怕的威胁。它已经吞噬了布里欧妮和西格德的孩子比阿特丽斯（Beatrice）的神经网络，并且威胁到了地面上所有生命的安全。在这次冒险行动中，西格德变成了古纳尔的样子，因为他的内兄曾冒着失去荣誉和威信的风险尝试过一次，但失败了：

> 是的，古纳尔是个好人——但他想要的东西太多了。可能他的脑子也在下面烧坏了吧。西格德是真的不在乎功绩而只在乎争取功绩的过程，于是想都没想就把这份荣耀让了出去，但其实如果他拒绝的话，才是一个好朋友应该做的。他这一个举动以后会伤多少人的心啊。

西格德虽然炸了命运公司的机器，却逃不开命运本身。纵观伯格斯的整本小说，西格德所做决定的大部分都是受古纳尔邪恶的母亲无法摧毁的那部分自我——即他的博爱之心所驱使，但这些决定却让他在背叛和欺骗的道路上越走越远。他的记忆被清除后，克隆西格德的爱转向了古德伦。布里欧妮与古纳尔在一起了，但在她和古德伦的一次争吵中，布里欧妮得知了真相，由此引爆了家族内乱，在戏剧性的高潮中主角团全军覆没。

ᛉ

在过去的150年里，龙与屠龙勇士被赋予了一系列新的含义。龙成了对人类生命产生可怕威胁的技术的象征：从安静卧在格尼塔荒原守着金子，到弗里茨·朗的《尼伯龙根》里跳出来恐吓齐格弗里德，到后来，在《权力的游戏》中能夷平整个城市、焚烧所有居民。但龙也象征着永生者的智慧。它知道如何用自己的能言善辩操纵人类：它会利用自己的能力让对方生出恐惧，还会揭示未知的未来或传授重要的知识。只有极少数人拥有驾驭或暂时操控龙的能力：这不仅需要学习和不断练习，还需要智慧、勇气和决心。龙和人类也可以友好共存。如克雷茜达·考埃尔在其著名的《驯龙高手》系列中所说，真正决意做维京勇士的少年就能够驯服他们。龙还可以做子女的替代，比如，虽然奇怪，但丹妮莉丝就以龙母自居。这些对龙进行重塑的作品虽然部分消除了他们的神秘感，但也强调了其所具备的巨大的想象潜力。

屠龙勇士象征着英雄主义的最高形式：他们有直面顶级恐怖之化身的勇气并能找到摧毁它的方法。屠龙勇士通常需要关键的技术元素，比如重铸的先祖之剑或者西格德的石刀，还需要知道龙的弱点和软肋：比如脆弱的双眼和肚子。神的帮助也不可或缺；有些英雄会留意奥丁暗中的建议，不过瓦格纳的齐格弗里德很轻蔑地拒绝了，因为他已不再为瓦尔哈拉的诸神效力。他们或许有非比寻常的勇敢，但在面对被权利侵蚀、有着嫉妒心、贪婪与恐惧的人类所使出的阴谋诡计时，西格鲁德和他的后裔就有些招架不住了。他们相对天真，显然把自己的真心一次性全给了能与自己匹敌的无畏女英雄、女武神，却不幸落入了尼伯龙人与其盟友的圈套中。英雄死了，在死时他才意识到自己被骗得有多惨，又在敌人的假意奉承与操纵下失去了什么，可惜已经太晚了。最古老的印欧神话模板与现代关注的主题间产生了强有力的共鸣：我们都以为真正可怕的从来不是神话传说里的怪物，而是人类蓄意为之、相互背叛的无数种方式。

第 8 章

毛裤子朗纳尔

维京人的征服精神

在当代，人们将这位死于蛇坑的英雄与他的儿子们宏大的复仇故事、斯堪的纳维亚人在英格兰建立居住地的源起以及阿尔弗雷德大帝的胜利联系在一起，组成了一个鲜活的故事。朗纳尔及其子被用在以移民、文化融合、多元文化主义以及国家认同等新兴思想为主题的故事线中。这些复杂的社会进程，被巧妙地融合进《孤国春秋》《维京传奇》，甚至《刺客信条》，它们也同样是我们当下生活经历的文化核心。

真高兴奥丁准备了宴席！很快我就能手握弯角痛饮麦芽酒了。我绝不会心怀恐惧地走进奥丁的殿堂。在那里，我会等着我的儿子们来加入我。等他们来了，我将沉浸在他们胜利的故事里。我的死亡里没有遗憾。我将欢迎女武神召唤我回家！

朗纳尔的屠龙与儿子的复仇之征

朗纳尔·洛德布罗克绰号毛裤子，也是古代北欧的一位传奇英雄，不论是在中世纪的斯堪的纳维亚还是在后世，朗纳尔的名气都仅逊于西格鲁德。朗纳尔的故事，以及更重要的，其妻与子的故事被详细记录在萨克索·格拉玛提库斯的《丹麦人的事迹》（约 1200 年）以及朗纳尔自己的萨迦中。朗纳尔的萨迦现与《沃尔松格萨迦》保存在同一本手稿中，但是手稿残破得非常厉害，几不可读。这篇萨迦还有讲述朗纳尔儿子冒险之旅的简短续作，创作于 13 世纪中期。朗纳尔是古代北欧除西格鲁德外另一伟大的屠龙勇士。朗纳尔所杀的那条龙是索拉公主（Princess Þóra）的宠物，会喷射毒液。这个小家伙原是献给公主的礼物，女孩每天在它身下放一枚金子养着它；它长啊长，长到每天能吃掉一整头牛，它坐在数额庞大的嫁妆上，身子盘踞在索拉的宫殿外，将宫殿包围住。它允许公主自由出入，但排斥他人，尤其是公主的追求者。朗纳尔听说，不论是谁，只要能杀死这条龙，就能得到金子和公主。朗纳尔有件特制的上衣和裤子，是用某种蓬松的羊毛或其他皮毛做成的，又被沥青浸泡过。他扭松固定矛头的钉子，然后在一大清早，无人醒着能见证他的壮举之时，出发前去屠龙。朗纳尔用矛捅了龙两回；最后一次矛在龙背上插得太深，整个矛头都陷进了肉里。濒死的野兽忍着剧痛喷射出毒液，朗纳尔随即跳开，要不是他穿着保护衣，毒液就会把他化个干净了。哥特兰（位于瑞典南部）

人都惊诧万分，没想到巨龙竟如此突然就被暗杀了。朗纳尔向众人展示给巨龙造成致命伤的矛头与自己的矛身是相匹配的，以证实自己就是杀掉巨龙之人。他娶了索拉，得到了金子。在人生第一次冒险之时，朗纳尔就证明了自己的英雄气概。

自此之后，朗纳尔的命运可谓是祸福齐临。索拉在生下两个孩子后去世，朗纳尔凭借自己的机智得到了聪慧有教养的美人亚丝拉琪（Áslaug）的认可。亚丝拉琪是西格鲁德与布伦希尔德的女儿，她在父母死后被布伦希尔德的养父海米尔（Heimir）所救。在旅行中，海米尔轻信了两个恶毒的挪威农民的假意款待，两人为了金子杀了海米尔，将小女孩当作自己的女儿养大，整日虐待她。听闻亚丝拉琪的美貌后，朗纳尔给她出了个谜题：她来见他必须不穿衣服但也不能裸着，不能禁食但也不能吃东西，不能独自来但也不能带人。聪明的亚丝拉琪很快想出了办法，她披了张渔网，嘴里咬根葱，带着一条狗来了。朗纳尔娶了亚丝拉琪，但此时他尚不知道她的父母是谁。朗纳尔不顾亚丝拉琪的反对，坚持要与她立刻发生关系，尽管亚丝拉琪警告他这样他们会生出一个残疾的儿子。他们的儿子“无骨者”伊瓦尔（Ívarr the Boneless）确实生下来没有骨头，全是软骨，不过他在身体上的缺陷全在智力上补回来了。他们后来又生了几个儿子，但朗纳尔做了个不明智的决定，他答应了娶瑞典国王的女儿，因为国王是他的朋友，而这场联姻有实实在在的政治理由。亚丝拉琪听到风声后（和父亲一样，她也能听懂鸟语，鸟儿告诉了她丈夫的不忠），将自己的身世告诉了朗纳尔。她预言自己现在怀着的这个儿子将有蛇一样的瞳孔以证明自己所言非虚。亚丝拉琪的预言实现了，这个男孩有着一双非同寻常眼睛，他的父母用他外祖父的名字给他起名为西格鲁德，他还有个别名叫“蛇瞳”。

朗纳尔大部分时间都待在家，治理丹麦，他的儿子成年后则开始外出征战。伊瓦尔也坐着一种舆轿上战场。朗纳尔的联姻告吹后，丹麦与瑞典的关系就冷了下来。

朗纳尔与亚丝拉琪，奥古斯特·马姆斯特罗姆（August Malmström）绘，
彼得·奥古斯特·格德埃克（Peter August Gödecke）《朗纳尔·洛德布罗克及其子之传奇》（*Sagan om Ragnar Lodbrok och hans söner*，1880）插画

朗纳尔与索拉生的几个大儿子在入侵瑞典时被杀，亚丝拉琪鼓励自己的儿子为他们同父异母的哥哥报仇，她自己也领着一支队伍去了战场。兄弟几人征服了瑞典，杀了瑞典国王，然后继续在这片大陆上对外扩张。他们甚至意图进军罗马，但在遇见一位老者之后打消了这个念头。这位老者穿着一双破破烂烂的铁鞋，背上还背着一双，他解释说自己从罗马一路走过来，磨破了两双铁鞋。罗马竟然这么远，几兄弟于是决定放弃计划。

与此同时，镇守家中的朗纳尔已经听厌了大家对儿子立下的丰功伟绩的夸赞，觉得自己的风头被儿子盖过了。他决定远征英格兰，重振威名，并且只带两艘战船。他的妻子认为这个主意糟透了，要想征服英格兰他需要更多的船只，但朗纳尔拒绝了她的建议。他说，如果带着大军前去，即使赢了也没什么可光荣的；但如果输了，那他就只损失了两艘船。亚丝拉琪仍心存疑虑，于是她为丈夫缝制了一件刀枪不入的魔法上衣。朗纳尔在诺森伯里亚登陆，对上了埃拉国王的大军。虽然他使着曾经用来屠龙的那杆矛全力以赴地战斗，但还是被俘，随后他被扔进了蛇坑里，因为他不肯向敌人承认自己的身份。见蛇群不攻击朗纳尔，埃拉下令剥下他所有的衣服，包括那件魔法上衣。接着朗纳尔说出了那句著名的话："小猪们要是知道老野猪在受什么苦肯定要尖叫了"，随即群蛇咬了上去。朗纳尔的几个儿子很快就以雷霆手段为父亲报仇雪恨，征服了英格兰，显然也同意了埃拉的议和条款。伊瓦尔只用了一条计谋，就获得了足够多的土地来建设一座城镇，也就是后来的伦敦。（狄多也是用这招建立了迦太基城：她要了与所商定土地等面积的牛皮，然后将这些牛皮切成了一条条细条，并用这些细条划定了一大片土地。）被伊瓦尔的花招激怒，埃拉再次发动攻击，结果被俘，死于了一种名为"血鹰"的酷刑。这种刑罚很可能是虚构的，受刑者是献给奥丁的祭品，他的胸腔被撕开，双肺被扯到后背上，看起来就像鹰的翅膀一样。伊瓦尔一直统治着英国，而他的兄弟则分散在外。一位在入侵波罗的海时英勇阵亡；另两位娶了高门贵女，成为北欧重要王朝的先祖。统一了挪威的国王金发哈拉尔是"蛇瞳"西格鲁德的孙子；根据丹麦编年史，许多丹麦国王都是西格鲁德的后裔，包括英格兰自己的王克努特。

因此在萨迦中，除了屠龙外，朗纳尔再无其他壮举，余下的就是他赢得妻子，生下儿子，最后固执己见出征英格兰的故事。相比之下萨克索·格拉玛提库斯对这位丹麦英雄的了解就要多得多了。作为丹麦国王，朗纳尔在神盾女孩拉葛莎的帮助下替祖父向瑞典国王寻仇，后强迫拉葛莎嫁给自己，又移情别恋喜欢上了索拉，于是抛弃了拉葛莎。

蛇坑里的朗纳尔，查尔斯·拉于尔（Charles Lahure）《法国通俗史》（*Histoire populaire de la France*，1864—1866）插画

索拉原由两条巨龙守护，但被朗纳尔杀了。朗纳尔的儿子中多数生母都是索拉。朗纳尔后来出征英格兰、苏格兰、挪威、奥克尼和瑞典等国，他不在的日子里他的儿子们受命监国。他还有一个儿子成了斯奇提亚人的王，不过被赫勒斯滂（Hellespont）王子在小亚细亚杀害。除此之外，朗纳尔还入侵了萨米人和远在欧洲北部的比亚马兰人（Bjarmians）的领地，并对不列颠群岛屡次发动进攻。最后，诺森伯

里亚的埃拉在爱尔兰成功打败了朗纳尔的军队；也是在此地，朗纳尔被扔进了蛇坑，活活咬死。

维京雄狮：历史上的朗纳尔及其子

能证明朗纳是真实存在的历史人物的证据的确不足，但也并非没有。依据记载着中世纪早期英格兰主要历史的《盎格鲁－撒克逊编年史》(*Anglo-Saxon Chronicle*)，有一位叫雷金赫鲁斯（Reginherus）或者拉格纳（Ragnall）的人曾在9世纪40年代领兵骚扰法兰克海岸，后被法兰克国王秃头查理（King Charles the Bald）招安，并在那里给了他一块土地。不过后来，双方的协定破裂；雷金赫鲁斯带领手下沿塞纳河而上，包围了巴黎，在拿到7 000里弗尔银币后才肯退兵，这批赎金数量之巨需要九十个人才能搬走。法兰克史书称雷金赫鲁斯在那之后不久就去世了，但据其他可信度不一的记载说，雷金赫鲁斯或拉格纳后来又在851年入侵爱尔兰，接着又袭击了英格兰西北部。据推断，他应该是奠立都柏林的人物之一。朗纳尔的历史原型可能在9世纪50年代死于爱尔兰海地区的某处。

在文学资料里显示是朗纳尔儿子的三人：伊瓦尔、哈夫丹和乌拜（Ubbi）则有较多的历史文献作为证据，虽然我们无法确定三人是不是围攻巴黎之人的儿子。如果伊瓦尔就是爱尔兰史书里所记载的伊梅尔（Ímair，此推论正确的可能性极大），那他在857年至863年间曾活跃于爱尔兰。据记载，他与他的兄弟哈夫丹和乌拜一起，于865年带领“维京雄狮”抵达英格兰。这支维京大军在诺森伯里亚作战，杀了此地几个敌方国王，包括埃拉，并于866年占领约克。868年，他们拿下了东盎格利亚；869年，于塞特福德（Thetford）杀东盎格利亚的埃德蒙国王（King Edmund，即后来被封圣的“殉道者”圣埃德蒙）。伊瓦尔似乎在870年左右就不再领兵打仗了，而是回到了苏格兰和爱尔兰打理政务。上述这些战役并不是早期维京人那种只在夏季出击、打完就跑的突袭；他们的大军会在各处过冬，并且带有清晰的目的，即征服和定居。在丹麦“夏季大军”的增援支持下，“维京雄狮”派了一个师南下，与威塞克斯大军大战数回（据《盎格鲁－撒克逊编年史》说是九回），最终与阿尔弗雷德大帝达成休战协议。乌拜于 878 年在德文（Devon）死于基努伊特战役（Battle of Cynuit）。

圣埃德蒙的雕塑，伊曼纽尔·奥布赖恩（Emmanuel O'Brien）作，位于萨福克郡（Suffolk）伯里圣埃德蒙兹（Bury St Edmunds，2011）

考古人员在英国德比郡雷普顿（Repton）中世纪早期所建的圣韦斯坦（St Wystan）教堂附近挖掘出一处大型墓葬，圣韦斯坦教堂是麦西亚王室的墓地，而人们在墓葬中发现了 264 具死于 9 世纪 70 年代中期的斯堪的纳维亚男女的遗骨。据推测，他们可能与“维京雄狮”有关，“维京雄狮”在 873—874 年征服麦西亚王国后曾在雷普顿扎营过冬。麦西亚国王伯格雷德（Burghred）逃到了罗马，最后死在了那里。“维京雄狮”取得的军事胜利改变了不列颠群岛的历史。在这场战役之后的一个世纪里，早期的英格兰王国被推翻；他们在爱尔兰建立了一个重要的军事王朝，其后裔时不时领军回来骚扰英格兰国王，大军里的普通士兵找到土地，定居下来，与当地的女子通婚，成为盎格鲁 - 丹麦人，时至今日我们在一些遗迹和语言中还能找到他们的痕迹。

蔑视死亡：朗纳尔的死亡之歌

到了 17 世纪，人们重新想起了朗纳尔这个人物，起因是一位叫马格努斯 · 奥拉夫松（Magnús Ólafsson）的冰岛牧师想要在冰岛找到文献证据支撑萨克索对丹麦早期历史的记载，他找到了一份中世纪手稿，里面含有《朗纳尔的死亡之歌》（*Ragnarr's 'Death Song'*），据传是朗纳尔在蛇坑临死之际吟唱的诗。马格努斯将此诗的抄本并自己的丹麦语译本和评注一起寄给了在哥本哈根的古文物学家奥勒 · 沃尔姆（Ole Worm）。1636 年，沃尔姆发表了该诗歌的拉丁文译本以及被转写成如尼文的古代北欧原文。事实上，一旦某首北欧诗歌出了拉丁文版，就能在全欧洲传阅，很快其他国家也开始讨论起这首“死亡之歌”及其英雄精神。马格努斯寄给沃尔姆的他自己记录的诗中有几处谬误；其中就包括了一段影响恶劣的误译，它让大家都误以为维京英雄在瓦尔哈拉用敌人的头骨喝酒。托马斯 · 巴尔托林（见第 6 章）在所他写的有关古代维京人为何蔑视死亡的书中，着重写了朗纳尔和这首诗，很快英国学者纷纷引用“死亡之歌”来表明某种特别的蛮人勇气：能无忧无虑地迎接死亡，能满意地回首自己的英雄生涯，能赞美暴力征战之乐，并期盼瓦尔哈拉的不朽荣光。这首引得大家竞相评论，也出了许多不同版本，一直到几个世纪之后才淡出了人们的视野。在喜欢莪相那种粗犷、原始精神的哥特诗歌爱好者看来，对奠立人们对维京英雄的传统观念起最大影响的，不是《赫尔薇尔之咒》，也不是《致命女神》，而是这首诗。

托马斯·珀西主教于 1763 年发表了拉丁文译著《如尼诗歌五则》，译文非常简洁明了，极好地体现了二十九节原诗的要旨。诗的开始雷格纳（Regner，即朗纳尔）在回忆自己的第一次壮举：他是如何杀掉巨龙，赢得索拉的。接着，他又讲述自己的伟大战绩，每讲一场战争，开场都是直白的："我们持剑而战。"这些战争提供了"成河的血流和充足的食物，饲养饥饿的狼和黄脚的禽"——这里显然用了著名的"战争野兽"主题：鹰、乌鸦、狼都来到战场，希望能靠尸体饱餐一顿。"整个海洋是一个伤口，"雷格纳夸口道，"那一日的快乐堪比在宴会最高的桌子上亲吻年轻的寡妇。"实际上，古代北欧原诗并没有把战争之乐比作男女之乐（这是马格努斯·奥拉夫松的一处谬误，却在其他译本中广为流传）。对真正的维京英雄来说，杀戮永远比性更激动人心。雷格纳被囚于蛇坑，希望儿子能给自己报仇："很快我的儿子们就会用埃拉的血来祭剑；他们用怒意斟满酒杯，他们的怒火熊熊燃起。"他注定归于瓦尔哈拉，在殿中他将"用我们敌人的头骨痛饮啤酒"；"命运女神"（女武神）会迎接他坐上奥丁神殿的最高座。因为，"勇者绝不会在死亡面前退缩"，"死没什么可悲的"。诗的最后，虽然他没有想到取他性命竟然是一文不值的埃拉，但是"我是笑着赴死的"。由此，雷格纳的死亡之歌成为维京英雄主义比喻用词的大全，这首诗也印证了 18 世纪的人们对北地英雄所具有的极端勇气的推崇，他们即使并非英勇死去，也依旧骄傲地蔑视死亡。

这首诗在 19 世纪依旧流行，而且被重译了很多次，其辞藻之华丽远非珀西直截了当的用词可比。当考古学家在奥克尼群岛新石器时代的麦豪石室（Maes Howe）新发现了如尼铭文，并在 1862 年将其发表后，朗纳尔之子的复仇之征似乎有了更多的佐证资料。麦豪石室里的铭文大部分于 12 世纪中期刻成；因为在《奥克尼岛民萨迦》（*Orkneyinga saga*）中就记载了一位在麦豪石室躲避暴风雪的男子。其中一段铭文隐晦提及了一位叫洛德布罗格（Lodbrog）的人还有她的儿子，皆是非凡出色之人。受邀前来翻译石室内铭文的是一生都在为不列颠群岛的如尼铭文编目的古文物教授乔治·斯蒂芬斯（George Stephens）以及另外两位斯堪的纳维亚教授。斯蒂芬斯认为，这些铭文其实是“著名的斯堪的纳维亚海王”在 9 世纪 70 年代所刻，虽然他没有解释为什么洛德布罗格是位女子。而丹麦教授 C. C. 拉芬（C. C. Rafn）则认为，根据铭文记载，该石室应该是洛德布罗格“施法的殿堂”或预言台。拉芬说，因为 brók 一词在语法上是阴性的，所以奥克尼当地都认为洛德布罗格是女子名。看两位专家是如何得出这些高度假设性的解读颇有意思。斯蒂芬斯将“洛德布罗格”的铭文与“死亡之歌”对应，而对传奇萨迦有深度研究的拉芬知道，有一首萨迦讲的就是一段前往奥克尼的旅程被一位会法术的女子所施的咒语阻碍，而诗里这位女子正是坐在这样一个“施法台”上，只是这个“施法台”的位置是在挪威而非奥克尼；这也许就是雕刻者捏造了一个在奥克尼有着不同寻常名字的女巫的原因。

电影《海盗》里的朗纳尔传奇

1958 年的电影《海盗》就改编自朗纳尔的传奇故事。该电影讲述的是朗纳尔第一次进攻诺森伯里亚之后的事。朗纳尔（欧内斯特·博格宁饰）杀了埃德温国王（King Edwin），强暴了他的王后。埃德温的堂弟埃拉（弗兰克·思林饰）继承了王位。为了安全起见，伊妮德王后（Queen Enid）将自己被强奸生下的儿子送去了意大利，以免埃拉国王要除掉他。这个叫埃里克的男孩有个信物，是埃德温国王剑柄圆头上的宝石。埃里克被海盗抓住，被当作俘虏转卖，最后阴差阳错到了在挪威的朗纳尔处。埃里克与朗纳尔的嫡子埃纳尔成了势同水火的敌人。在电影后半段，埃里克与本要嫁给埃拉的摩根娜公主（Princess Morgana，珍妮特・利饰）私奔，朗纳尔前去追捕埃里克。但途中朗纳尔遭遇海难，被埃里克所救，埃里克将他囚住交给了埃拉。埃拉下令处决朗纳尔，把他绑住扔进了“关着狼群的坑中，这些饿疯了的狼被训练过，爱喝人血”。埃里克奉命将囚犯扔进坑里，但他切断了绑住朗纳尔的绳索，给了他一把剑，这样他就可以握着宝剑死去，最终便可去往瓦尔哈拉了。因为埃里克违背了埃拉的命令，埃拉砍了他一只手。

埃里克将这位英雄的死讯带回给埃纳尔。两人一起出兵为朗纳尔报仇，埃拉自己也被扔进了狼坑而死。虽然已经一起报过了仇，但两人又回到了昔日的竞争状态。埃里克将自己的信物宝石送给了公主，公主从埃拉城堡的一位牧师那里知道了自己爱人的身世。她告诉埃纳尔，他的死敌实际上是他同父异母的弟弟。于是，在两人为摩根娜决一死战时，虽然埃纳尔占了上风，却在关键时刻犹豫了，埃里克将断剑捅进了他的身体。临死之际，埃纳尔伸出手去够自己的剑，这样他或许就能和父亲一样光荣死去。埃里克非常绅士地将剑递给了他，并疑惑地问摩根娜：“他为什么犹豫了？”摩根娜没有回答。最后，埃纳尔大喊一声“奥丁”，也去了瓦尔哈拉。人们为埃纳尔举行了宏大的维京葬礼，他的遗体被放在长船上，用燃烧的箭矢点燃。在《冰与火之歌》和《权力的游戏》中霍斯特・徒利（Hoster Tully）的葬礼上也重现了这一场景，虽然，很尴尬地，霍斯特的儿子艾德慕・徒利（Edmure Tully）数次射偏火箭，他的叔叔不得不代替他点燃葬船。在第 10 章我们会讲到更多有关维京长船葬礼的知识。

在《海盗》里，除了有用《朗纳尔萨迦》的故事大纲，即朗纳尔和诺森伯里亚的埃拉国王的对战、朗纳尔不体面的死亡以及其子的复仇之外，还整合了另一个著名日耳曼传奇的情节：同父异母的兄弟在自相残杀后才知道对方身份。自这部重塑朗纳尔与其子英勇故事的经典电影上映后，后来的许多维京电影都开始流行这些场景元素：朝被绑住的女孩扔斧子、战船全速前进的壮观场面、维京葬礼以及不时出现的对奥丁与瓦尔哈拉的呼唤。

《刺客信条》《维京传奇》《孤国春秋》

有两部大获成功的电视剧就有用到朗纳尔及其子的萨迦中的一些元素。《孤国春秋》（*The Last Kingdom*）改编自伯纳德·康威尔（Bernard Cornwell）的系列小说《撒克逊传说》（*The Saxon Tales*）。故事设定在9世纪的英格兰，讲的是斯堪的纳维亚的入侵和威塞克斯王国的内政。在小说的第一部《最后的王国》（2004）中，贝班堡（Bebbanburg，今班堡）的尤特雷德（Uhtred）在父亲的城堡被维京人攻破后成为孤儿，被一个叫朗纳尔的维京首领收养。此朗纳尔非我们的朋友毛裤子朗纳尔，而是一个叫拉文（Ravn，意为渡鸦）的男人的儿子。尤特雷德一天天长大，但他的忠心并不纯粹，他非常爱自己的养父，也理解维京文化，但同时他也有野心，他的最终目标是夺回祖先在贝班堡的土地。他去了威塞克斯王国，为阿尔弗雷德大帝抵御由朗纳尔·洛德布罗克的儿子伊瓦尔、哈夫丹和乌拜领导的维京大军，在剧中朗纳尔是丹麦和瑞典国王。不论是在康沃尔的小说中还是在电视剧中，维京人都是热情、勇猛、火爆的形象，显然比内敛、畏神、沉郁的英格兰人要有魅力得多。

朗纳尔·洛德布罗克的三个儿子里，伊瓦尔只是一笔带过：他死在了爱尔兰，于是乌拜离了丹麦大军前去爱尔兰为他报仇。哈夫丹没有在电视剧中出现，不过在小说中有出现。在电视剧第一季，乌拜（挪威演员鲁内·泰特饰）是尤特雷德（亚历山大·德雷蒙饰）最强劲的对手，决意要杀了尤特雷德为他的君主朗纳尔·拉文森（Ragnar Ravnsson）报仇，虽然拉文森之死与尤特雷德毫无关系。“我给你的建议是：永远不要惹恼乌拜，永远不要与他交手。”朗纳尔的父亲拉文警告说。但因为尤特雷德似乎与拉文森之死有牵连，他发现自己被乌拜盯上了。两人在基努伊特战役（历史上的乌拜就死于此役）中对上，进行了决斗，最终尤特雷德取得了胜利。出于尊重，尤特雷德将战斧放入了临死的乌拜手中，以确保他死后能进入瓦尔哈拉——这也是从《海盗》沿用下来的一个传统。

《孤国春秋》于 2015 年首播，主题是英格兰人在不列颠群岛抵御丹麦人、爱尔兰人、苏格兰人以及盎格鲁 - 斯堪的纳维亚人的战争。首播于 2013 年的历史频道电视剧《维京传奇》囊括的地理版图则要广得多。电视剧主人公是朗纳尔 · 洛德布罗克本人，由澳大利亚演员崔维斯 · 费米尔饰演。朗纳尔在早年一次战争中对上过斯韦阿兰（Svealand）的弗罗国王（King Froh），弗罗曾入侵挪威并杀了挪威国王。在战斗中，弗罗用训好的蛇来隐蔽自己，攻击敌人，为了应对这些蛇，朗纳尔做了特制的毛裤子。他杀了弗罗，还得了个毛裤子的外号。朗纳尔杀了守在拉葛莎（见第 2 章）家门口的一只熊和一只巨大的猎狗，赢得了她的芳心。

尤特雷德，《孤国春秋》第三季剧照（2018）

两人成了家，还有了孩子：女儿吉莎（Gytha）和儿子比约恩（Björn）。电视剧的剧情开始于几年之后，朗纳尔在波罗的海战斗时看到了瓦尔哈拉。回家之后，他再不满足于做一个前途有限的农民，也不满于自己差劲的领主哈拉尔德松伯爵（Earl Haraldson）对自己有所保留。当伯爵再一次宣布要前去劫掠波罗的海地区和俄国时，朗纳尔提出了自己的意图，他要去西方，大家惊讶万分，随即都开始嘲笑他。这个事件标志着朗纳尔维京冒险的开始。而后朗纳尔和儿子一起，周游维京世界，一路战斗。他入侵了林迪斯法恩（Lindisfarne，发生于 739 年的著名劫掠），由此展开了在不列颠群岛的维京行动。朗纳尔遇见了亚丝拉琪，向她提出了那个著名的谜语，最后和她生下了几个儿子，包括“无骨者”伊瓦尔。朗纳尔的下一个阵地是在威塞克斯，在那里，他被卷入了王国的政治斗争中越陷越深。他一直在北海纵横穿梭，而在他外出战斗的时候，他在国内的权力基础正面临着不可避免的挑战。朗纳尔和他的儿子还有哥哥罗洛对巴黎发起了围攻，并成功洗劫了这座城市，但是罗洛为获得诺曼底公爵的爵位倒向了法兰西那边，所以新一轮的进攻失败了。试图在威塞克斯定居的斯堪的纳维亚人也失败了，去的一批人全被屠杀殆尽，朗纳尔愈发沮丧，觉得自己不配活着。他被押送到了诺森伯里亚的埃拉国王那里，埃拉对他用刑想让他投靠自己，却没有成功。朗纳尔被扔进蛇坑后，吼出了首曲子，虽然是删减版但仍可分辨出是“死亡之歌”：

> 真高兴奥丁准备了宴席！很快我就能手握弯角痛饮麦芽酒了。这位去往瓦尔哈拉的英雄并不惋惜自己的死亡。我绝不会心怀恐惧地走进奥丁的殿堂。在那里，我会等着我的儿子们来加入我。等他们来了，我将沉浸在他们胜利的故事里。阿萨神域会欢迎我。我的死亡里没有遗憾。我将欢迎女武神召唤我回家！

在蛇咬上朗纳尔的心脏之前，他还有时间作出著名的小猪之诗——“小猪们要是知道老野猪在受什么苦肯定要哼哼直叫”。

朗纳尔、拉葛莎及船员，《维京传奇》第四季剧照（2016）

虽然在第四季，朗纳尔身死，踏上了去往瓦尔哈拉之路，但该剧又继续播了两季。朗纳尔拉葛莎的儿子比约恩以及他与亚丝拉琪的几个儿子乌拜、维特瑟克（Hvitserk）、西格德和伊瓦尔踏上了更远的探险旅程，他们从斯堪的纳维亚和英格兰出发，去到了法兰克王国、俄国、拜占庭西西里、北非、伊斯兰西班牙、冰岛，甚至可能到了据传位于冰岛以西的“黄金地”——北美，也是人们见到乌拜最后前往的地方。比约恩带领兄弟和“维京雄狮”入侵英格兰为父报仇，对埃拉处以了“血鹰”之刑。维特瑟克与伊瓦尔在失心疯的边缘徘徊；伊瓦尔甚至开始相信自己是阿萨神族的一员。当伊瓦尔在和阿尔弗雷德的对战中身亡后，维特瑟克向他道别时，说自己万分期待诸神的黄昏之战。维特瑟克倚着兄长墓穴的石堆，若有所思道：“享受在瓦尔哈拉的时光吧，哥哥，趁它还存在。我们都能看见苍穹一日日黯淡，我们都能看见诸神的黄昏。我相信那场大战到来之时，我们会并肩而战。”

朗纳尔之子之间的敌对、忠诚、对权力的欲望、对鲜血的渴望以及谋略算计，构建出了维京世界在最大地理版图内向全球扩张的故事。这部剧有许多与历史不符的地方，诸如剧情的首要前提得是8世纪末的挪威没有人知道不列颠群岛的存在，以及随意使用一些奇奇怪怪的酷刑，还有剧中角色自称为是“维京人”，把维京职业当成是种族身份等。和许多中世纪剧一样（真实、理性的军事行动并非如此），为了能让演员在远景镜头中被认出来，剧中的战士并不佩戴头盔，但这实际上极有可能会让他们受到由斧子或剑造成的致命的头部创伤。

不过，这部剧的预算相当足，而且花了大精力在世界构建的细节上，如在家的维京人大体都是农民，还有船的设计、殿堂的重要地位以及中世纪早期的社会组织等等。这部剧还非常尊重北欧宗教的习惯风俗，并且安排了信仰不同之人之间的相遇：北欧人、基督教徒、穆斯林，甚至沿丝绸之路而来的佛教徒。与其他中世纪剧一样，《维京传奇》喜欢着墨于权力政治，尤其是小国王权在军国主义社会中的根本不稳定性，在这样的军国主义社会中，无论是国家经济还是威望，大部分都靠与邻国之间不间断的小规模战争来维系。剧中除了探讨奇策妙计与最新技术外，还讲到了与侵略者谈判时，被侵扰的族群可以采用的方案，包括支付钱财（比如丹麦金[①]）、割让土地等。此外这部剧还讨论了一些新兴观点，如在大国实行中央集权对比在冰岛等北欧殖民地实现自主自决的可能性。《孤国春秋》细究了阿尔弗雷德及其继任者统治英格兰时期的王朝政治、联盟建立、基督徒与异教徒之间的宗教对抗以及军事策略，《维京传奇》所探究的问题与之类似，只不过是在大陆范围而非国家范围。

这两部剧吸引观众的不单单是对历史的重现，也不单单是宏大的战争场景和近身格斗的场面。剧中每个角色的心理刻画都非常丰满：他们在信任与背叛、悲伤与困惑以及一心所求的个人荣誉等问题上苦

---

① 丹麦金指的是中世纪英国为筹措向丹麦人员纳赎金而征收的一种土地税。——编者注

苦挣扎。这些苦恼让他们酗酒、滥用药物；为了塑造他们心理与情感上的成长，剧里着重描写了这些人物的家庭关系，尤其是兄弟间的反目与父子间的矛盾。强大的女性角色也是电视剧成功的关键（我们在第 2 章讨论了一些维京的神盾女孩和女战士）。《孤国春秋》也为不同角色和实力的女性提供了空间，如布丽达（艾米莉 · 考克斯饰），她是撒克逊人，也是一位身经百战的战士，她从小与尤特雷德一起长大，但一直坚定地支持维京事业。如尤特雷德所说，他们的命运是绑在一起的："我们是一体的，你和我。从我在约福威克大礼堂台阶上牵起你手的那刻起，我们就被绑在了一起。你或许不喜欢我，你可以讨厌我，时不时鄙视我，但爱是永恒的；爱永不停歇。"除了布丽达，剧中的女性还有天生的政治家、麦西亚女王埃塞尔弗莱德（米莉 · 布拉迪饰）以及尤特雷德生性好斗的女儿斯蒂奥拉（鲁比 · 哈特利饰）。斯蒂奥拉曾表示自己绝不结婚："我不会成为谁的妻子……这个工作付出太多回报太少。"不过，在第四季结尾，她和"无骨者"伊瓦尔的重孙西格特里格（埃斯泰因 · 西居达尔松饰）一起前往约福威克时，她看起来是要改变主意了。

当《刺客信条》系列决定做一期维京时代的游戏时，毫无意外它将目光放到了 9 世纪"维京雄狮"征战英格兰的事迹。在游戏里，毛裤子朗纳尔只出现在了闪回里，但他的三个儿子都是重要角色。哈夫丹领军劫掠伦敦并征服了约克。伊瓦尔和乌拜以传说里惯用的方式杀了埃拉，为父亲报了仇，还进攻了东盎格利亚，杀了拒绝投降的埃德蒙国王，然后向着麦西亚进发。要想巩固胜利就意味着与盎格鲁 - 撒克逊王朝达成协议，但伊瓦尔违背了麦西亚人的利益，不肯与他的宿敌、威尔士圭内斯国王罗德里大帝（Rhodri the Great）和解，最后他死于与游戏的主人公埃沃尔的决斗中。

ᛘ

朗纳尔及其子是中世纪斯堪的纳维亚幻想作品的重要人物。他们徘徊于历史与传奇之间：他们的名字与9世纪的战争领袖对应，但他们的父子关系却无可靠证据可以证明。然而，不论这三兄弟的父亲是谁，他们都是“维京雄狮”的领军者，并在英格兰与爱尔兰的当代史书中留下了自己的印记，而人们猜想是他们父亲的人则是维京传奇中的主要人物。虽然他们彻底重构了9世纪的英格兰，但引起现代人对朗纳尔家族兴趣的，并不是他们所取得的地缘政治成就或对地缘政治的干预，而是其父在诺森伯里亚蛇坑里面对死亡的勇敢以及传说中他们对杀父仇人发起的恐怖复仇。伊瓦尔和乌拜与东盎格利亚的埃德蒙之死脱不开关系，埃德蒙大概率是死于塞特福德的战场。然而，传播埃德蒙之死故事的神职人员却热衷于宣扬在其墓地附近形成的神圣崇拜，而将两位维京首领描绘成施虐狂：他们“在魔鬼的号召下联合起来”，将清白无辜的国王绑在树上，用箭射他，直到他被“射成了刺猬”，然后将他斩首，并将他的头藏到了茂密的树林中，这样国王就连一个体面的葬礼都不能有了。

马格努斯·奥拉夫松发现的“死亡之歌”手抄本让朗纳尔从一个普通的维京首领变成了在面对死亡时勇气与无畏的化身，同时也印证了正因为有瓦尔哈拉死后荣光的存在，才有了敢于笑对死亡的维京人。在当代，人们将这位死于蛇坑的英雄与他的儿子们宏大的复仇故事、斯堪的纳维亚人在英格兰建立居住地的源起以及阿尔弗雷德大帝的胜利联系在一起，组成了一个鲜活的故事。朗纳尔及其子被用在以移民、文化融合、多元文化主义以及国家认同和政治抵抗等新兴思想为主题的故事线中。这些复杂的社会进程，被巧妙地融合进以9世纪和10世纪的英格兰和欧洲为背景的影视作品中，如《孤国春秋》《维京传奇》，甚至《刺客信条：英灵殿》，同样它们也是我们当下生活经历的文化核心。

第9章

文兰传奇

北美大陆的起源神话

至少在现代考古技术出现之前，北欧探险论激发了大西洋两岸人民无限的遐想，并为在美洲中西部及加拿大大草原定居的许多斯堪的那维亚移民提供了正当理由。近年来，文兰传奇出现了两极化局势。虽然它歌颂了男男女女漂洋过海寻找新资源的勇气与远见，但它也是殖民扩张的暴力和破坏行为的见证。

在这些来自北方冻土的人眼里，这片新大陆就是人间天堂。单是温暖阳光照耀下悠长而晴朗的白日就是上天的恩赐，更不用说可以无限拿取沉积了千百年的财宝，可以成为在猎物遍地的山林打猎的第一人，成为在游鱼成群的河里垂钓的第一人，成为在大自然的奶油锅里打水漂的第一人。这样的快乐，除了战争与爱，他们再想不到有什么能比得上了……

红发埃里克及其后代的文兰探险

红发埃里克[①]是个性格偏激之人。他在挪威杀了人然后出逃到冰岛，很快又发现自己在冰岛也要逃命。敌人在四处搜寻埃里克要杀了他，埃里克只好乘船往西边走（见彩插图 9 和彩插图 13）。他自称在寻找一片土地，是有个叫贡比约恩（Gunnbjörn）的冰岛人曾偶然瞥见过的一片土地。成功后他也没有瞒着大家。就这样他发现了格陵兰岛。埃里克在这片新土地上探索，以自己的名字命名了多处地方，并把这片土地叫作"格陵兰"（Greenland，意为绿地），因为他说这样就能吸引更多的人来这里。也确实有许多人跟着埃里克漂洋过海，来到岛上东部和西部建设农庄。埃里克有三个儿子：托尔斯坦（Þorsteinn）、托尔瓦德（Þorvaldr）和莱夫（Leifr）。莱夫在从挪威回程的路上，偏离了航线，结果发现了一片无人知道的土地，那里有着"野生的麦子、葡萄藤和参天巨树"。他安全回到了英格兰家中，还带着一位沿途救下的遇难船员，也因此得了"幸运者莱夫"这个绰号，回来后的莱夫却一直想着那个无人所知的国度。那时他的哥哥托尔斯坦已经去世，哥哥的遗孀古德里德尔（Guðríðr）改嫁给了一个名叫托尔芬·卡尔斯弗尼（Þorfinnr Karlsefni）的挪威冒险家，这位

---

① 红发埃里克（Eiríkr Rauði），原名埃里克·瑟瓦尔德森（Erik Thorvaldsson），也称红胡子埃里克或红魔埃里克。——译者注

冒险家胆大勇猛，以其绰号卡尔斯弗尼闻名，意为“有前途的男人”。

埃里克还有一个私生女弗雷迪丝，嫁给了一个名叫托尔瓦尔德（Þorvarðr）的软弱无能的男人。这两个人加上莱夫、莱夫的哥哥托尔瓦德、卡尔斯弗尼、古德里德尔和一大批格陵兰岛住民一起在1010年左右乘船前往文兰（Vínland），想要看看能否在那里建立居住地。他们途经被森林覆盖的马克兰（Markland）以及海岸是平坦巨石的荷鲁兰（Helluland），然后决定在更南一点的地方驻扎下来，那里有葡萄藤，有成群的鱼可以抓，有蛋，还有无数可以吃的植物和捕猎的动物。他们就在那里建造房子，还和一个美洲本土部落建立了贸易关系。这个部落很可能是现在已经灭绝的贝奥图克人（Beothuk），这些北欧人把他们叫作斯格林人（Skræling），认为他们和自己遇到的那些因纽特人是一样的，他们把在格陵兰遇见的因纽特人也叫作斯格林人。不过后来，斯格林人袭击了斯堪的纳维亚人。男人们都逃走了，只剩怀孕的弗雷迪丝坚守原地，怒骂那些丢下自己逃走的人；她敞开胸脯，拔出剑来捶打自己的乳房。美洲土著见状都撤退了。北欧移民认为，虽然这片土地很有吸引力，但鉴于原住民十分好战，将这里建成殖民地是不太可能了，于是他们回到了格陵兰。有一件事更是让他们确信自己的决定是对的：托尔瓦德·埃里克松偶然被射伤，而他们认为伤人者是个独脚人（the uniped），一个生活在世界遥远地方的可怕物种。

以上就是《埃里克萨迦》中有关文兰岛的粗略记载。另一篇名为《格陵兰人萨迦》（*Grænlendinga saga*）的传奇故事包含的细节则更多。它讲述了古德里德尔是如何在这个新大陆诞下一个名叫斯诺里的男孩的，他也是第一个在那里出生的欧洲人；美洲土著是如何欣然愿意与北欧人交易日用品的，因为北欧人带来了牛；以及一个斯格林人是如何捡到北欧人的斧子，又是如何试着用斧子敲了他的同伴的。看见同伴倒下没气了，那个美洲土著一脸厌恶地把斧子扔了。托尔瓦德·埃里克松杀了一群安安静静在自己的小舟内睡觉的斯格林人，因为他认为这些人都是亡命之徒。结果托尔瓦德遭到了报复，丢掉了性命。随后卡尔斯弗尼总结说这片新土地不适合他们，于是这群殖民未遂的北欧人回到了格陵兰；卡尔斯弗尼带着家人移居冰岛，在那里他们成为显赫名门，家族中还出了几位主教。古德里德尔在丈夫死后，从欧洲一路向“南”，很可能去了罗马朝圣；之后她回到了儿子斯诺里的农庄，成为一名修女。

然而，这部传奇故事却有个令人愤慨的结尾。这行人回到格陵兰后，弗雷迪丝心里有了一个复杂的计划。埃里克去世后，莱夫就成了格陵兰人的实际领导者。于是弗雷迪丝找到哥哥，让他把在文兰建的房子借给自己，又征得冰岛的两个哥哥的同意，打算去新大陆上弄些值钱的东西——很可能是毛皮、木材、鳕鱼干、葡萄和鸭绒被等。格陵兰人和冰岛人双方都带上数量相同的男子外加一些女子上船。但到了文兰后，弗雷迪丝就不配合了。她不肯让冰岛人用自己哥哥的房子，不仅如此，她还偷偷多带了五个人。到了春天，弗雷迪丝挑起了一场争吵，并声称冰岛船长出言侮辱自己，要丈夫为她报仇。冰岛船长和船员全部被杀，但格陵兰人畏畏缩缩不想杀女人。弗雷迪丝要了一把斧子，自己动手杀了她们，因为她不想留下证人。此行让他们挣得盆满钵满，弗雷迪丝威胁说谁要敢说出在文兰发生的事就杀了谁。不过莱夫还是知道了，但他没有对妹妹和妹夫做什么，因为他认为弗雷迪丝一家总有一天会遭报应。他的预言兑现了：卡尔斯弗尼和古德里德尔的子女都很出色，但据说弗雷迪丝的后代却厄运缠身。

这两部萨迦虽然是到了 14 世纪才被记录下来，但很可能创作于更早的时候，而其中的内容又有多少是真实的呢？虽然中世纪的冰岛人为自己勇敢的祖先曾航行到西半球而沾沾自喜，但这些传奇记载中还是有些细节令人不解。这片新土地因遍地藤蔓而得名文兰[①]，那么这些藤蔓真的像记载中说的在那么北的地方还生长着吗？

---

① 文兰在北欧语里是 Vínland，意为长藤蔓的地方。——编者注

萨尔瓦·鲁比奥·戈梅（Salva Rubio Gómez）《文兰的弗雷迪丝·埃里克斯多蒂尔萨迦》（*Vinland, la saga de Freydis Eiriksdottir*，2015）封面设计，
斯特巴·奥斯克·奥马斯多蒂尔（Stebba Ósk Ómarsdóttir）绘

故事里说文兰的冬天没有雪，那就可以排除加拿大和新英格兰。另外，不管是莱夫的一帮奴隶发现葡萄藤的故事，还是一个日耳曼人认出了这就是他小时候葡萄园里的葡萄藤的故事，都和一则关于应许之地的圣经轶事高度相似。还有，虽然卡尔斯弗尼和古德里德尔的子

女在冰岛族谱中都能得到证明，但并无单独的证据能证明弗雷迪丝确实锤打了自己的胸脯或者用斧头屠杀了无辜的女子。

这些“文兰萨迦”是我们现有的古代北欧人曾去北美探险的最好证据，但它们从各方面来讲都不可靠。《格陵兰人萨迦》的创作目的之一就是记录下卡尔斯弗尼和古德里德尔后代辉煌的族谱，包括那几个地位崇高的主教；而《埃里克萨迦》则注重于细述他们是如何在格陵兰岛安家，又转信基督教的。两部传奇故事的叙述都很生动，还结合了奇异东方之旅故事的元素和《圣经》中应许之地的主题，但是它们在细节上却往往含糊其词。显然，富饶而生机勃勃的北美海岸要比灰蓝冰山耸立、山岩裸露的南格陵兰岛有吸引力得多。不过，这些故事里应该还是真实成分居多：其中记载的与当地土著的往来、当地人的独木舟和饮食、贸易的场景以及双方交流上的困难，都与近代探险家在北美的真实记录一致。马克兰、荷鲁兰和文兰很有可能是现在的拉布拉多（Labrador）、纽芬兰（Newfoundland）、圣劳伦斯湾（Gulf of St Lawrence）和新英格兰北部海岸甚至更南的地方。不过，除非有考古证据能证实北欧人曾在纽芬兰定居，否则这些航行的历史真实性仍旧存疑。

古代北欧史书记载

一些中世纪作家，包括不来梅的亚当都提过文兰，不过他们都没有讲到它的确切位置，似乎他们自己都分辨不清文兰究竟位于何方。亚当说此地位于大西洋，但别的作家认为文兰位于冰岛和挪威之间，甚至有人说它在斯堪的纳维亚半岛以东。据古代北欧史书记载，在 12 世纪早期，有一位主教从格陵兰出发前去“寻找文兰”，但后来人们再也没有听到过他的消息，随后另一位主教作为代替人员从挪威被派遣出发。一份始于 1347 年的冰岛历史记载提到，一艘“来自马克兰”的船在被风吹离航线后来到了那里；船上载有大量木材，因为格陵兰岛本土没有树木，所以这意味着岛民们一直在从西边获取木材供应，而非等着挪威的船运来木材。还有一份来自 16 世纪的挪威法律文件显示某男子因为在文兰出生和结婚所以无权继承挪威的农庄。根据这些零星的描述很难去判断是不是去马克兰获取木材的船只太过频繁所以人们不屑去提，又或者是不是近代早期的挪威人认为出生在文兰这件事并不值得大惊小怪而只在法律角度才值得一提。

北美洲的北欧遗址考古发现

1960 年，由黑尔格·英斯塔（Helge Ingstad）和安妮·斯蒂娜·英斯塔（Anne Stine Ingstad）两人组成的挪威夫妻考古队于纽芬兰的兰塞奥兹牧草地（L’Anse aux Meadows）发现了一些草屋遗迹。该处遗迹的挖掘工作历时数年，遗址内发掘出了诸多北欧的人工制品：一枚圆环青铜斗篷胸针、铁钉和铆钉以及皂石纺锤轮，说明有女性在此居住。此处很可能只是个临时营地，因为建筑结构并不十分牢固——可能是用来炼铁以修补船只用的。然而，在最近对该地泥炭沼的调查中，研究人员发现了一层致密的踩踏层，其中有木材碎屑、木炭还有植物和昆虫的遗骸，这表明有人在此长期居住过。有些植物和昆虫来自格陵兰岛或其他欧洲亚北极地区，而根据碳定年法得出该踩踏层的年代大约在第一个千禧年末。还有一个更近期的研究确定了这些建筑搭建的确切时间：研究人员利用碳定年法和与太阳风暴有关的天体物理学数据对在该地点发现的木材的年轮进行了严密的调查，结果显示这些建筑建于 1021 年，与萨迦故事记载的时间刚好吻合。

继兰塞奥兹牧草地遗址被挖掘出来后，考古学家在纽芬兰岛西南端的罗斯角（Point Rosee）又发现了一处可能的北欧遗址：遗址中发现的沼铁矿和炼铁炉很可能是北欧人存在过的强有力证据。不过，考古学家后来得出结论，这些看起来像炼铁炉的东西实际上是自然之物，而且对航海者来说这个遗址本身的地理位置并不好。

位于纽芬兰兰塞奥兹牧草地的复原建筑

考古学家还在巴芬岛[①]的多处地方发现了北欧的人工制品，如铁刀片、一段剑尖、橡木桶的碎片、不列颠群岛常见样式的青铜天平以及青铜碗。这些发现表明，欧洲人与因纽特人之间的交流虽然可能不多，却是持续的，这也与欧洲传奇故事中记载的有关马克兰和文兰的内容吻合。北欧人的确早在哥伦布之前就来到了北美洲。

19 世纪重探文兰的北美风潮

早在英斯塔夫妇发现中世纪跨大西洋探险的科学证据之前，有关北欧人探索新大陆的传奇故事和历史记载就吸引众多学者提出了各种激动人心的猜想，甚至匪夷所思的理论。就像欧洲北部民众对哥特风的吹捧和民族主义者声称斯堪的纳维亚人是英国人的先祖推动了 18 世纪和 19 世纪的北欧风潮一样，这股北美风潮也吹了起来。其中最

① 巴芬岛（Baffin Island），加拿大北极群岛组成部分。——译者注

为重要的当属丹麦学者卡尔·克里斯蒂安·拉芬对北美探险史的补充性研究，包括他对几部重要萨迦的重编。（我们在上一章里提到过拉芬对麦豪石室里如尼铭文的解说。）拉芬的《美洲博古》（*Antiquitates Americanae*）一书最初于 1837 年现世；其英译本于 1841 年出版，很快就在美国和加拿大发行，并引发了广大民众的兴趣。发现北美洲的可能不是信奉天主教的地中海地区探险家，如哥伦布和亚美利哥·韦斯普奇（Amerigo Vespucci），而是白皮肤、金头发的北欧人，是后代信奉新教，更确切地说是路德教的一群人，这一理论在美国和加拿大引起了轩然大波。两国开始编写功能性更强的新神话来改写自己的起源，尤其是有关两国与英法的殖民关系的内容。在英国，拉芬的理论并没有煽动起人们的激动情绪，大家更多的是持怀疑态度。1844 年，来自奥克尼的作家兼政治家塞缪尔·莱恩（Samuel Laing）将斯诺里的挪威历史著作《挪威列王传》翻译成了英文，并在序言中写道："此创作（指拉芬的作品）中耽于空想的推测太多，需得仔细验证。"在下文中我们会看到，他确实对拉芬的论点进行了彻底的批判。

拉芬的研究目的是找到比传奇中那些站不住脚的记载更为确凿的证据，来证明北欧人在北美出现过。他提到了戴顿岩（Dighton Rock），它是一块巨石，位于马萨诸塞州戴顿附近的汤顿河中。据科顿·马瑟牧师（Cotton Mather）在 1690 年所说，这块巨石上"刻满了奇怪的文字，这块精致纪念碑上的奇怪图案可能在向我们展现某些先于我们来到此地者的怪异思想"。罗德岛历史学会将这块石头所刻图案的详图寄给了在哥本哈根的拉芬。他收到后立刻声明巨石上刻的是《埃里克萨迦》中的一个场景：古德里德尔将婴儿斯诺里放在腿上抱着，托尔芬·卡尔斯弗尼到了船上，斯格林人在发动袭击。而上面写着 NAM THORFINS（意为"托尔芬的村子"）的如尼文显然印证了拉芬的解读。只可惜，拉芬虽然看似证明了戴顿就是卡尔斯弗尼在文兰所住的那个叫霍普（Hóp）的地方，但他的理论很快就被推翻了。莱恩指出说，从石头的原稿看，上面的文字看起来既不像如尼文也不像罗马字母。他总结说："总是揪着这些幼稚想法不放就太幼稚了。”20世纪初，有人对比了历史学会送去哥本哈根的图和拉芬出版的图，发现这位丹麦学者为了证明自己的理论，根据自己的想法对原图做了大量改动。由此戴顿就是真正的文兰的理论被彻底推翻。

塞思·伊斯特曼（Seth Eastman）在戴顿岩旁，马萨诸塞州（1853）

在诸多用来证明文兰故事真实性的神秘或造假的文物中，戴顿岩可能是最早被发现的。在汉普顿斯有块托尔瓦德之石，据说石头所在地是埃里克的儿子被斯格林人（或独脚人）射伤的地方，并且一位哈佛大学的化学教授认为马萨诸塞州坎布里奇市的诺伦贝加区（Norumbega）就是莱夫发现的北欧殖民地。肯辛顿的如尼文石头和耶鲁大学收藏的一张地图都是丑闻昭著的伪造文物。前者出土于1898年，是一个叫奥洛夫·厄曼（Olof Öhman）的瑞典移民农民在明尼苏达州中心位置发现的，据称石头上用疑似与现代瑞典语极其相似的语言记录了从文兰出发的一次探险。一部分探险队的成员被当地土著杀害了。考古学家和如尼石碑专家都认为这块石头不可信，大家都觉得它是厄曼自己假造的。耶鲁地图所绘的据说是文兰以及冰岛、格陵兰岛和欧洲的其他部分，和地图一起的还有15世纪的两份手稿，这个时间要早于哥伦布出航的时间。令纽黑文全体意大利裔[①]美国人愤怒的是，这张地图被公布于世的那天正好是1965年哥伦布日的前一天。最近的研究证实了这张地图完全是现代人伪造的，它是根据1782年印制的一幅早期地图的打印副本制作的。将耶鲁地图与原地图和印刷副本做对比，就能发现打印副本中的错误显然在耶鲁地图上也有。还有，绘制地图所用的墨水里明显含有20世纪才有的化学成分。

纽波特塔及其他遗迹

在美国据传是北欧人所造的建筑中最有名的当数位于罗得岛纽波特市纳拉甘西特湾（Narragansett Bay）的纽波特塔。热心的当地历史学会寄信给在哥本哈根的拉芬及其同事时，称这座塔“可能是第一批发现文兰的北欧人留下的遗迹”。然而对此持怀疑态度的莱恩认为，显然它就是个风车。“这些狡猾的美国无赖就喜欢搞这些暗戳戳的骗局。”他调侃说，嘲讽新英格兰人的自以为是和丹麦人的轻信挑唆。1832年，又一处惊人发现出土，距离纽波特仅20英里（约32公里）：它是一具以坐姿下葬的骸骨，胸前有一块青铜板。美国诗人亨利·沃兹沃斯·朗费罗将此发现和纽波特塔的推论联系在了一起，并在其1842年所作诗歌《铠甲骷髅》（*The Skeleton in Armor*）的前言中写道：“下面这首歌谣是我在纽波特海岸骑行时突发灵感所作。一年或者两年前，在福尔里弗（Fall River）出土了一具骸骨，骸骨身披着被腐蚀的破烂铠甲；我就想到可以把它和纽波特圆塔联系起来。”朗费罗的话其实有些开玩笑的意思：比如，他说这个建筑“大家一直都觉得是个旧风车磨坊，不过现在丹麦人声称这是他们古老先祖所建”，还引用了很长一段拉芬所说的话，不过他不愿在这点上多做争论，只

---

① 因为哥伦布是意大利人。——译者注

是说“就作诗而言，这个推论已经足够”。朗费罗的诗让那“可怕的客人……”开口说起了话，讲述起自己曲折的经历。这位维京人绑架了一位亲王的女儿，她父亲追来时遇上了风暴，维京人撞翻了亲王的船，让他们都葬身在了海底：“我们用铁的龙骨 / 狠狠撞击敌船的钢筋。”之后：

我们西行了三个星期，
大风暴终于平息，
望见下风头展布着
云霓一般的陆地。
那儿，我盖起一座高塔，
作我妻子的闺房——
这座塔直到此刻，
还在向大海瞭望。①

女孩从失去亲人的打击中恢复过来，成为一名母亲：在这里朗费罗采纳了第一位在美洲出生的欧洲人是北欧后裔的说法。然而，女孩去世了，她的维京丈夫也自杀了，倒在了自己的枪矛上。他的灵魂登上了“故国的星辰”，而这个地方的生活听起来很像瓦尔哈拉：“武士的灵魂举盏 / 把盈溢的美酒饮干 / 祝你无恙！北国！祝你无恙！”

富有的凯瑟琳·罗里拉德·沃尔夫（Catharine Lorillard Wolfe）在纽波特建了一座庄园，并为它取了一个含义深刻的名字——“文兰”。1882 年与 1883 年之间的冬天，在罗马的美国教堂牧师长找到英国画家沃尔特·克兰（Walter Crane，1845—1915），委托他为文兰庄园的餐厅画一幅讲述《铠甲骷髅》故事的长条横幅壁画，并明确规定要将纽波特塔画进壁画里。克兰共画了七组画来讲述朗费罗的故事，从维京人在树林出生到他在新大陆的树林里自杀，再到人们在塔

① 朗费罗：《朗费罗诗选》，杨德豫译，外语教学与研究出版社，2013。——译者注

底发现他的尸体，然后将这些画作送到了纽波特。较大的几幅是克兰在罗马的画室里完成的，还有几幅小的是在伦敦完成，其中《维京人的追求》（*The Viking's Wooing*）和《维京人的新娘》（*The Viking's Bride*）两幅画于 1883 年夏天在伦敦展出。1887 年沃尔夫去世，文兰庄园几经易主，在 1957 年并入了一所宗教大学。这组壁画于 1987 年被拍卖，现在鲁昂美术馆进行修复。

瑞典裔美国作家奥蒂莉 · A. 利耶克兰茨（Ottilie A. Liljencrantz，1876—1910）于 1902 年出版的小说《幸运者莱夫的奴隶：维京纪事》（*The Thrall of Leif the Lucky: A Story of Viking Days*）讲述了莱夫·埃里克松、美丽的海尔嘉（Helga）和莱夫的奴隶阿尔温（Alwin）之间发生的绝美浪漫故事。海尔嘉是奴隶贩子吉利（Gilli）的女儿，也是位大胆的神盾女孩。阿尔温的真实身份是诺森伯里亚伯爵的儿子，在一次维京突袭中被俘。莱夫将基督教带到了格陵兰，但他和父亲埃里克在信仰上发生了分歧，于是他出发西行，去寻找远方传说中的那片土地。探险队一行人成功着陆，发现这片新土确实很富庶：

沃尔特·克兰绘，《铠甲骷髅》壁画的草稿（1883）

> 在这些来自北方冻土的人眼里，这片新大陆就是人间天堂。单是温暖阳光照耀下悠长而晴朗的白日就是上天的恩赐，更不用说可以无限拿取沉积了千百年的财宝，可以成为在猎物遍地的山林打猎的第一人，成为在游鱼成群的河里垂钓的第一人，成为在大自然的奶油锅里打水漂的第一人。这样的快乐，除了战争与爱，他们再想不到有什么能比得上了……在他们此生最纯粹的欢宴上，他们聚在一起，嗅着被阳光晒得热气腾腾的葡萄散发出的甜香，尽情吃喝，尽情玩笑。

然而，麻烦很快就降临在这个天堂。没有人料到，过了几个月后，美洲土著会突然出现并袭击了北欧队伍中的一人。利耶克兰茨在描述土著时用的是那个时代的人们对他们的刻板印象，写他们是原始的且充满兽性的：

> 皮肤是他们身上唯一的遮盖；他们的毛发十分粗硬，唯有野马的鬃毛能与之相提并论。虽然八人中有两人配有弓和

箭，但其余的人只在腰间系着做工粗糙的短柄石斧。他们一齐开口说话时，就是一连串的咕噜、呼噜和嗷呜，比起人语来更像是兽鸣。

目睹了袭击的欧洲人眼看着那些土著将不幸的奴隶卡克（Kark）折磨至死，惊恐万分，尤其是看到其中一人长了“野兽一样的血盆大口和一双奸猾的小眼睛”。莱夫并没有明确表示自己决定回家是因为对他们抱有敌意的美洲土著的出现，因为这次探险本身就是一次贸易之旅而非殖民尝试。在小说的结尾，所有人都安全回到了格陵兰，海尔嘉和阿尔温走到了一起，固执的异教徒埃里克也与他坚定信奉基督教的儿子重归于好。

1928 年，米高梅电影公司上映了一部基本改编自这本小说的早期彩色默片《维京人》（*The Viking*）。该影片由赫伯特·T. 卡尔马斯（Herbert T. Kalmus）导演，唐纳德·克里斯普饰演莱夫，保琳·斯塔克饰演海尔嘉，勒罗伊·梅森饰演英俊的阿尔温。电影中的莱夫是个胡子拉碴的形象，这个细节导致电影上映后并没有得到受众好评。演员们戴着装饰华丽或带翅膀的头盔，电影的配乐则是瓦格纳式的恢宏交响。电影后半段的背景是一艘正在开往未知西方的船；剧情主要集中在可爱的海尔嘉的几位追求者之间的角逐上，莱夫也是追求者之一。而海尔嘉爱的自然是那位英格兰绅士。影片中的文兰与利耶克兰茨小说描写的截然不同。片尾曲之前出现的字幕写道：“于是第一位白人踏上了新大陆的土地。”莱夫在广袤的沙滩上插了一个由两片木板组成的十字架，和船员一起跪下，宣布这片土地为基督教所有。最后，像拉芬推论的那样，我们看到莱夫“按照维京传统”建造了纽波特塔。他还向一群诚心的土著传道，并将一条十字架项链戴在了首领的脖子上，这让首领觉得非常满意。影片没有拍让北欧人选择从文兰撤走的那段隐晦原因，而是将海尔嘉、阿尔温还有一小队大胆的殖民者留在了新英格兰沿岸。字幕写道，我们无从知晓他们的命运，但这座塔却是他们故事真相的见证。纽波特塔的画面切换到了现代场景，

《上帝保佑美国》的歌声响起，显然是在暗示阿尔温和海尔嘉的后代，就像朗费罗《铠甲骷髅》里那对夫妻的后代一样，至今仍生活在新英格兰。

如电影所主张的，美国早就是、并且一直是白人的、基督徒的以及北欧人的。这部电影的基础是 19 世纪前半期早已流行的那些北欧相关推论，强调的是北欧白人意识形态的首要地位。到了 19 世纪后半期，这些推论因为斯堪的纳维亚人向美国和加拿大中西部大规模移民而得以巩固。1870 到 1914 年间，冰岛大约有四分之一的人口向西移民，同时更多的挪威人、丹麦人和瑞典人舍弃了他们在北方的家园，走向了开阔的草原地带。许多民间协会成立，而美国 - 斯堪的纳维亚基金会则为研究和出版提供资金。1923 年，他们出版了第一本美版《诗体埃达》。亨利・亚当斯・贝洛斯（Henry Adams Bellows）为此书所写的序文表达了这样的期冀："熟悉北欧重要的文学丰碑能让美国人民对斯堪的纳维亚人有更多的了解，由此激发他们共情与合作的意愿，一起共创未来。"贝洛斯还表示"那段非凡而光辉的历史"不仅是斯堪的纳维亚 - 美国人的遗产，更是像有盎格鲁 - 日耳曼血统的人们所公认的那样，是全体美国白人的遗产。

摇滚乐与幻想文学中的文兰传奇

1970 年 6 月，英国摇滚乐队齐柏林飞艇（Led Zeppelin）的欧洲巡演之旅来到了雷克雅未克站。之后乐队发布的专辑《齐柏林飞艇Ⅲ》（*Led Zeppelin III*，1970）第一首就讲述了他们的冰岛之旅："冰雪之地……那里温泉流淌，太阳仍在午夜闪耀。"歌曲讲述的是一艘西行的船，由"众神之锤"引领，寻找新的土地，而船上的船员并不在乎他们的目的地是"西海岸"抑或是瓦尔哈拉。这首歌的强有力的节奏和主唱罗伯特・普兰特（Robert Plant）在开场的尖声长啸增强了歌词的力量和乐队的自信，他们在宣告："我们是你们的王。"

这首《移民之歌》(*Immigrant Song*)在很多年里一直都是齐柏林飞艇现场演出的开场曲。歌曲用了不少文兰传奇里常见的设定：扬帆前往未知之地的维京水手无惧一切的勇气、在“温柔绿野”遭遇的暴力威胁以及北美洲闪耀的肥沃新土地。作曲家莱斯特·班斯(Lester Bangs)评价其“推土机式的节奏”和机械的声音就“好像某些食人族在地狱之光中举行野蛮生殖仪式时一齐合唱发出的呼号声。”难怪塔伊加·维迪提导演想要在《雷神 3：诸神黄昏》的预告片以及正片两个关键的打斗场面里用这首曲子，不过可惜他没有拿到许可权。从歌曲的题目看这首歌有可能是在讲维京人征服英国，因为两个乐队队员说自己的家乡在伍尔弗汉普顿(Wolverhampton)，即 9 世纪时的丹麦区；但收录在专辑《西部开拓史》(*How the West Was Won*, 2003)中的现场版《移民之歌》(1972 年录制于长滩)进一步证明了这首歌讲的是文兰传奇，尤其是歌词暗示说北欧人来到这里，在此定居，而他们的后代则继续向西开拓。

雷克雅未克艺术节，齐柏林飞艇音乐会门票(1970)

罗伯特·卡尔弗特(Robert Calvert)是一位诗人兼鹰风乐队(Hawkwind)的非常驻主唱，他在 1975 年发布了主题专辑《幸运者莱夫和维京长船》(*Lucky Leif and the Longships*)。专辑由布莱恩·伊诺（Brian Eno）作曲，科幻作家迈克尔·穆考克（Michael Moorcock）以班卓琴演奏。这张专辑设想的是如果北欧人一直留在北美大陆可能发展出来的美洲音乐风格，其中还模仿了海滩男孩（Beach Boys）的歌《芭芭拉·安》（*Barbara Ann*）对 Barbarian 一词的处理方式（Barbarian 意为野蛮，发音与 Barbara Ann 相似）。《向文兰进发》（*Voyaging to Vinland*）呼唤的是去往世界尽头所必需的勇气："强大的尘世巨蟒之尾 / 朝向只有神知道的地方 / 如枷锁般起伏摇晃。"《中庭的建造》（*The Making of Midgard*）想象了在海上冲锋陷阵的维京人前往瓦尔哈拉的旅程，最后专辑以《诸神的黄昏》壮丽收尾："滚滚黑云升起 / 分作巨团四溢 / 天地一片茫茫 / 芬里尔挣开了桎梏。"虽然早有预言会有新世界诞生，但在这个另类的历史构想中，我们并不清楚新的世界是否会比现在的更好。

罗伯特·卡尔弗特《幸运者莱夫和维京长船》封面，托尼·海德（Tony Hyde）绘（1975）

尼尔·盖曼《美国众神》的起始设定就是当人们移民到美国，他们的神也会随之而来。然而盖曼并没有写是莱夫及其船员将奥丁、托尔和洛基带到了北美大陆，而是编造了一场时间更早的西行之旅。他将时间设定在 813 年，远在北欧人发现冰岛和格陵兰岛之前。精疲力竭的人们跌跌撞撞走在岸上，害怕他们的神已经将自己抛弃在了这个世界的边缘。酋长向大家保证，众神之父与他们同在。这片新大陆上木材充足，他们用找来的木头搭起了一座神殿，唱歌赞美奥丁，讲述起古老的神话。第二天（值得注意的是这天是星期三），他们在树林里发现了一个斯格林人，“他的长头发黑得像乌鸦的翅膀，皮肤是红陶土的颜色”。他们听不懂这个斯格林人的语言，与利耶克兰茨笔下的主人公一样，他的话语没有让大家觉得他是个人，反而怀疑他是不是类人猿。他们将人引到神殿中，给他吃好吃的，喝蜂蜜酒；等他醉得不省人事后，他们将他作为献给奥丁的祭品吊死在了附近的梣树上。见两只乌鸦停到了尸体上，他们知道神接受了自己的献祭。但没过多久，就有一群斯格林人闯进了他们用栏杆围起的领地，将他们全杀了，神殿和船也被付之一炬，由此北欧人存在过的痕迹全部被抹掉。然而这小群人所做的已然足够。一个多世纪后，莱夫来到了这里，而“他的神已在此等候多时了……提尔，独臂的战神；灰胡子的奥丁，绞刑架之神；还有雷神托尔”。先前的那些祭祀让这些神得以在美国扎根。据萨迦记载，莱夫本人是个基督徒，所以奥丁几乎没可能与他一起漂洋过海。萨迦中还讲述了卡尔斯弗尼船队中一位名叫托尔哈尔（Þorhallr）的船员，谎称自己是托尔的信徒，他在中途与卡尔斯弗尼分道扬镳，自己驾船回家，结果船在爱尔兰失事，他也在那里被杀害。

在盖曼的想象中，早在英格兰移民踏足普利茅斯岩[①]之前，世界诸神就已经出现在了美国。但这个设定就需要编造更多史前旅行。近

① 普利茅斯岩（Plymouth Rock）又称为移民石，上面刻着“1620”的字样，据传是新移民在美洲大陆踏上的第一块石头。——译者注

代移民美洲的埃及人都不信神，更不用提为埃及神灵举行祭祀了。据艾比斯先生（Mr Ibis，埃及神明托特的化身）说，“古埃及人早就来这里做生意了……三千五百三十年前，大致就是这个时间”。他还表示“来到美洲大陆并没有什么值得特别纪念的”，因为“这个国家成为世界的中央航站已经有一万年之久了”。虽然盖曼幻想世界的灵感来自文兰传奇，且以奥丁、巴德尔和洛基为故事主线，但其思想并非只有来自欧洲北部白人的后裔才是“真正的美国人”：任何一个民族都不能声称自己具有优先权或优越性。

重新书写文兰女性

早期的作家都爱写莱夫和卡尔斯弗尼的决心和好运气，但近年来越来越多改写文兰传奇的作家将注意力放到了其中的两位主要女性角色上：机智坚强的妻子、未来主教的祖母古德里德尔以及黑心的杀人魔弗雷迪丝。苏格兰作家玛格丽特·埃尔芬斯通（Margaret Elphinstone，1948—）于 2000 年出版了备受读者推崇的小说《大海之路》（*The Sea Road*）。书中，主人公古德里德（Gudrid）晚年在去往罗马朝圣的路上遇到了一位冰岛牧师，于是向他讲述了自己的一生。作者将古德里德早年在格陵兰岛的生活描写得细致入微，不过她在文兰的那段时光才是书中的高潮和高光。古德里德将孩子抱在大腿上静静看着，她注意到斯格林人对北欧人的武器尤其感兴趣，于是机智地建议大家用斯格林人没见过的红布来转移他们的注意力。而且她还很快提出，既然他们有人杀了土著，那即使是将这里作为临时贸易点的想法也不可行了：

> 在文兰，有人因我们而死。我搂着我天真可爱的孩子，耳边似乎听到了刀剑碰撞的回响，在此之前我从未在这个国度听见过这种声音，就好像有扇门在我们面前遽然合上。而我确信，我们已被拒之门外。

古德里德和卡尔斯弗尼带着儿子离开了被他们破坏掉的伊甸园。弗雷迪丝并没有出现在此次旅行中，因为小说大部分取材于《格陵兰人萨迦》中的这对夫妻的经历。古德里德只是偶一提及了弗雷迪丝那次“可怕的探险之旅……她将文兰变成了人间炼狱，谋杀与背叛之地。我实在不忍见她留在异乡的那些孤魂野鬼”。当古德里德在罗马讲述自己的故事之时，文兰已经隐入了传奇中：

> 在冰岛冬日，男人们都会围坐在炉边讲起文兰，可除了急需木材的格陵兰人，谁还愿意去呢？我想，它应该只是个没有任何实际意义的梦，但男人都喜欢做自己的梦。

埃尔芬斯通的故事是以古德里德的视角讲述的，这就让读者得以从一个更为批判的新角度来看待文兰探险。从她对在格陵兰艰苦生活的描述，就明显能看出为何莱夫和其他人会想要漂洋过海来到这个酒、鱼、木材、猎物、皮毛各种资源都取之不尽的地方。同样明显的，是刻在他们行为模式里的极具攻击性的男性气概以及他们在和当地原住民交流理解时想象力的缺乏，这些不仅杜绝了他们与北美土著和平交易的可能性，也预示了后来的欧洲人在同样的男性暴力影响下所持的殖民态度。

埃尔芬斯通从一位苏格兰妇女的角度写作，其想象紧密结合了北方群岛，甚至更广阔的大西洋北部的斯堪的那维亚人的历史。美国作家威廉·T. 沃尔曼（William T. Vollmann）计划要写七本以美洲殖民为主题的系列小说（尚未完结），其中第一部是《冰衬衫》（*The Ice-Shirt*，1990）。弗雷迪丝是主人公之一：作为私生女，她一直被埃里克的妻子乔德希尔德（Thjodhild）所厌恶和虐待，仅有的一点温暖就是埃里克随手给她的一小块银子。弗雷迪丝长大后变得吝啬、偏激且控制欲极强。她历经千辛万苦来到坐落在格陵兰中部冰原边的布罗瑟克山（Blauserk），向恶魔蓝衣（Blue-Shirt，因纽特语是Amortortak）宣誓效忠。蓝衣命令她去温兰（Wineland）——“我希望你会愿意将冰霜带去那里，开拓我的疆域”，并答应给她“完成邪恶计划所必要的一切力量”。古德里德和弗雷迪丝是两个鲜明的对比，虽说古德里德也爱权力，但她用的方法更迂回：“古德里德总能（也非常享受）用恰到好处的温和手段来御下，她非常不喜欢弗雷迪丝处理事情的方式。”

为了找到办法完成她的恶魔主人交代的任务，将冰霜带到温暖的温兰，弗雷迪丝找到了伊格德拉西尔在新大陆上的化身，去到了它根系深处赫尔的殿堂。在那里，她将自己的肉体献给了赫尔，然后又将自己献给了洛基，因为赫尔和洛基是一体的、是同一人，而洛基也是恶魔蓝衣。弗雷迪丝的手掌变黑了——这是她与死者共度过时日的印记，她也知道了她要做的是将“冰种”（ice-seed）种进自己人的血液里。随着古德里德和弗雷迪丝二人的关系日益紧张，后者发起了对冰岛人和冰岛船员的一场杀戮。作者在开篇就提示了这是讲述弗雷迪丝的双刃斧的故事，而她这把致命武器最终挥向了无辜的北欧妇女。这场暴行之后，冰霜终是降临到了这片阳光照耀着的丰饶土地上。

沃尔曼的小说巧妙融合了传奇故事、斯诺里所编《挪威列王传》里挪威早期的历史、因纽特人或格陵兰人的神话、米克马克人（Mi’kmaq，即斯格林人）的民间传说以及他自己的旅行经历和后来各种记录极北地区生活的资料。弗雷迪丝带着数不清的财富回到了格陵兰岛，古德里德和卡尔斯弗尼也发了财，移民到了冰岛。但曾经桃源一般的文兰却不复存在：“沿着绿茵遍地的低洼长岛，冻原像渗漏的湖一样，块块积雪自下而上向上攀升。寒冰封住了近乎枯竭的潮池，慢慢爬上嶙峋的岩滩……如今每年有九个月的时间，冰川都在缓缓逼近。”弗雷迪丝带来的破坏是魔法造成的，也是生态上的，它还预示了几个世纪之后将会降临在美洲土著身上的灾难——这也是沃尔曼“七个梦”系列后几本书的内容。

一路向南的北欧移民

如果那些北欧航海者并不满足于在加拿大的沿海省份和新英格兰登陆，而是继续航行去了更南的地方呢？有学者认为，根据阿兹特克人（Aztec）对他们的羽蛇神克察尔科亚特尔（Quetzelcoatl）的描述，这位神有可能是个欧洲人。墨西哥奇琴伊察（Chichen Itza）武士神庙壁画上所绘的被奴役的白皮肤战士代表的会是北欧人吗？甚至有更大胆的猜测认为，巴拉圭人和印加人（Incas）都是北欧人的后裔。这些观点的基础是没有事实根据的词源学（比如 Inca 一词来源于日耳曼语后缀 -ing，意为“后裔”）、存疑的如尼铭文以及据说与蓝牙哈拉尔（Harald Bluetooth）在 9 世纪建造的丹麦堡垒有相同圆环设计的南美洲的堡垒。这显然是同样的意识形态在作祟，就如同之前改写文兰传奇一样，有人企图通过改写殖民历史来加强欧洲白人对本土土地所有权的正当性。法国作家洛朗·比内（Laurent Binet）受印加理论的启发，新近写了一本讽刺意味十足的反事实历史小说《文明》（*Civilisations*），小说于 2019 年在法国出版，2021 年由萨姆·泰勒（Sam Taylor）翻译的英译版面世。

比内小说的设定是弗雷迪丝在犯下《格陵兰人萨迦》记载的那场屠杀后并没有返回格陵兰岛，而是乘着那群被她欺骗的冰岛兄弟的船，继续向南去到了更温暖、更富饶的土地。等他们再次遇上斯格林人时，弗雷迪丝格外注意他们的语言和手势，并且跟着一队人离开了三天三夜。回来时，她已经勉强能听懂他们的话，还带回了结盟的提议，并且她还怀孕了。弗雷迪丝生了个女儿，给她取名古德里德：“用她一直很讨厌的……前嫂子的名字给女儿命名。”与美洲土著和平共处的局面并没有维持多久，因为斯格林人开始生病然后一个个死掉，弗雷迪丝明白了这场瘟疫和北欧人的出现有关。他们继续航行，来到了古巴。在这里，这群北欧人再次融入了当地，安顿下来，开始通婚。古巴人教他们适应新环境，教他们如何使用玉米、烟草和吊床，北欧人也分享了自己的冶铁技术并引进了马匹。当疾病再次爆发，格陵兰人显然对它免疫："他们意识到自己就是疾病的来源。"他们又一次启航，将托尔神庙里拆下来的木块扔向船外，想知道神希望自己去往何方。结果他们被阿兹特克人抓了起来，带到了奇琴伊察，并且被迫参加了一场神圣的球赛，他们侥幸赢了。弗雷迪丝再次发起了文化交流，向墨西哥人介绍起了他们的轮子、铁犁铧、拉车的马以及马车的概念。这群陌生人的存货也多了不少。最后，当瘟疫逼得他们不得不再次逃离此地后，他们来到了巴拿马。弗雷迪丝靠先发制人毁了反叛者的船，及时阻止了一场船员叛乱，格陵兰人也在此地长久安顿下来。同样，他们的马匹和冶铁技术让这些移民在这里备受尊敬，弗雷迪丝还成为地位崇高的女祭司。这一次，疾病依旧无可避免，好在最后当地人开始有了免疫力。弗雷迪丝寿终正寝，并以最高的礼仪下葬；在一次暗示着托尔发怒了的风暴天气和肆虐洪水后，古德里德带领一群斯格林－北欧混血船员向南行驶，消失在了传奇之中。

北欧移民给了新大陆的原住民带来三大重要文化优势：金属加工、马匹以及对旧世界疾病的免疫力。因此，当哥伦布在古巴登陆后，当地人很快就以智取胜了。哥伦布一行人为自己犯下的罪遭到了惩罚，他们的船只被毁，不久除了哥伦布以外的欧洲人都死了。他再也回不了家，只能将自己的悲惨经历写进日记中以表达自己的懊悔之情。大约四十年后，也就是在美国内战时期，印卡皇帝阿塔瓦尔帕（Atahualpa）决定向东出行。来到古巴后，阿塔瓦尔帕本想屠了这些古巴人，因为他觉得古巴人没有发自内心地尊敬他，但当他见到有人用火绳枪射下一只鸟时，他和手下的人都被震住了："他们的脑海中闪现出古老的传说。那些声音在喊'托尔！'"这些印卡人是古德里德那批人的后代，属于北欧人的记忆仍留存在加勒比海。在古巴，阿塔瓦尔帕知道了哥伦布以及他所说的那些事；他成为一位公主的爱人，而这位公主从一位被困探险家那里学会了西班牙语，因此阿塔帕尔瓦有了横跨大洋向东冒险的基础。很快他就带着他那一小队人马入侵了欧洲。在杀掉查理五世之后，他们以西班牙为据点，占领了神圣罗马帝国相当大一部分领土。犹太人、摩尔人、基督教徒都被允许自由表达宗教信仰，阿塔瓦尔帕也成为欧洲最有权势的人之一。

比内自述说，自己小说的灵感来源是贾雷德·戴蒙德（Jared Diamond）的著名作品《枪炮、病菌与钢铁》（*Guns, Germs, and Steel*，1997）中一个的片段。戴蒙德认为，皮萨罗①及其侵略者团伙之所以能占领秘鲁以及美洲中南部的其他地区，是因为当地人缺少马匹、铁器和抗体。弗雷迪丝就如何与新大陆的土著交流打造了一个实用且有效的范例：她学习本地语言、交流文化知识，在向当地人展示金属冶炼的重要性的同时，也愿意去尝试抽雪茄、喝可可饮料，并最终帮他们培养出了对欧洲疾病的抵抗力。她的领导方式虽然冷酷无情，但也让她的追随者和她遇到的人都得以获益。她的灵活应变不止一次挽救了局面：而且重要的是，从长期来看，她的（反）历史成就不仅限于扰乱了整个殖民进程，更是反转了殖民史，让印加人在注定要发生的移民中占领了伊比利亚半岛，彻底改变了欧洲的文化。

美国国会大厦的萨满

2021年1月6日，一群暴徒强行闯入了位于华盛顿的美国国会大厦抗议国会对2020年11月总统大选结果的认证。在媒体报道的这群暴动者中，最显眼的一个人脸上画着星条旗，头戴一顶带有水牛角的毛绒帽，裸着胸脯，显然是在展示自己的文身。他身上文的是雷神之锤妙尔尼尔、世界之树、两个有时在中世纪早期的如尼石碑上会看到的符号以及名为瓦努克之结的几个环环相扣的三角和太阳之轮。瓦努克之结和太阳轮是公认的白人至上主义者的标志，尤其是太阳轮（德语为 Sonnenrad）是与纳粹相关的，虽然实际上这个符号可以追

---

① 弗朗西斯科·皮萨罗（Francisco Pizarro，1471年或1476年—1541年7月26日），西班牙掠夺者，秘鲁印加帝国的侵略者。——译者注

溯至铁器时代之前。妙尔尼尔和伊格德拉西尔的文身，再联系上那对牛角，说明这位自封为“萨满”的暴徒在表现自己有白人、斯堪的那维亚人以及雅利安人的血统。因其在国会大厦内的行为，这个人最终获 41 个月的监禁。通过戏剧化的自我表达，他向我们展示了在美国历史中文兰传奇所代表的这片想象之土该是什么样子的——在这里暴力的大男子主义和荣誉拥有无上的价值，在这里白皮肤和“血统的纯正”是前提，在这里女人驯良而顺从。“维京人”的形象已经成为美国极右政治的武器，其审美表达也成了那些有种族歧视、厌女症和偏执观点的白人的“狗哨”。

ᛉ

如我们所见，文兰传奇从某种程度上来说其实不能算是神话，因为格陵兰人和冰岛人确实航行到了北美洲，并在兰塞奥兹牧草地又或者是其他地方修建了居住地。虽然在中世纪的斯堪的那维亚，文兰的故事被归入了传奇之列，但到了 19 世纪，这些故事被重新挖掘出来，成为宣传思想工作的强有力工具。它让部分美国社会，尤其是盎格鲁－撒克逊白人血统至上的新英格兰，得以抹去哥伦布以及他连带的天主教和地中海属性，重写这个国家的起源神话。虽然他们并没有找到能证明该理论的确凿证据，但至少在现代考古技术出现之前，北欧探险论激发了大西洋两岸人民无限的遐想，并为在美洲中西部及加拿大大草原定居的许多斯堪的那维亚移民提供了正当理由。近年来，文兰传奇出现了两极化局势。一方面，虽然它歌颂了男男女女漂洋过海寻找新资源的勇气与远见，但它也是殖民扩张的暴力和破坏行为的见证。另一方面，极右主义认为自己所拥有的虚构的、理想化的白人血统，其根植的是有毒的男性气概和剥夺他人权利的落后思想，这一想法将文兰的故事重塑成效果震撼的起源神话，并影响了美国极右翼政治中一个重要支派的思想。

第 10 章

诸神的黄昏

充满绿色和希望的新世界

诸神的黄昏，即世界末日之神话，或许是所有古代北欧神话里最具影响力的一篇。它讲述的是人们对于自然力量紊乱和重大地质变化的恐惧，它也预示了世界的重生，在这个美丽新世界，巨人的威胁与洛基的恶意都不复存在。

众神与他们命定的敌手展开了较量。奥丁被芬里尔吞了下去，但他的儿子维达替他报了仇。维达用脚踩住巨狼的下颚，将他撕成了两半。托尔大步走到巨蟒耶梦加得面前，给了她一记重击……狼群最终追上了日月，在他们张开大口吞下太阳与月亮的那一瞬，天国燃起大火，大地沉入海洋。一切都结束了。

诸神的黄昏，即世界末日之神话，或许是所有古代北欧神话里最具影响力的一篇。它讲述的是人们对于自然力量紊乱和重大地质变化的恐惧，它也预示了世界的重生，在这个美丽新世界，巨人的威胁与洛基的恶意都不复存在。这部分神话在斯诺里的《散文埃达》中有详细版本，内容非常贴近古冰岛诗歌《女先知的预言》，另外在其他几首诗歌里也有间接提及。世界末日来临前出现了一系列的灾祸与不祥之兆。最后一场大战后，大地沉入海底，而日月最终被对它们紧追不舍的两条狼吞噬。然而，根据诗歌与斯诺里所述，新的大地再次升起，自然万物也重获新生。

第一个预兆：巴德尔之死

神之时日无多的第一个预兆就是巴德尔之死。巴德尔是奥丁与弗丽嘉的儿子，也是众神中最明媚美丽的一位。有天他开始做噩梦，于是他的父亲骑马去了赫尔那里，想打听发生了何事。但奥丁并没有去到赫尔的殿堂，而是召唤出了一位死去的女先知。这位葬在赫尔冥界边境的女先知告诉奥丁，赫尔正在为迎接巴德尔的到来做准备：麦芽酒已经酿好，地板铺上了新鲜的灯芯草。弗丽嘉立刻行动起来，她让世间万物都发誓不会伤害自己的儿子——于是万物都发了誓，除了一棵柔弱的槲寄生，因为它看起来那么无害。

位于瑞典东约特兰莱德贝里（Ledberg）教堂墓地的如尼石碑（编号 181，11 世纪）

巴德尔之死，雅各布·西古德松的手稿（1760）

有位老妇人来问她发誓的事情，弗丽嘉就把细节全告诉了她——显然这是个错误，因为老妇人是洛基假扮的。在一场正式会议上，众神都开玩笑地将各种东西扔向巴德尔，所有的东西都弹了回来，没有伤害到巴德尔。巴德尔的兄弟霍德尔（Höðr）天生眼盲无法参与其中，但洛基悄悄贴近，将一根小飞镖塞进他手里，怂恿他也加入进来玩：他会帮霍德尔瞄准这支槲寄生。

奥丁对巴德尔最后的话，威廉·格肖姆·科林伍德绘，
奥利芙·布雷《老埃达或诗体埃达》插画（1908）

众神为巴德尔举行了盛大的葬礼，他们把他安放在驶向大海的船上将他火化。在点火之前，奥丁弯下腰在他耳边说了些悄悄话。他说了什么？我们猜是让巴德尔复活的保证，就像《女先知的预言》里那位女先知预言的那样，奥丁保证会让他回归。“奥丁对巴德尔的遗体耳语了些什么？”这就是奥丁在智力比赛里问的那个刁钻问题（见第 3 章）；所以他总是能赢。

巴德尔的妻子南娜（Nanna）因悲伤过度而死，遗体和丈夫一起火化，也去了赫尔的殿中。弗丽嘉派赫尔莫德去问赫尔，她的儿子有没有可能回来。赫尔莫德在有些故事里是奥丁的儿子，在有些地方是乐于助人的英雄。出人意料的是，赫尔同意了，她说如果世间万物都愿意为巴德尔落泪，那么她就放走巴德尔。而世间万物果真都为巴德尔流下了眼泪，只除了一个住在洞穴里的老食人女妖。她的名字叫索克（Þökk），意为“谢谢”，但她本人是个很没礼貌的人。“索克一滴泪也不会为巴德尔流 / 就让赫尔留着她的所有物好了。”她回击道。于是巴德尔必须在冥界留下。

命中注定的末日大战

这些事发生很久以后，洛基最终与其他神决裂。他闯进一场宴会，将在座的神轮流羞辱了一遍，直到托尔来了，威胁说要用妙尔尼尔将他粉碎。愤怒的众神要追捕洛基，洛基变成了一条鲑鱼躲在河里；最后洛基被抓，他和西格恩所生的两个儿子被变成了狼，并将对方撕成了碎片，众神用他们的肠子将洛基绑了起来。斯卡蒂对他一直心怀恨意，因为洛基和她父亲夏基的死脱不开关系，所以她在洛基头顶放了一条毒蛇。

毒蛇对着他的脸滴毒液；洛基忠诚的妻子坐在一旁拿着一只碗接住滴落的毒液，但每当她不得不去倒掉接满的碗时，毒液就会打在被束住手脚的神身上，而洛基的抽搐则引发了地震。斯诺里详细描绘的洛基被囚的生动画面——狼的肠子、斯卡蒂悬挂在洛基脸上的蛇、手捧容器的贴心女子——似乎都在暗示洛基的父亲身份，这个父亲身份将他与他所生的怪物子女的象征绑在了一起，也是洛基导致诸神的黄昏、世界的末日的关键因素。

接踵而来的是芬布尔之冬（Fimbulvetr），或称严寒之冬，三个残酷的冬日接连袭来，当中没有夏天间隔。人类社会分崩离析，人们自相残杀，亲人反目成仇。终于，末日大战揭开了帷幕：海姆达尔吹响了他响亮的加拉尔号角，战火燃遍了诸神和人类的家园。死者大军从赫尔的冥界倾巢而出，洛基的孩子也奔赴向战场。芬里尔挣脱了绑住他的魔法脚铐，巨蟒耶梦加得从海里一跃而出，掀起了滔天巨浪，战船纳吉尔法乘着这风浪前进。

恩斯特·阿尔珀斯（Ernst Alpers），《苏尔特尔投掷火焰》（*Surtur Hurls Fire*，1867）

这艘船由死者未修剪过的指甲制成，由巨人赫列姆（Hrymr）掌舵。火巨人苏尔特尔手持燃烧的火剑，领着族人自南方而来，与他同行的还有巨人穆斯帕尔（Muspell）几个神秘的儿子。从枷锁中挣脱出来的洛基这次彻底站到了自己的巨人亲属这边。赫里姆尼尔(Hrímnir) 带领的霜巨人则从东面出发，众神与众英灵最终也做好了准备，严阵以待。人类瑟瑟发抖；矮人严守在自家山寨门口；连顶天立地的世界之树伊格德拉西尔都在呻吟颤动。

众神与他们命定的敌手展开了较量。奥丁被芬里尔吞了下去，但他的儿子维达（Víðarr）替他报了仇。维达用脚踩住巨狼的下颚，将他撕成了两半。托尔大步走到巨蟒耶梦加得面前，给了她一记重击；耶梦加得在垂死之际，喷出毒液杀死了雷神。洛基与海姆达尔、提尔与地狱恶犬加姆（Garmr）双双同归于尽；弗雷在倒下之前英勇大战苏尔特尔。记载里没有提到女神们：也许他们在紧张地绞着手观战，也许她们拿起了武器与女武神一起并肩作战。当英灵们骑马渡过彩虹桥时，桥身突然断裂，英灵纷纷坠落。狼群最终追上了日月，在他们张开大口吞下太阳与月亮的那一瞬，天国燃起大火，大地沉入海洋。一切都结束了。

奥丁与芬里尔，《瓦尔哈拉：日耳曼众神的世界》插画，埃米尔·多普勒绘（约 1905 年）

绿意、纯净与美丽的新世界回归

然而，一段时间以后，大地再次升起，恢复了绿意、纯净与美丽。第二代神——托尔的儿子摩迪和曼尼；还有巴德尔和他弑兄的兄弟霍德尔住进了金顶的津利之殿，一起缅怀过去。绿原上第一纪元后就失踪的金色棋子（见第 1 章）被寻回。太阳的女儿取代了母亲在天空的位置，一对名叫丽芙（意为“生命”）和利弗斯拉西尔（意为“生命推动者”）的人类夫妻神情恍惚地爬出了林子（这里或许是暗指伊格德拉西尔的枝条保护了他们），他们靠着喝树上的晨露活了下来：人类得以延续下去。有只鹰盘旋于瀑布之上正在捕鱼。

诸神的黄昏之战结束后的世界。上：奥利芙·布雷《老埃达或诗体埃达》插画，威廉·格肖姆·科林伍德绘。下：《瓦尔哈拉：日耳曼众神的世界》插画，埃米尔·多普勒绘

一切似乎都焕然一新——但《女先知的预言》还说到，恶龙尼德霍格将尸体背在翅膀上，飞到了空中。难道在这个美妙新世界仍有邪恶生物环伺？还是有预示说新的天地也终会消亡？根据一版记录于 14 世纪早期的诗歌，那天到来时会出现“强大的人来审判权力，他自上而来，充满力量；他统治着世间万物”。这里说的是基督吗——抑或是巴德尔？关于这个问题，后世人们在重塑这个故事时给出了各种答案。

赫尔与巴德尔的爱情故事

詹姆斯·弗雷泽爵士（Sir James Frazer）于 1992 年发表了著作《金枝》（*The Golden Bough*），他认为巴德尔献祭式死亡与复活的故事可以理解为是一则与生殖仪式有关的典型神话，而巴德尔在其中象征着被槲寄生寄居的橡树。弗雷泽说，巴德尔是死在盛夏的岁神，斯堪的那维亚人在仲夏点燃篝火的传统就是人们为纪念他而复现的火葬仪式。对于 19 世纪早期的诗人来说，巴德尔之死是值得用壮丽史诗来赞颂的主题。亨利·沃兹沃斯·朗费罗于 1835 年拜访了斯堪的那维亚，在那里他得见了埃萨亚斯·泰格纳尔发表于十年前且流传甚广的诗作《弗里肖夫萨迦》（见第 6 章）。埃德加·爱伦·坡（Edgar Allen Poe）指出，朗费罗以北欧为灵感的诗歌，包括《铠甲骷髅》（1842），尤其是他为致敬这位瑞典诗人而作的《泰格纳尔之挽歌》（*Tegner's Drapa*，1850），所展现出的怀旧之情都是虚的。然而，朗费罗的确找到了将回荡在整个世纪的独特声音，应和着他那句响亮的、反复的诗句：“美丽的巴德尔 / 他死了，死了！”在朗费罗的想象中，巴德尔是太阳神：“我见到死去的太阳 / 苍白的尸体 / 自北方天空划过。”诗的最后给了人一种安慰，因为靠“爱的律法”统治的“美妙新世界”“从时间之海”升起了；“雷神托尔”再也不会挑战“谦恭的基督”——这几段诗句为朗费罗后来写下另一首夸夸其谈的作品《托尔的挑战》（1863，我们在第 4 章讨论过这首诗）埋下了伏笔。这首《泰格纳尔之挽歌》将神话的结局，即大地再次从海中升起，理解成了比喻意义：走过绿草地的新一代吟游诗人赖以存活的朝露其实是指圣餐，而他们现在吟唱赞颂的是另一位更仁慈的神。

朗费罗大胆的自由体诗歌从巴德尔的葬礼开始，讲述了另一个版本的神话，在诗中巴德尔被类比作坠落的太阳，以及以新的基督教为正道的绿原。事实证明这首诗的影响力极大。那句“美丽的巴德尔 / 他死了，死了！”激发了年轻的 C. S. 刘易斯的想象力，他在自传里讲述了朗费罗的诗是如何唤醒他对于“纯净‘北地’”最初的兴趣的，“那是在大西洋之上，北方夏日无尽的暮色中，一个浩瀚、洁净的空间，如此遥远，又如此朴素”。在那年，刘易斯还看了最新出版的由亚瑟·拉克姆绘制插画的《齐格弗里德》以及《诸神的黄昏》歌剧剧本，并很快将其买下，不过朗费罗的诗是他对北地抱有无限热情的起点，我们在下文会看到，这个起点对他创作“纳尼亚传奇”系列有着重要的影响。

马修·阿诺德也用了巴德尔的故事，将其融进了自己的史诗《巴德尔之死》(*Balder Dead*)，这首诗写于 1855 年，共分为三部分。在诗中，阿诺德选择了巴德尔倒下的那瞬间作为诗歌开头：“他的胸口直直插着 / 那棵槲寄生的枝。”这一幕发生在瓦尔哈拉，作为宴会的前奏，众神正在与据说不可能受伤的受害人嬉闹：“桌上摆着没有动过的肉食 / 牛角和镶金边的头骨里盛着美酒。”（对，又是头骨！）众神皆立在一旁“哭号呜咽”，直到奥丁斥责他们这样毫无男性气概：他们必须直面诺恩三女神早已为他们编织好的劫数，“当那天到来之时，我们决不能 / 以女人的眼泪和无力的悲号来迎接”。霍德尔为自己的无心之失导致了哥哥的死亡向母亲忏悔，母亲给他指了通往海拉（赫尔）冥界的路，有几位神可能会前往那里恳求海拉让巴德尔回来。但失明的神无法前去，于是赫尔莫德（这里他是奥丁的儿子）同意由他去求情，而霍德尔留下来准备巴德尔的火葬仪式。巴德尔的妻子南娜悲痛欲绝，在幻觉中，她看见丈夫邀请她加入自己，虽然“南娜，在这阴暗的世界，海拉腐烂的国度 / 生活是如此枯燥无味；/ 那

些亡灵和死人大军 / 有的只是阴沉和寂寥”。所有的英雄当然都在瓦尔哈拉与奥丁在一块儿，但南娜和巴德尔或许能在彼此身上寻得些许安慰。

诗歌第二部分，赫尔莫德借了父亲的马斯雷普尼尔去了海拉的国度。死去的人们将他团团围住，阿诺德是这样比喻的：就好像一群准备迁徙的燕子在芦苇塘边集合一样，“赫尔莫德四周挤满了叽叽喳喳的鬼魂”。赫尔莫德无视了他们，这些人都是毫无荣誉可言的懦夫，因为人生太失败所以只好把自己溺死在沼泽里。他向着海拉的王座走去。

阿诺德抛弃了斯诺里对海拉的描述，没有将她写成是半边女子、半边尸体的可怕存在，而是将她塑造成了端庄且严酷的形象：她“庄重严肃”，带着“高深莫测的气息”。海拉控诉了众神对她以及她的子女所犯下的不公行径（“你们将我丢到这个阴沉的幽冥世界 / 让我统治不见天日的九界”），并预言了自己的父亲在最后的大战中会扮演的角色，随即同意了让巴德尔回归的条件。而巴德尔仍然没有习惯自己的新居所；就像罗马诗人维吉尔所写的《埃涅阿斯纪》（*Aeneid*）里的阿喀琉斯一样，巴德尔抱怨说自己宁愿做活着的奴隶“也不愿在这里加冕称王，统治死人”。赫尔莫德回到了阿萨神域，众神都聚在巴德尔的葬礼上。

见赫尔莫德独自一人归来，洛克（Lok，即洛基）对他嗤之以鼻；洛克的女儿没有放回巴德尔。这里诗人再次运用了生动的比喻，非常形象但又有些可怜：洛克将赫尔莫德比作牵着狗去集市的农夫，却把狗弄丢在了人群里。他回到家中，为不知所终的狗着急万分，却不知那可怜的小犬，找主人找得精疲力竭，倒在了“陌生人的家门口，而不是自己家”。巴德尔的灵魂仍在海拉的领地流亡。众神和众英灵都与巴德尔的尸体郑重告别；就连雷格纳（即我们在第 8 章讨论的朗纳尔·洛德布罗克）都深情回忆，每当巴德尔在瓦尔哈拉歌唱，英灵们想起的不是战斗，而是自己的青春、家人和家园：“我听见了索拉在哥特兰岛上欢笑，/ 看见我的牧羊女亚丝拉琪 / 在洁白的挪威海滩边放牧。”阿诺德摒弃了斯诺里描写的巴德尔葬礼上那些不体面的细节。葬船没有卡住轮子，也就用不着被邀请来参加葬礼的女巨人客人去推船，船才最终前进；托尔也没有在愤怒之下将一个矮人踢进火堆里。船很快就启程了。阿诺德对葬礼宏大场面的描述与人们脑海中对于“维京葬礼”根深蒂固的哥特式想象完全一致：

> 很快伴随着一声吼燃起了熊熊大火，
> 柴堆噼啪作响；柴火的缝隙间
> 颤抖的火舌灵活地翻卷跳跃，
> 越舔越高，直到它们碰到了
> 最高处的柴堆、尸首和桅杆，
> 吞噬了猎猎的船帆；
> 而裹挟着冲天火光的船，仍在前进。

事实上，有关火船葬礼的考古证据和史料都非常少，其中旅人伊本·法德兰（Ibn Fahdlan）的证词是重要证据之一，大约在 10 世纪的某个时间点，他亲眼见到过一位俄国维京酋长在伏尔加河举行的船上火葬仪式（见第 6 章）。弗兰克·迪克西爵士（Sir Frank Dicksee，1853—1928）在 1893 年所绘的一幅令人难忘的画作就描绘了这样一艘着火的船只载着身穿铠甲的尸体驶入汹涌波涛中的景象，这幅画现藏于曼彻斯特美术馆。画中船只为维京式样，船首是动物雕像，站在漆黑山脚下岸边的人皆身着华丽的贵服；有位白发老人，可能是死者的父亲或者是异教祭司，穿着图案繁复的蓝色斗篷。另有一个男子戴着带角的头盔，这个维京标志是 1876 年《尼伯龙根的指环》在拜罗伊特上演时歌剧的服装设计师发明的。将船拉入波涛之中的男子赤裸着胸膛，肌肉健壮；人们高呼着举起剑和矛进行道别。像阿诺德诗中描绘的那样，船只启航时正是日暮时分，象征着战士必须跨越的未知黑暗。作为英国皇家艺术学院的院士，迪克西以画历史题材场景而著称，他称这幅《维京人的葬礼》（*Funeral of a Viking*）是“我至今为止所有画作中最为壮观且最为重要的一幅”。如果说阿诺德的诗写作之时正值维多利亚时代的人们对中世纪斯堪的那维亚历史的兴趣高涨，那迪克西的画就标志着“维京热”的高潮。就在这幅画在伦敦皇家艺术学会展出的同时，在 1893 年芝加哥世界博览会上，为纪念哥伦布发现新大陆 400 周年，一艘仿造新近发现的“科克斯塔德号”（Gokstad）而建的维京船正在横渡大西洋，以示庆祝。

在阿诺德的《巴德尔之死》中，大家目送巴德尔的船漂向落日，火光熄灭，似乎在诡异暗示着将会消失的日月，随后情绪低落的众神走向瓦尔哈拉去参加葬礼宴会。奥丁威胁说，如果达不成赫拉的条件，就进攻冥界去接回他的儿子，可弗里娅（Frea，即弗丽嘉）不同意。

仿科克斯塔德号的维京船正驶向芝加哥（1893）

世界的秩序不能被推翻，他们只能派信使去各处请求众生为逝者洒下眼泪："整个世界都能听见眼泪滴落的声音 / 万物生灵皆涕泣，只为让巴德尔回归。"但住在铁森林深处的女巫拒绝了："索克不会将一滴眼泪洒在巴德尔葬礼的柴堆上。"赫尔莫德将这遗憾的消息带回给了赫尔，而在冥界巴德尔不仅适应了自己新的生活方式，甚至开始热切期待自己在诸神的黄昏之后的回归："我们将再次踏上著名的艾达平原 / 在这片绿原上我们会找到 / 昔日玩耍用的金色骰子。"赫尔莫德非常想与巴德尔一起待在冥界，在那里等待新时代的降临，但他不能。他不舍地回首，最终还是回到了愈发岌岌可危的神界。

与朗费罗信誓旦旦地说旧神是被更好的基督信仰替代了不同，阿诺德的诗结束在巴德尔的预言。在诗歌没有着墨的那段日子里，巴德尔描绘的未来所带来的希望是如此黯淡而渺茫；那时的众神正困在步步逼近的黑暗中，困在因洛克的阴谋诡计而日趋堕落、暴力横行且注定会消失的世界中。阿诺德在写《巴德尔之死》时已脱离英国国教会十年了，不过作为一种社会和个人现象，他对宗教仍然很有兴趣。诗里并没有给出解决方案：与赫尔莫德一样，人类依旧被困在一个不那么美好的世界里，也并不知道巴德尔的千年愿景要如何才能实现。

奇怪的是，在现代的神话改编作品中，巴德尔这个人物却没有被好好开发。在原神话中，直至噩梦开始前，他都没有任何戏份。在乔安娜·哈里斯的两本洛基系列小说中，主人公洛基仿佛能预见一样，觉得巴德尔很讨厌："人称美丽的巴德尔。高大帅气，热爱运动，人见人爱。听起来有点自命不凡吧？没错，我也这么觉得。"洛基自己也说不清为什么他一见巴德尔就讨厌他——"或许因为大家都很喜欢他"。对洛基来说，巴德尔（大家也叫他"金童"）就是那种典型的"学校里最受欢迎的男孩"——相当于是足球队队长和学生会主席，女生都爱慕他，男生都崇拜他。但当洛基从同样想得到巴德尔的女儿赫尔那里得知巴德尔的噩梦时，他意识到他与神族分道扬镳的时候到了，于是他和女儿做了个交易。宴席上，巴德尔裸着上身站到椅子上，接受着大家扔向他的各种凶器；众女神也加入进来，朝他投掷水果，洛基就站在阴影里看着。霍德尔，巴德尔“矮小又残疾的兄弟”，对洛基来说是个极易上当的猎物，洛基将飞镖偷偷塞进了他手里。“正中红心！众神静了下来。‘我打中他了吗？’霍德尔东张西望。”这个细弱的声音带给大家的震撼力甚至超过了飞镖带来的后果，而作为一名读者我们和霍德尔一样茫然，想知道到底发生了什么。但洛基已经消失了，众神扑向可怜的霍德尔，将他撕成了碎片。

赫尔对她的新客人很失望。“死去的巴德尔温顺，但却无趣。那些活力已经从他体内消逝了。”洛基说道，兴许他也看过阿诺德的诗。然而巴德尔无法让所有人为他哭泣从而离开冥界，书中有关巴德尔的内容也到此为止。相比之下，弗朗西丝卡·西蒙将巴德尔塑造成了一个善良、热爱生命的迷人形象，第一次在阿萨神域与赫尔相遇时，他有着“像冰川一样的蓝色眼睛……身上闪耀着金光”。赫尔回忆道，巴德尔“将我抱起来转圈圈，转得我晕乎乎的，笑出声来，他也笑了”。“从来没有人抱起过我。也从来没有人触碰过我。”赫尔想。当巴德尔提到自己的妻子和孩子时，赫尔一阵心烦意乱，但仍想着“他透过我的残缺看到了真正的我；他看到的不是一个怪物，而是一个女孩子”。赫尔对巴德尔的迷恋成了一种执念，这种执念并没有因为她被派到地底世界而减少分毫。她将自己的王国治理得井井有条，她造了一座宫殿，与守护通往冥界之桥的女性狂战士莫德古德成为朋友，然后她就开始了观望和等待。然而，虽然奥丁已经来问过葬在赫尔冥界边境的女先知（实际是赫尔的母亲）有关巴德尔噩梦之事，那个被托尔愤怒之下一脚踢进巴德尔火葬柴堆的矮人利特尔（Litr）也先一步来到冥界，悲痛地哀叹，同时也是向赫尔预告：“伟大的神巴德尔死了。巴德尔，光明之神，他死了。”但在赫尔内心的渴望即将达成之际，她的惊讶并不比其他人少。可是，再一次地，当南娜与巴德尔重逢时，巴德尔的眼里依然只有南娜。没过多久，诸神的黄昏来临，尼福尔海姆的死者倾巢而出，涌上了战船纳吉尔法的甲板，赫尔的国度在她四周坍塌。她自由了，她可以奋力向上去往新的世界了，随着新的粉色皮肤从她残疾双腿的黑色腐肉上长出，曾经的自我厌恶和经久的恨意都开始消散。在西蒙与希金斯歌剧版《怪物小孩》的第二幕，奥丁在赫尔的殿中拜倒在她面前，乞求她放归自己的儿子，而赫尔提出了自己一贯的条件。于是我们听见万物都在为巴德尔哭泣。赫尔恨极了有那么多人为他感到痛心——“被爱是一种什么感觉？我从来没有被如此爱过”。于是她假扮成洛基：

我不会为巴德尔哭泣。
如果我得不到巴德尔，其他人也别想得到。
你自己回阿萨神域吧。
让赫尔留着她的所有物。

巴德尔徒劳地伸出手够向离开的父亲。诸神的黄昏之后，赫尔发现自己的憎恨没有任何意义，除了心灵的空虚外它没有带来任何东西：“我留下了巴德尔。我留下了巴德尔。可他不爱我。我应该让他走的。”意识到这点，赫尔得到了解脱：作为幸存的诸神之一，赫尔最后走进了新世界的光中，开始了自己的工作：“我要重塑一个比之前更好的世界。”是赫尔用倒下的树雕刻出了新的人类，并吹气赋予了他们生命。在这个版本里，巴德尔还有其他所有神明都没有参与新生的创造。

在小说《女巫之心》里，作者吉纳维芙·戈恩尼切克也为赫尔和巴德尔设计了一段单恋；在这里，巴德尔也是一位“有着明亮双眼的金发男孩”，在赫尔刚被带到阿萨神域时，他也对这个小女孩十分友善；他扔给赫尔一个金苹果，然后才跑去和朋友玩。后来，在诸神的黄昏的动乱中，各个世界之间的界线已经坍塌，死者都离开了冥界加入了洛基的大军，于是巴德尔将赫尔送回了铁森林她妈妈安格尔波达那里。巴德尔作为已死之人留在了尼福尔海姆，也因此躲过了与其他神一样陨落的命运。而巴德尔能得救，其实是奥丁和洛基的合谋，只为了能让两人的孩子在未来的世界修成正果。如小说的名字所暗示的，安格尔波达牺牲自己本就伤痕累累的心，修复了破碎的女儿；当新世界来临之时，巴德尔便来迎接赫尔了。现在的赫尔和母亲一样，已经成为铁森林的女巫。昔日的神灵则在艾达华尔曾经的阿萨神域之上修建了一座金顶的殿堂，但赫尔不愿搬进去，于是巴德尔留下来陪伴她。他们在这个曾经的恐怖之地快乐地生活，抚养子女。

不论大家对这个结局感到失望还是觉得圆满，赫尔与巴德尔之间的这段爱情故事在现存的神话资料里都无从印证。但如我们在第 5 章所见，设计此类故事线的这些作者将赫尔理解成一个有欲望的女人是对的。赫尔是个想要搜集各种男子让他们做自己爱人的女神；对她来说，拥有巴德尔无疑是得到了终极大奖。洛基将巴德尔献给女儿来取悦她的做法，不论是出于自私的目的想要达成诸神的黄昏的首要预兆，还是因为他和奥丁串通好了，都与神话的内容契合，不过赫尔的内心是最近的青少年和女性作品才开始挖掘的内容。一个身有残疾的小女孩，她的思想和情感与其他青少年无异，她也没有做过任何对不起他人的事，仅仅因为她的父亲和她的外表她就被流放到了悲惨的死者之境，这打开了有关年轻女性以及她们的能力与身体的重要话题：这也是这些小说在竭力探索的话题。

诸神的黄昏：力量的有限与爱的无限

斯诺里在其所著的《散文埃达》中一直将这场末日灾难称为 ragna røkr，有时也写成 ragna røkkr，意为“诸神的黄昏”，然而在埃达诗歌中用的却是 ragna rök 一词，意为“诸神之劫”或“诸神的末日”。雅各布·格林和瓦格纳沿用了斯诺里的用语，并将其译为了德语的 Götterdämmerung。的确，慢慢沉入黑暗这个形容要比一场最终的末日大战更符合瓦格纳的想象。因为自从齐格弗里德在前去布伦希尔德所在山顶的路上击碎了沃坦的圣矛冈格尼尔之后，众神就从《尼伯龙根的指环》的舞台上消失了；神之光已几近熄灭。众神都撤退到了沃坦的瓦尔哈拉，这座他们付出了巨大代价建造的雄伟堡垒。沃坦又命令英灵战士伐倒世界之梣——自他从树上折下了一根树枝做成冈格尼尔起，这棵参天大树已经奄奄一息了。如今这棵树的枝干都被堆放起来，围住他的宫殿，好让最后的大火将众神完全吞噬。当然，《尼伯龙根的指环》还未完结，沃坦的后代齐格弗里德的故事仍在上演。在诸神的黄昏之初，这位英雄离开布伦希尔德开启了新的冒险之旅。他沿着莱茵河顺流而下来到了吉比雄（Gibichung）的殿堂，很快就卷入了为尼伯龙人找回指环的新阴谋中。巩特尔、他的妹妹古特鲁尼（Gutrune）以及他的异父兄弟哈根（阿尔贝里希之子）都是吉比雄人；巩特尔体弱无能，古特鲁尼相当没有主见（不像《尼伯龙根之歌》里的克里姆希尔特），哈根则是个纯粹的恶毒之人。为了完成父亲的交代，哈根计划夺回指环，而指环现在戴在布伦希尔德手上，因为齐格弗里德将指环给了她。很快哈根就调制出一种魔法药水，它让齐格弗里德忘记了自己的爱人，转头与古特鲁尼订婚，古特鲁尼高兴极了。

同时，布伦希尔德的姐妹瓦尔特洛德（Waltraute）警告她说，她的父亲沃坦现在已经放弃了自己作为神的职责，整日默默坐在瓦尔哈拉，等待预言兑现，等着他的宫殿和统治被大火吞噬。除非布伦希尔德将指环归还给莱茵仙女，神和世界才能得到拯救。“你疯了吗？”布伦希尔德驳斥道。这枚指环是齐格弗里德给她的爱情信物，她绝不可能把它交出去。

齐格弗里德与巩特尔结拜为了兄弟，齐格弗里德还答应巩特尔帮他赢得传说中昔日的女武神做他的妻子。齐格弗里德用塔恩魔盔与巩特尔交换了外貌，他越过火墙，赢得了布伦希尔德。他们一起躺在床上时，为保证布伦希尔德的贞洁，齐格弗里德还用剑将两人隔开。更要命的是，为了证明布伦希尔德已为巩特尔所有，齐格弗里德还从她手上取走了戒指。他将既困惑又崩溃的布伦希尔德带回了吉比雄的宫殿，四人一起举行了婚礼。但当布伦希尔德看到戒指竟然在齐格弗里德手上时，她立刻明白了他的背叛；于是她和巩特尔还有哈根一起策划杀死了他。外出打猎时，齐格弗里德遇见了莱茵仙女，她们给他最后一次机会归还指环，但他拒绝了。与其他打猎小队会合后，哈根撺掇他说一下自己的人生故事，而在这关键时刻，他给了齐格弗里德一杯酒，酒里加了巩特尔之前给他的遗忘药水的解药。于是齐格弗里德全都想了起来，并且一五一十将他如何遇见布伦希尔德，又如何深深爱上她全讲了出来。哈根从背后捅了他一刀，齐格弗里德死了，死时他才意识到自己受了哈根的蒙骗。

在歌剧的最后一幕，布伦希尔德也醒悟过来齐格弗里德并非有意背叛自己，她决定将周遭这一切尽数毁灭。在齐格弗里德的火葬葬礼上，她骑着自己的马格雷恩（Grane）冲进火焰里，加入了其中，并呼唤莱茵仙女来取回她从齐格弗里德手上拿到的戒指。随着柴堆熊熊燃烧，莱茵的河水漫过来，莱茵仙女之一的弗洛丝希尔德（Flosshilde）以胜利的姿态举起再次回到她手中的指环，而她的两位姐妹则把哈根拉进水里淹死了。就在火焰吞噬掉吉比雄殿堂的同一时刻，围绕在瓦尔哈拉周围的柴堆也着起火来：这是洛戈在《尼伯龙根的指环》里做的最后一件事。

这场“火与水的疯狂大清洗”结束之后都留下了什么，评论家汤姆·瑟维斯是如何说的呢？他认为，《尼伯龙根的指环》向我们揭示了“力量的有限与爱的无限”。退居瓦尔哈拉的众神与英灵都已消逝，只留下在一片废墟世界中的人类，“怀着前所未有的激荡情绪”见证了这场终结。《诸神的黄昏》的终章表明了，我们完全可以拥抱自由，不用再服从于堕落的神与英雄神话。沃坦早在《女武神》中就意识到，他所执着的权力是毁灭性的、虚幻的，而现在这个权力已经从神的手中移交到了人类手上。那现在要怎么办呢？即便莱茵的河水退回了河床，布伦希尔德对爱的狂热幻想也并非重建世界的方案。也许，布伦希尔德的爱可以被理解为是博爱（caritas）的公共和社会理想的预兆，是众人平等的爱，有些评论家认为：它是平等主义与共产主义思想。但这种想法堵上了瓦格纳的天启所打开的可能性：重要的是根本就没有什么方案，未来由我们自己塑造。

最终，这场早有预示的大战打响了。许多重新讲述神、巨人与怪物之间矛盾的现代作品都充满了戏剧张力。拜厄特在她的书中对诸神的黄昏的描写就极尽壮丽：群狼最终追上了日月，它们伸出爪子拦腰劈向牵引日月的马，“日月之光顿时错乱癫狂，世界一时漆黑，一时炽白，一会儿是地狱般的黑暗，一会儿是骇人的血红”。

《格雷恩》(*Grane*)，安塞尔姆·基弗绘（1980）

每一组对决都被赋予了充分的想象空间以达到栩栩如生的效果："奥丁亮出他无敌的冈格尼尔长矛，走向巨狼芬里尔。那畜生颈毛尽竖，眼里闪着恶毒的光亮，张嘴打了个哈欠"——在一系列表现迅速的动词的描写下，冈格尼尔插进了芬里尔大张的嘴里，"不想这恶狼抖擞身躯，咔嚓一声咬断长矛……抵死攫住奥丁，压得他骨骼尽碎，又将他活活吞下"。巨狼与巨蟒大笑，托尔"挥舞着拳头提起雷声隆隆的神锤"打碎了巨蟒的头骨，然而，就在托尔以胜利者的姿态转向其他神时，濒死的怪物喷出的毒液淋了他一身；他走了九步，就倒下了。苏尔特尔的火焚毁了一切；留下的只有"一汪波澜不惊的幽黑海面……一些金色的棋子漂浮起来，在黑色的涟漪间上下漂动"。拜厄特书中的主人公"小不点儿"并不相信新生与重启；那些本是复苏与希望强力象征的金色游戏棋子，在这里却是对生活会重新开始的幻想的嘲笑。即便她的父亲，"火红的头发闪耀着光芒，挺括的制服上别着金质的徽章"，像归来的巴德尔一样，从战场上活着回来了，她也仍执着于那幅末日之景，那个将非凡的世界之梣与彩虹之桥通通抹去的"辉煌的暗黑世界"。[①]

乔安娜·哈里斯的主人公洛基一直在寻找机会为自己谋私利，并与古尔薇格（Gullveig）结成了盟友。古尔薇格与神谕也是同一阵营的，而神谕，也就是密米尔的头，不仅预言了诸神的黄昏，还在暗中想方设法实现预言。洛基看着众神、巨人、英灵与怪物各方力量齐聚一堂，内心既惊恐，又期待："我感觉自己的后颈毛像一排举起的矛一样根根立起。"洛基的结拜兄弟兼盟友与宿敌奥丁死在了他的儿子手里。"这位老者最终还是不敌凶悍狡诈的狼。鲜血从他身上无数个血洞里汩汩流出，他单膝跪倒在地，巨狼上前一口就撕碎了他的喉咙。"在哈里斯的书中，灭掉芬里尔的不是维达，而是托尔。但在这位雷神准备转头去攻击洛基时，耶梦加得进攻了："见她过来，托尔

① A.S. 拜雅特：《诸神的黄昏：北欧神话中的灾变末日》，姚小菡译，重庆出版社，2020。——编者注

连忙转身迎战，但这时巨蟒已经将他半个身体吞了进去。巨蟒将托尔咽进自己的巨胃里，就好像他是一颗西瓜子一样。我说：真是我的好孩子，呃，勉强算是孩子吧。”洛基实现了神谕预言的所有事件——“于是我说，自由意志的时代来了。”确实，当洛基与海姆达尔死战不休之际，一条龙（实际是苏尔特尔的一种形态）从洛基头顶掠过，而他最后的如尼护身符失灵了。“我说：‘噢，糟了。’接着，黑夜降临。噢，糟了。作为最后的遗言，可真称不上有纪念意义。”即便洛基发现他能决定自己命运的幻想破灭了，在密米尔预言的事件所注定的走向中自己并不是什么主宰者的角色，但正如哈里斯在书中每一章引用的诗歌《洛基之火》（*Lokabrenna*，不严谨版的《女先知的预言》）所说，洛基绝不放过任何说俏皮话的机会。

戈恩尼切克将她的主人公安格尔波达设定成了推动诸神的黄昏的催化器。因为在书中，是安格尔波达解开铁链，放出了洛基，也因此释放了混沌，而洛基铁链解开的同时，芬里尔的脚链也解开了。

斯库尔与哈提，埃莱娜·阿德琳·盖尔贝（Hélène Adeline Guerber）《诗歌与传奇中的北欧神话》（*Myths of the Norsemen from the Eddas and Sagas*）插图（1909）

重获自由的洛基与安格尔波达站在海岸高处的岩脊上，尘世巨蟒耶梦加得从翻腾的大海中一跃而出，芬里尔也跑进了视野里。母子重逢的一幕颇有些戏剧意味：芬里尔舔舐着母亲，将她浑身上下糊满了口水；耶梦加得也用他长满鳞片的巨大脑袋轻柔地顶她，浇了她一身海水。通过自己的预见能力，安格尔波达看到了神族与巨人之间的大战，看到了儿子们造成的无数死亡以及他们自身的死亡，但她没有踏出铁森林半步，直至苏尔特尔的大火吞噬掉铁森林，也一并吞噬掉了自己。相比之下，西蒙的《怪物小孩》，无论是小说还是戏剧，都没有对诸神的黄昏做描写。在死者倾巢而出加入反神大军时，赫尔并没有离开她的神殿。她听见从上方世界传来的声响，举手祝贺自己的哥哥终于大仇得报，阿萨神族终于为自己所犯的错付出了代价。在死者窜逃出她的冥界时，她想到了新的可能，这种直觉牵引着她向上，朝着光亮而去。

瓦格纳的《尼伯龙根的指环》，尤其是他对诸神的黄昏的改写，开启了一种新思路，即诸神的湮灭不是因为被基督教取而代之，而是因为神变得堕落腐坏，且无可救药。从他们起初言而无信，欺骗建筑大师的行为开始，他们的道德就日趋败坏。他们还残忍对待洛基的孩子、强占巨人的宝物，他们对其他种族的压迫甚至升级到了暴虐的程度。到诸神的黄昏来临之时，阿萨族人的道德沦丧已是板上钉钉——这一部分是因为近现代的一些改编故事采用的都是洛基（哈里斯）、他的爱人（戈恩尼切克）以及女儿（西蒙）的视角。这代表了一种与旧观点截然不同的彻底转变，但是正如瓦格纳对众神的批判所表露的，旧观点并非大家公认的那样，即古代北欧众神是勇敢而光荣地直面自身命运的英雄；而是他们对最后的大战早有预料，这一点赋予了他们的故事一种悲剧的壮丽。这种旧观点集中体现在学者 W. P. 克尔 (W. P. Ker，1855—1923) 对诸神的黄昏的分析以及他认为的诸神的黄昏在北欧神话中的地位上，托尔金在 1936 年关于《贝奥武甫》的开创性演讲中就引用了他的名言：

> “北欧众神，”克尔说道，“穷兵黩武，因此比起奥林匹斯神来说他们更像泰坦神；唯一不同的是，他们站在正义的一方，虽然不是胜利的那方。胜利的是混沌与错乱”，即神话中的怪物，“然而被打败的众神认为他们的失败是命中注定的。”并且在这场战争中，人类是他们选择的盟友，能够作为英雄与神共同完成这场“因为毫无希望所以完美的绝对抵抗”。但至少在这一想象中，人性（与神话中神性）的失败，以及众神和众英雄与怪物双方之间与生俱来的对立，应该是英国异教神话与北欧神话的共识。

众神站在正义的一方，却不是胜利的那方：这一表述就奠定了悲剧的基调，但是对于许多当代作家来说，这种英国老派的“僵硬的上唇”心态太简单，也太大男子主义。托尔金很欣赏《贝奥武甫》以及诸神的黄昏两篇神话在结尾所展现出的勇气与坚忍，这种价值观总结了“在龙到来之前，我们北方天空下北方世界”的精神。然而在托尔金自己的传说故事集[①]中，《精灵宝钻》里说的末日决战，还尚未发生。大战到来之时，预示着现世的毁灭、日月的消亡，以及阿尔达（大地）的重建，这一番末日后的景象显然取材于圣经的《启示录》以及《女先知的预言》的最后一节。

C. S. 刘易斯与尼尔·盖曼对于古代北欧“最后的大战”的改编则别出心裁。我们在上文中讲了刘易斯认为是朗费罗、瓦格纳和拉克姆点燃了他对北地的热情。而诸神的黄昏的故事启发了他的“纳尼亚传奇”系列。在《狮子、女巫和魔衣橱》（*The Lion, the Witch and the Wardrobe*，1950）中，是邪恶的白女巫贾迪丝（Jadis）的诅咒引发了芬布尔之冬，即严寒之冬：“哎，就是她把整个纳尼亚捏在手心里。是她让这里一直是冬天。总是冬天，却永远没有圣诞节；你想想

① 传说故事集（legendarium），托尔金对关于他笔下虚构世界“阿尔达”的全部创作的总称。——译者注

那有多惨！”[①] 半羊人图姆纳斯先生（Mr Tumnus）向露西解释道。恶狼作为白女巫秘密警察队的重要成员，在这片冻土上昂首巡逻。芬里尔化身成了秘密警察队的队长毛格林姆（Maugrim），最终被彼得所杀。然而，在小说的结尾，春日来到了纳尼亚：“天空变得越来越蓝，白云不时地从空中匆匆飘过。宽阔的林间空地上盛开着报春花。树木变得越发生机勃勃。”就像白女巫的矮人说的，这不只是解冻，这是春天——这是阿斯兰（Aslan）干的。在系列的第一部，刘易斯推后了大战，将白女巫的恶势力聚集到了一起，见证了阿斯兰的牺牲：

> 石桌周围站着一大群人，虽然月光明亮，仍有许多人拿着火把，燃烧出看起来很邪恶的红色火焰与一团团黑烟。但是，看看那群人有多怪异！满口獠牙的食人魔、恶狼、牛头人身怪、邪恶树精和毒草精，还有一些怪物我就不描述了，因为我要是写了，说不定大人就不让你们看这本书了——凶残怪、老巫婆、梦魔、幽灵、恶丑怪、火魔、恶灵、兽人、石怪和双头巨人。

当这群毫无人性的乌合之众意识到复活的阿斯兰和他的援兵加入了彼得与埃德蒙对抗白女巫的大军，他们失望地“叽里咕噜口齿不清地怪叫着”。事情解决得很快，暴力也被控制在最小范围内。在阿斯兰一跃而起压死了女巫后，她的邪恶军团死的死，逃的逃。孩子们登上王座后，对残余势力进行了清扫：“到最后，所有这些妖孽全部都被肃清了。”但在系列的最后一部《最后一战》（*The Last Battle*，1956）中，毁灭纳尼亚的末日事件发生了。在阿斯兰的召唤下，一位名叫时间老人的巨人吹响了号角，“高亢、吓人，却又有一种奇异的、致命的美”。接着星星开始从天空坠落。巨龙和巨大的蜥蜴吞食着植物直到大地寸草不留。海水上涨淹没了陆地，太阳升了起来：“一

---

① C. S. 刘易斯：《纳尼亚传奇：狮子、女巫和魔衣橱》，邓嘉宛译，云南美术出版社，2019，下同。——编者注

线凄凉和不祥的曙光沿着地平线展开逐渐扩大，也越来越亮。”很快，比平常大了好几倍的深红色太阳将月亮吞了下去。“一团团巨大的火从那大火球中掉进海里，使海水冒出了大团的蒸汽云。”最后，巨人摁灭了太阳，寰宇一片漆黑。冰霜爬上了神秘的门洞，通过这扇门，阿斯兰与获救的众人见证了纳尼亚的终结，接着彼得关上了门。阿斯兰带着大家离开了门口，“他们一边走，一边彼此谈论着从前的战争时期与和平年代，以及历代的国王与纳尼亚所有的荣耀岁月”。

刘易斯的改编一如既往地深含寓意，其中系列的最后一部的设定主要基于的是假基督的概念（书中的假先知塔升兰）以及末日审判。而他描绘的纳尼亚的终结则源于北欧神话材料以及《启示录》。时间老人响亮的号角是加拉尔号角，海姆达尔吹响号角标志着末日开始。虽然书里没有吞噬掉日月的狼，但其描写的景象让人想到了《女先知的预言》里的这段诗句：

太阳变为黑色，大地沉入海洋，
明亮的星从天空消失；
蒸汽从火中升起，
炙焰在高空飞舞。

人们哀悼着他们曾经深爱、如今却不复存在的纳尼亚。《女先知的预言》里讲：“四季常青的大地从大海（升起）/ 瀑布倾泻而下，老鹰翱翔其上，/ 正翻山越岭捕鱼。”在北欧诗歌的结尾，幸存下来的诸神在世界重获新生后，聚集在金顶的津利神殿，回忆往昔：“他们谈论着强大的大地之腰带（耶梦加得）/ 以及奥丁的古如尼文字。”《最后一战》里的新世界几乎是翻版的纳尼亚：是阿斯兰国度的序幕，是天堂本身，是必须越过大瀑布才能到达的地方；它是洗礼的象征，也是对《女先知的预言》里新大陆景象的致敬。刘易斯描绘的崭新的新大陆上白雪覆盖的群山与陡峭的峡湾，其灵感都来自他的脑海中取之不尽的北地源泉：即他所称的“我的整个北方知识体系——古代北欧文献、瓦格纳的《尼伯龙根的指环》以及（再一次提到的）莫里斯的作品”。

盖曼在《美国众神》中对最后一战主题的处理则颇具讽刺意味。与瓦格纳《尼伯龙根的指环》的结局一样，《美国众神》将选择权再次交回到人类手里：是选择旧神还是新神？如何与他们共存？众神集结在美国的中心——田纳西州的卢考特山（Lookout Mountain），旧神有玛玛吉（Mama-ji）、摩利甘（Morrigan）和安纳西先生（Mr Anansi）等，新神有媒体女神、飞机之神、毒品之神还有汽车之神，“他们的黑色手套和铬合金牙齿上沾满鲜血，自从阿兹特克文明之后，人类再也没有向别的神明献上如此之多的牺牲献祭”。然而，在最初的小规模冲突之后，大战却并没有打响，因为书中的主人公影子揭开了真相，这场新旧神之战是一场骗局，是奥丁（星期三先生）和洛基筹备已久的阴谋，他们的目的是组织一场宏大的献祭，从大规模的流血牺牲中恢复力量。影子对停在各自战线上的众神发表了演讲。他第一句话就指出美国“对神来说，是一块糟糕的土地”，旧神迅速被遗忘，就连新神也只是昙花一现，之后就被“甩到一边，为下一位伟大神灵让路”。因此，影子说：

> 你们在这里进行的这场战斗，重要的并不是哪一方胜利、哪一方失败。对于他，对于他们两人来说，胜负并不重要。重要的是双方神灵是不是死得足够多。在战斗中，你们每倒下一个，就会带给他一份力量。你们每个战死者，都会喂饱他贪婪的胃口。你们还不明白吗？[①]

众神意识到影子说的都是真的，尤其是在影子揭露了自己是星期三先生的儿子之后，他们就更确信了。但影子不是归来的巴德尔，也不是更好的神，因为他觉得比起神性来说，他拥有的更多是人性：“我

① 尼尔盖曼：《美国众神》，戚林译，北京联合出版公司，2017。下同。——编者注

认为，我宁可做一个普通人，也不愿做一位神灵。我们不需要让别人来信仰我们，我们只要做好自己就可以了。这就是我们应该做的事。”一道闪电击中了山顶，在黑暗中，众神纷纷沉默离场，没有发表振聋发聩的宣言，也没有摆出英雄的姿态。影子阻止了诸神的黄昏，他向敌对双方展示了他们都是棋子，而暗中操控他们的力量就是虚假消息和设计出来的僵局。

在盖曼看来，无须将巴德尔之死写成一个恐怖事件，或者命运的奇怪转折，抑或者是证明洛基邪恶的最终证据。相反，影子在树上所受的磨难，还有他的死亡和在地底世界的旅程，不仅重现了奥丁为获智慧与力量进行自我献祭的仪式，更代表了无辜者的死亡以及一位父亲献祭出了自己的儿子。闪耀的巴德尔是光明之神，能带来喜悦与美好；而影子的名字给他贴上了黑暗版巴德尔的标签。为了追随巴德尔去到赫尔的殿堂，南娜死了，于是星期三先生安排影子的妻子劳拉死于一场车祸，好让影子重获自由，在自己的伟大计划里扮演好他的角色。但影子离开了卢考特山，去完成他作为人类的其他事业——第一件事就是解放了妻子的灵魂。

芬布尔之冬与《冰与火之歌》

乔治·R. R. 马丁的《冰与火之歌》以及 HBO 电视剧《权力的游戏》里末日的情节就取自诸神的黄昏之神话。在电视剧版本中由夜王——升级版的霜巨人领导的魔法生物：异鬼（Others），或称白鬼的想象起源看起来十分明显。而夜王能够统领死者大军的灵感也来自我们在上文讲到过的流行版故事：即死者弃赫尔的国度而去，登上了用自己的死人指甲做的船（虽然实际上不论是斯诺里还是《女先知的预言》里都没有写到死者这样做）。因为火之力量以及丹妮莉丝·坦格利安对火元素的亲近，三只龙由此诞生了，他们喷出的火焰据说能摧毁夜王和他的死者军团。但事实上胜利的却不是龙，至少在《权力的游戏》中是这样，尤其是那条叫韦赛利昂的龙，它被夜王杀死，后又复活成冰龙，推倒了保护着七国的绝境长城。而马丁在小说里对幸存者之战的描写是否与剧版相同还尚未可知。

在创造世界中，马丁还用到了诸神的黄昏中的其他元素。七国会不时遭遇漫长的冬日，在这漫漫冬日里，人们只能艰难存活。很久很久以前就有过这样一个冬天，在这长夜里（据临冬城年纪最大的居民老奶妈说）：

> 积雪百尺，冰风自北方狂啸而来，那才是真正的恐怖；长夜漫漫，终年不见天日，小孩在黑夜里诞生、在黑夜里长大、在黑夜里死亡，而冰原狼瘦骨嶙峋，异鬼穿梭林间……骑着苍白的死马，率领死人组成的军队。①

这场出现在久远过去的神秘寒冬，以及异鬼们似乎一心想要迎来的永冬，皆取材于芬布尔之冬；对所有人类来说，它是恐怖末日的前兆。马丁还借鉴了其他北欧神话衍生的中世纪幻想小说：长城之外的最北端，似乎就是异鬼的家园，永冬之地——这个称呼显然借用自纳尼亚。

不过马丁也颠覆了一些北欧神话主题：芬里尔、追逐日月的巨狼以及在铁森林长大的那群恶狼被改成了绝对忠诚的动物——冰原狼，它们为史塔克家的孩子效力，象征着史塔克家族的力量与忠诚。史塔克家族响亮的族语："凛冬将至！"每每呼喊都让人想起芬布尔之冬的精神，想起长城之外那个神秘可怖的冰雪世界，而马丁仍未揭开这个让人魂牵梦萦的极北之地的神秘面纱。

---

① 乔治·R. R. 马丁：《冰与火之歌·卷一·权力的游戏》，屈畅、潭光磊译，重庆出版社，2017。——编者注

漫威宇宙里的诸神黄昏

在漫威宇宙里，编剧决定在雷神系列的第三部迎来众神末日与阿萨神域的毁灭。而这里诸神的黄昏的开场有些像“被绑住的洛基”故事的变体：托尔被铁链绑住，成为强大的火巨人苏尔特尔的俘虏。托尔还担任了部分巴德尔的角色，因为据他所说，他一直在做噩梦：“阿萨神域被大火覆盖，化为了废墟，而你，苏尔特尔，就站在火焰中央。”苏尔特尔附和：“那就对了，你看到的是诸神的黄昏，阿萨神域的覆灭，最伟大的预言。”托尔召唤来妙尔尼尔，挣脱束缚，撕破苏

屠杀女武神，《雷神 3：诸神黄昏》剧照（2017）

尔特尔的皇冠，也就是他头上的恶魔之角，夺走了这位火之恶魔的力量。正如我们在第 5 章所见，托尔无力保护阿萨神域，因为他阻挡不了姐姐海拉的怒火与复仇之心，最后一战最终在彩虹桥展开。战场上没有尘世巨蟒，只有被海拉复活的巨狼芬里斯（Fenris）。因为奥丁在这部影片开始就已经去世，所以巨狼就有了新的作用。当海姆达尔（伊德里斯·艾尔巴饰）在引导阿萨族人奔向飞船，逃离这个快要毁灭的星球时，芬里斯挡在了道上，凶狠咆哮。女武神一次次向他发起进攻："这只蠢狗就是死不了。"她懊恼地喊道。无敌浩克担任了维达的角色，杀死了巨狼；无敌浩克跳到芬里斯身上，芬里斯张开巨口咬

住他，一人一狼跌下彩虹桥掉进了水里。浩克一拳击碎了巨狼上颚，两人滑向世界的边缘，芬里斯掉进了虚无，而浩克挣扎着爬到了安全的地方。一个敌人倒了，但无敌的海拉还在。托尔终于明白了诸神的黄昏避无可避："我们要做的从来就不是逃避诸神的黄昏，而是要引爆它。"他们必须放弃阿萨神域，向复活的苏尔特尔投降，他不仅杀了海拉，还将毁了整个星球。对于自己是否要像预言所说的那样做，托尔本来颇为犹豫，但海姆达尔提醒他："阿萨不是一个地方，而是一族人。"

电影的导演塔伊加·维迪提用我们熟悉的诸神的黄昏元素设计了一出令观众会心一笑的情节：海拉没有缺席，而是站在了舞台中央，与芬里尔大战的则变成了浩克（当战场转移到水里时，很明显是在暗示这只怪物同时也象征着耶梦加得）。火之恶魔苏尔特尔势不可挡，星球已被毁灭，但是洛基遵循漫威电影一贯的传统，取回了苏尔特尔的头骨，利用苏尔特尔消灭了海拉，帮助托尔拯救了阿萨族人，从而弥补了自己的过错。在影片的最后一幕，阿萨族人乘坐的飞船方舟号（Ark）被笼罩在另一艘军舰的阴影中，讽刺的是这艘军舰的名字叫避难所2号（Sanctuary-2），军舰的主人是萨诺斯（Thanos），即灭霸，显然这些幸存者和众神将展开新的冒险之旅。

诸神湮灭，只有人类活了下来

在斯诺里的《散文埃达》中，丽芙和利弗斯拉西尔小心翼翼地从旧世界的废墟中走出，开始了造人工作，重写阿斯克和恩布拉诞生的故事（见第1章）。在弗朗西丝卡·西蒙的《怪物小孩》中也是如此，赫尔取了两块木头做成了新的人类。她不再自我憎恶，也不再冷眼蔑视曾是自己臣民的死者，现在的赫尔对人类抱有无限的爱意与柔情。阿萨众神并不关心除英雄外的其他人类，但赫尔不同，作为幸存下来的最后的神族，赫尔决心要在这个仿佛伊甸园再现的世界，有一个新的开始。哈里斯笔下的洛基因为回归了他的出生地混沌世界而在末日灾变中活了下来，接着如我们在第 5 章所见，他被困在了一个电子游戏里；既然在哈里斯的世界里诸神的黄昏已经发生过，那新的人类世界应该与我们现在生活的世界十分相似。在《女巫之心》中，诸神湮灭，只有人类活了下来；诸神的黄昏之后，巴德尔及其族人回归，却发现九界融合成了一个空间，在这个宇宙里没有神，这是一个乌托邦社区。奥丁及其旧秩序被彻底毁灭，在这个新生的现代版宇宙里，尚不清楚是否有神的容身之地，包括耶稣。胜利的是人类。

新世界会比旧世界更好吗？总体上看，从宗教崇拜向非宗教人道主义的转变似乎充满了希望。在新世界，环境复原，回归到原始状态，瀑布、飞鹰和游鱼的存在，似乎表明自然再次得到了治愈，恢复成了一个完整体。可这幅景象却被出现在《女先知的预言》最后的恶龙破坏了，只见尼德霍格“翅膀上背负着尸体”在头顶盘旋：它是另一个灾厄的预兆吗？还是只是在清理旧秩序最后的残余？这一次的情况的确乐观，没有奥丁，没有托尔，也没有洛基，更没有需要防范的末日灾难，人类可以开创一个更好的世界。然而，在尼尔·盖曼这样的北欧神话高端读者看来，当众神在艾达华尔茂密的草地上再一次找到金色棋子，摆好棋盘时，走的还是同样的步法，同样的路数：神的历史在重演。矛盾的是，诸神的黄昏永远存在于我们的过去，也将发生在我们的未来。

结语

属于森林与山川的北欧诸神

北欧神话让我们批判性地去思考环境危机和人类在自然界的位置，思考死亡以及它在生命中的位置，思考旧秩序不可避免的终结与新秩序的出现。我们已经见证过理想主义和极强的荣誉感在面对欺骗、背叛和愤世嫉俗时依然坚挺，也见证过对待异族实行排外和压迫导致的社会瘫痪与崩塌。这些故事引导我们去探究文化糅合的悖论以及时间、空间和死亡的局限。

他们不是希腊和罗马的高贵神明，会漫步在地中海洒满阳光的橄榄树林中；也不是古埃及半兽身的神秘神灵；更不是鲜有人知的爱尔兰神，将自己的名字种在了柔软的爱尔兰绿原。北欧诸神是属于森林与山川的；他们会在蛮荒的海岸边行走，或等着坐船渡过陡峭的灰蓝色峡湾。

结　语
属于森林与山川的北欧诸神

我们在本书中认识的北欧诸神与众英雄无疑红极一时，而且这个一时持续了整整三百年之久。在过去的五十年时间里，他们显然在英美文化中占据了非常重要且极具影响力的地位，并一直在塑造着大众的想象。为什么会这样呢？有部分原因是在某种程度上他们与我们的神是相似的。他们不是希腊和罗马的高贵神明，会漫步在地中海洒满阳光的橄榄树林中；也不是古埃及半兽身的神秘神灵；更不是鲜有人知的爱尔兰神，将自己的名字种在了柔软的爱尔兰绿原。与我们北方的地貌一样，北欧诸神是属于森林与山川的；他们会在蛮荒的海岸边行走，或等着坐船渡过陡峭的灰蓝色峡湾。在不列颠群岛，人们认为北欧诸神与一千五百多年以前在这片群岛定居的盎格鲁人和撒克逊人的神明是近亲；而斯堪的那维亚人作为下一波的入侵者，也确实在9世纪将他们带到了这里。就像尼尔·盖曼所写的美国众神的由来那样，当莱夫·埃里克松在从挪威去往格陵兰岛的途中在奥克尼逗留时，他的神已经到了那里。

“我觉得我还得多学学，”在伊丽莎白·诺克斯的《绝对之书》里，雅各布说道，“神竟然会因其信徒的秉性而移情。”不论是在过去还是现在，北欧神话都有被利用来支持种族主义思想、大男子主义毒瘤思想以及白人特权思想。为抵制这些思想，作为神话爱好者与研究者，我们必须提醒那些刚接触神话的新读者，这些神话是分不同的历史阶段的。它们在不同时间所代表的意义很大程度上都是人们想让它们代表的，我们永远也无法得知在遥远的古代，神话刚被创造出来时它们的含义为何。它们是多解的、奇异的、从根本上各不相同的，但我们可以看到，它们所探讨的问题远比自私狭隘的极右政治思想、民族主义和不知所云的阴谋论要宏大得多。

北欧神话让我们批判性地去思考环境危机和人类在自然界的位置，思考死亡以及它在生命中的位置，思考旧秩序不可避免的终结与新秩序的出现。我们已经见证过理想主义和极强的荣誉感在面对欺骗、背叛和愤世嫉俗时依然坚挺，也见证过对待异族实行排外和压迫导致的社会瘫痪与崩塌。这些故事引导我们去探究文化糅合的悖论以及时间、空间和死亡的局限。重读维京人以及维京文化里大英雄的故事，会启发我们用新的角度去看待男性气概的利弊，以及女子该如何改变和重设其老套的社会角色。中世纪的斯堪的那维亚人原来早就在我们后来才窥得全貌的世界里自由穿梭，这更是印证了人类是运动不止的，他们在不停地旅行、定居、融合，并讲述着他们心中有关自己从何而来的故事。在本书的最后，我们回到了一个不可避免的话题，那就是对世界末日的恐惧，以及如何，或者说是否可以避免世界末日的到来，并且，如果一个充满绿色和希望的新世界会代替旧世界出现，我们又该如何规划设想这个新世界。

图片来源

扉页背面 私人藏品。Photo Sotheby's/akg-images. **005** Gotlands Museum, Visby. Photo Swedish National Heritage Board/Harald Faith-Ell. **007** Photo pictureproject/Alamy Stock Photo. **008** Landsbókasafn Íslands – Háskólabókasafn, Reykjavík (handrit. is). ÍB 299 4to, fo. 58r. **011** Photo Sven Rosborn. **012**（左） Roskilde Museum. Photo Roskilde Museum/Ole Malling. **012**（右） Historiska Museet, Stockholm. Photo Gabriel Hildebrand. **016** Art Institute of Chicago. The Leonora Hall Gurley Memorial Collection. **017** Library of Congress, Prints and Photographs Division, Washington, DC. **019** William Morris Gallery, London Borough of Waltham Forest. **027** Robarts Library, University of Toronto. **029** Photo AF Fotografie/Alamy Stock Photo. **032** 私人藏品。**034** Smithsonian Libraries, Washington, DC. **037** Oslo City Hall. Photo © Ingvild Brekke Myklebust/The City of Oslo Art Collection. **039** Harold B. Lee Library, Brigham Young University, Provo. **042** Boston Public Library, Norman B. Leventhal Map Center Collection. **048** Metropolitan Museum of Art, New York. Purchase, Lila Acheson Wallace Gift, 1995. Photo The Metropolitan Museum of Art/Art Resource/Scala, Florence. © Anselm Kiefer. Courtesy White Cube. **055** Photo adoc-photos/Corbis via Getty Images. **056** New York Public Library.

060 Photo English Heritage/Heritage Images/Getty Images. **064** Photo National Museum of American History, Washington, DC. **065** Metropolitan Museum of Art, New York. Gift of Mrs Bella C. Landauer, 1928. **066** 私人藏品。**067** Photo Heritage Image Partnership Ltd/Alamy Stock Photo. **068** New York Public Library. **070** Nationalmuseet, Copenhagen. Photo John Lee. **072** 私人藏品。**078** Historiska Museet, Stockholm. Photo Swedish National Heritage Board/Bengt A. Lundberg. **081** Photo Daderot. **084** McPherson Library, University of Victoria, BC. **090** Photo Swedish National Heritage Board/Bengt A. Lundberg. **091** Bryggens Museum, Bergen. BRM 0/81002. Photo Judith Jesch, Runic Archives, Museum of Cultural History, University of Oslo. **093** Landsbókasafn Íslands – Háskólabókasafn, Reykjavík (handrit. is). ÍB 383 4to, fo. 26v. **094** Statens Museum for Kunst, Copenhagen. **104**（左）Birmingham Museum & Art Gallery/Birmingham Museums Trust. **104**（右）University of Alberta Library, Edmonton, AB. **107** Nationalmuseet, Copenhagen. Photo Roberto Fortuna. **109** Nationalmuseet, Copenhagen. Photo Lennart Larsen. **111** Statens Museum for Kunst, Copenhagen. **116** Photo Mark Fellman/Marvel/Paramount/Kobal/Shutterstock. **126** Nationalmuseet, Copenhagen. Photo Lennart Larsen. **128** Árni Magnússon Institute for Icelandic Studies, Reykjavík. SÁM 66, fo. 79r. **129** Photo Artepics/Alamy Stock Photo. **132** Photo Phil Cervi. **134** Det Kongelige Bibliotek, Copenhagen. NKS 1867 4to, fo. 98v. **137** New York Public Library. **146** Photo Royal Opera House/Stephen Cummiskey/ArenaPAL. **152** Photo Britain Express. **153** Photo Thames Valley Archaeological Services. **160** Photo Robert Sennecke/ullstein bild via Getty Images. **162** 私人藏品。**167** Photo United Archives/Agefotostock. **169** Photo Focus Features/Moviestore/Shutterstock. **171** British Museum, London. Photo The Trustees of the British Museum. 版权所有。**172** Photo Brad Mitchell/Alamy Stock Photo. **183**（左）Photo Heidi Stoner. **183**（右）Kulturhistorisk Museum, University of Oslo. **185** Photo Swedish National Heritage Board/R. Söderbaum. **187** Victoria & Albert Museum, London. **192** Cinémathèque

Française, Paris. Photo courtesy Cinémathèque Française. **193** Library of Congress, Prints and Photographs Division, Washington, DC. **207, 209** 私人收藏. **211** Photo Martin Pettitt. **217** Photo BBC America/Joss Barratt/Everett Collection Inc./Alamy Stock Photo. **219** Photo History Channel/Bernard Walsh/Everett Collection Inc./Alamy Stock Photo. **228** Courtesy Stebba Ósk Ómarsdóttir and Thule Ediciones, Barcelona. **231** Photo Russ Heinl/All Canada Photos/Alamy Stock Photo. **233** J. Paul Getty Museum, Los Angeles. Photo Horatio B. King. **236–237** Yale University Library, Beinecke Rare Book and Manuscript Library, New Haven, Conn. **240** Courtesy Listahátíð í Reykjavík (Reykjavík Arts Festival). **241** Courtesy Tony Hyde and Nick Calvert. **254** Photo Swedish National Heritage Board/Arthur Nordén. **255** Det Kongelige Bibliotek, Copenhagen. NKS 1867 4to, fo. 96v. **256** Robarts Library, University of Toronto. **258** J. Paul Getty Museum, Los Angeles. Photo Ernst Alpers. **259** Photo Chronicle/Alamy Stock Photo. **260**（上） Robarts Library, University of Toronto. **260**（下） Photo Ivy Close Images/Alamy Stock Photo. **265** Library of Congress, Prints and Photographs Division, Washington, DC. **272** Museum of Modern Art, New York. Photo The Museum of Modern Art, New York/Scala, Florence. © Anselm Kiefer. Courtesy White Cube. **274** Robarts Library, University of Toronto. **282–283** Photo J. Boland/Marvel Studios/Kobal/Shutterstock.

彩插图 1 Árni Magnússon Institute for Icelandic Studies, Reykjavík. AM 738 4to, fo. 43r. **彩插图 2** Árni Magnússon Institute for Icelandic Studies, Reykjavík. AM 738 4to, fos. 41v, 42r. Photo Árni Magnússon Institute/Bridgeman Images. **彩插图 3** Library of Congress, Washington, DC. **彩插图 4** Yale Center for British Art, Paul Mellon Collection, New Haven, Conn. **彩插图 5** 私人藏品。**彩插图 6，彩插图 11** Nationalmuseum, Stockholm. **彩插图 7** Royal Academy, London. Photo Album/Alamy Stock Photo. **彩插图 8** Nasjonalmuseet, Oslo. Photo Børre Høstland. **彩插图 9** Delaware Art Museum, Wilmington, Del. F.V. du Pont Acquisition Fund, 1985. Photo Delaware Art Museum/Bridgeman

Images. **彩插图 10** Manchester Art Gallery. Photo Manchester Art Gallery/ Bridgeman Images. **彩插图 12** Christiansborg Palace, Copenhagen. Photo Adam Rzepka. **彩插图 13** 私人藏品。Photo Christie' s Images/ Bridgeman Images. **彩插图 14** 私人藏品。

致　谢

本书的诞生要归功于科林·里德勒（Colin Ridler）。非常感谢他、本·海斯（Ben Hayes）以及泰晤士 - 哈德逊公司（Thames & Hudson）团队的其他成员，特别是珍·穆尔（Jen Moore）。感谢萨姆·威思（Sam Wythe）和尼科斯·科托普卢斯（Nikos Kotsopoulous）在文字编辑和图片调研方面所做的出色工作。对于本书的各位审稿人，我也要致以衷心的感谢：首先是戴夫·拉灵顿（Dave Larrington），他对书中很多内容提出了自己的深刻见解；其次是蒂姆·伯恩斯（Tim Bourns），在本书的索引编制完成后他无疑大松了一口气；最后还有约汉娜·卡特琳·弗里德里克多蒂尔（Jóhanna Katrín Friðriksdóttir）。感谢威尔·布罗克班克（Will Brockbank）、卡罗琳·巴滕（Caroline Batten）和费利克斯·泰勒（Felix Taylor），感谢他们在我塑造北欧幻想的历程上提出了建设性意见。感谢希瑟·奥多诺休（Heather O'Donoghue）、乔恩·卡尔·赫尔加森（Jón Karl Helgason）、汤姆·希比（Tom Shippey）、汤姆·伯基特（Tom Birkett）、罗德里克·戴尔（Roderick Dale）以及戴维·克拉克（David Clark）在古代北欧神话接受史方面取得的杰出的成就，正是在这些成就的帮助下本书才得以面世。感谢贝蒂娜·比尔德豪尔（Bettina Bildhauer）慷慨地将她的电影研究作品副本发给了我，在瘟疫封锁期间实在很难获取到此资料。感谢乔安娜·哈里斯与弗朗西丝卡·西蒙在我们的联合播客以及其他场合分享了自己为不同类型的观众重塑北欧神话的想法。尼尔·普赖斯[1]帮忙及时纠正了书中考古事实上的错误，卡特·贾曼（Cat Jarman）则慷慨地发送了《河流之王》（*River Kings*）的副本，这对我的写作至关重要。本书如有其他任何谬误皆是我之过失。

---

① 尼尔·普赖斯（Neil Price），考古学家，专注于维京时代和前基督教时期北欧的宗教研究。——译者注

The Norse Myths
That Shape The Way We Think

北欧神话人物名及发音

考虑到环保的因素，也为了节省纸张、降低图书定价，本书编辑制作了电子版的“北欧神话人物名及发音”。请扫描下方二维码，直达图书详情页，点击“阅读资料包”获取。

延伸阅读

考虑到环保的因素，也为了节省纸张、降低图书定价，本书编辑制作了电子版的“延伸阅读”。请扫描下方二维码，直达图书详情页，点击“阅读资料包”获取。

索 引

考虑到环保的因素，也为了节省纸张、降低图书定价，本书编辑制作了电子版的“索引”。请扫描下方二维码，直达图书详情页，点击“阅读资料包”获取。

未来，属于终身学习者

我们正在亲历前所未有的变革——互联网改变了信息传递的方式，指数级技术快速发展并颠覆商业世界，人工智能正在侵占越来越多的人类领地。

面对这些变化，我们需要问自己：未来需要什么样的人才？

答案是，成为终身学习者。终身学习意味着永不停歇地追求全面的知识结构、强大的逻辑思考能力和敏锐的感知力。这是一种能够在不断变化中随时重建、更新认知体系的能力。阅读，无疑是帮助我们提高这种能力的最佳途径。

在充满不确定性的时代，答案并不总是简单地出现在书本之中。“读万卷书”不仅要亲自阅读、广泛阅读，也需要我们深入探索好书的内部世界，让知识不再局限于书本之中。

湛庐阅读 App：与最聪明的人共同进化

我们现在推出全新的湛庐阅读 App，它将成为您在书本之外，践行终身学习的场所。

- 不用考虑“读什么”。这里汇集了湛庐所有纸质书、电子书、有声书和各种阅读服务。
- 可以学习“怎么读”。我们提供包括课程、精读班和讲书在内的全方位阅读解决方案。
- 谁来领读？您能最先了解到作者、译者、专家等大咖的前沿洞见，他们是高质量思想的源泉。
- 与谁共读？您将加入优秀的读者和终身学习者的行列，他们对阅读和学习具有持久的热情和源源不断的动力。

在湛庐阅读 App 首页，编辑为您精选了经典书目和优质音视频内容，每天早、中、晚更新，满足您不间断的阅读需求。

【特别专题】【主题书单】【人物特写】等原创专栏，提供专业、深度的解读和选书参考，回应社会议题，是您了解湛庐近千位重要作者思想的独家渠道。

在每本图书的详情页，您将通过深度导读栏目【专家视点】【深度访谈】和【书评】读懂、读透一本好书。

通过这个不设限的学习平台，您在任何时间、任何地点都能获得有价值的思想，并通过阅读实现终身学习。我们邀您共建一个与最聪明的人共同进化的社区，使其成为先进思想交汇的聚集地，这正是我们的使命和价值所在。

图书在版编目（CIP）数据
原神之力 : 塑造我们思维方式的北欧神话 / (英)
卡罗琳·拉灵顿 (Carolyne Larrington) 著 ; 黄悦, 鲍
诗奕译. -- 南京 : 江苏凤凰文艺出版社, 2025. 7.
ISBN 978-7-5594-9829-8
Ⅰ. B932.53
中国国家版本馆 CIP 数据核字第 2025B2X420 号

审 图 号：GS (2025) 0520 号

原神之力：塑造我们思维方式的北欧神话

（英）卡罗琳·拉灵顿著；黄悦　鲍诗奕译

责任编辑　白　涵
责任印制　杨　丹
封面设计　展开设计
出版发行　江苏凤凰文艺出版社
　　　　　南京市中央路 165 号，邮编：210009
网　　址　http://www.jswenyi.com
印　　刷　北京盛通印刷股份有限公司
开　　本　700mm × 1000mm　1/16
印　　张　21.25
字　　数　306 千字
版　　次　2025 年 7 月第 1 版
印　　次　2025 年 7 月第 1 次印刷
书　　号　ISBN 978-7-5594-9829-8
定　　价　129.90 元